JN270776

# プーチンと甦るロシア

PUTIN AND THE RISE OF RUSSIA

ミヒャエル・シュテュルマー
MICHAEL STUERMER
池田嘉郎＝訳

白水社

# プーチンと甦るロシア

PUTIN AND THE RISE OF RUSSIA
by Michael Stuermer
Copyright © Michael Stuermer 2008
Japanese language translation rights arranged with Weidenfeld & Nicolson
an imprint of The Orion Publishing Group Ltd., London
through Tuttle-Mori Agency, Inc., Tokyo

# プーチンと甦るロシア　目次

装丁　岡本健＋　阿部太一［岡本健＋］

# 謝辞

本書の構想にあたっては、多くの人からアイディアや専門知識、それに助言をいただいた。何よりもまず、サンクト・ペテルブルグ（ロシア）とミュンヘン（ドイツ）のカーチャ・マホーチナ氏に感謝したい。不明な点についての幾度ものやりとりや、細かな点についてのチェックを通して、彼女ははかりしれぬ支援と助言を与えてくれたのである。

現役の人と引退した人を問わず、多くの外交官が私に助言を与えてくれた。なかには、よそでは入手しがたいような情報と資料を提供してくれた人もいた。それは、故オットー・フォン・デア・ガブレンツ博士、エルンスト・ゲオルク・フォン・シュトゥードニッツ博士、ハンス・フォン・プレッツ博士、ミヒャエル・リーバル博士、ヘルマン・フォン・リヒトフォーヘン博士（男爵）、エーバーハルト・フォン・プットカマー博士といった人々である。大事な人を最後に残してしまったが、ハンス・ゲオルク・ヴィーク博士は、私がドイツ国際政治・安全保障問題研究所の所長であったころ、プラッハにあるドイツ連邦情報局の局長であり、エーベンハウゼンでの私の隣人だったのである。ウラジーミル・コテニョフ駐ベルリン・ロシア大使の支援にも感謝しなければならない。アントニオ・プリ＝プリーニ駐ベルリン・イタリア大使と対話を重ねたことも思い出される。さらに、ロバート・ブラックウィル元大使（元アメリカ国家安全保障会議補佐官、ワシントン。現在はランド研究所、サンタモニカ）、クラウス・ナウマン退役大将、ロタール・リュール教授（元ドイツ国防省次官、ボン）、レネー・ニューバリ駐ベルリン・フィンランド大使、それにジョン・コーンブルム元駐ベルリン・アメリカ大使（現在はラザード・フレール社）とも。レギーナ・フォン・フレミング博士は、ロシアでビジネスすることがどういうことなのかについて、私の知見を大いに深めてくれた。元ドイツ銀行（ゲッチンゲン）のアクセル・レーバーン博士も同様である。

ドイツ外交政策協会（ベルリン）のアレクサンダー・ラーァ博士は、個々の人物や様々な問題について、私に専門知識を授けてくれた。モスクワのセルゲイ・カラガーノフ教授は、私の視界を大きく広げてくれた。カーネギー財団（モスクワ）のドミートリー・トレーニン氏も、絶えず私のひらめきの源であった。ハーバード大学のマーシャル・ゴールドマン教授もである。ドイツ証券取引所株式会社（フランクフルト）のクルト・フィーァメッツ監査役会会長は、金融問題について重要な助言を与えてくれた。以前はベルリン、いまはブリュッセルにいるゲルハルト・ザバティール博士は、EU官僚の最良のタイプであり、EU＝ロシア関係についての大変豊かな経験によって、私を助けてくれた。

ノーボスチ・ロシア通信社（ベルリン）のドミートリー・トゥリチンスキー氏は、ロシア出張を何度もアレンジしてくれた。『ノイエス・ドイチュラント』紙のクラウス・ヨアヒム・ヘルマン博士には、いくつかの写真を提供していただいた。

いうまでもなく、グローバル市場におけるロシアの経済的な地位の問題は、決定的な重要性をもっているのであり、この点では私は、ドイツ産業連盟東方委員会（ベルリン）のクラウス・マンゴールト博士と、オリヴァー・ヴィーク博士にとくに感謝したい。VNG（ライプツィヒ）のCEO、クラウス・エヴァルト・ホルスト教授（博士）は、エネルギー産業の実情について多くのことを教えてくれた。

ロシア側の専門家との対話からも、非常に多くのものを得ることができた。そうした専門家とは、リーリャ・シェフツォヴァ（カーネギー財団、モスクワ）、ウラジーミル・ルィシコフ（下院議員）、ヴャチェスラフ・ニコノフ（『ロシアの戦略』誌編集長、モスクワ）、アレクセイ・アルバトフ（下院議員、モスクワ）の各氏である。

長年の親交のなかで友人たちが授けてくれた知見にも感謝したい。そうした友人たちというのは、ノルウェー・エネルギー政策協会（オスロ）の事務局長イヴァール・タンゲン、国防省（ベルリン）のウルリヒ・シュリーであり、そして、最後に挙げるべき大事な人として、ペーター・ショル＝ラトゥール博士（ベルリン、パリ）がいる。

最後に私は、故ジョージ・F・ケナンに非常に多くを負っていることを感じる。もう何年も前に彼は、プリンストン高等研究所での対話と、さらに書いたものとを通じて、ソ連、そしてロシアで現に作用している歴史的な力について、私の目を大きく開いてくれたのだった。

意図してか、あるいは意図せずしてか、長年にわたり本書の執筆につきあってくれたすべての人々に感謝する。いうまでもなく、読者に提供される情報と判断の責任は、私一人のものである。

ベルリン、エーベンハウゼン、二〇〇八年八月

ミヒャエル・シュテュルマー

# 「国境線の向こう側にいるロシア人の運命は、われわれの死活問題だ。」プーチン、1994年

## 新興独立諸国のロシア人

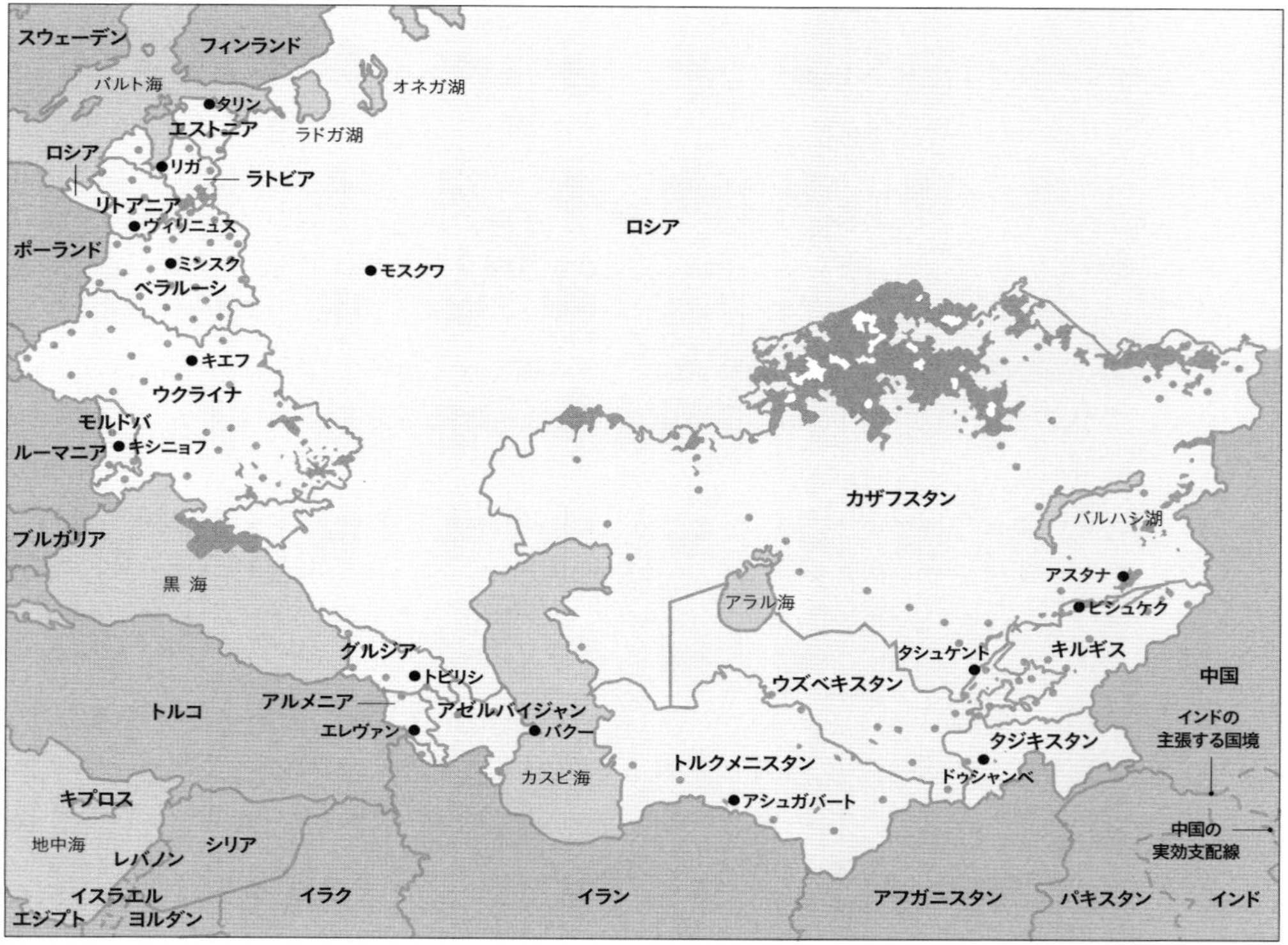


■ロシア人の広範な集住地域
●ロシア人の局地的集住地域

バルト三国の総人口は *The World Factbook 1994* から、それ以外の国の総人口は *CIS Statistical Bulletin No.20, June 1994* からとった。

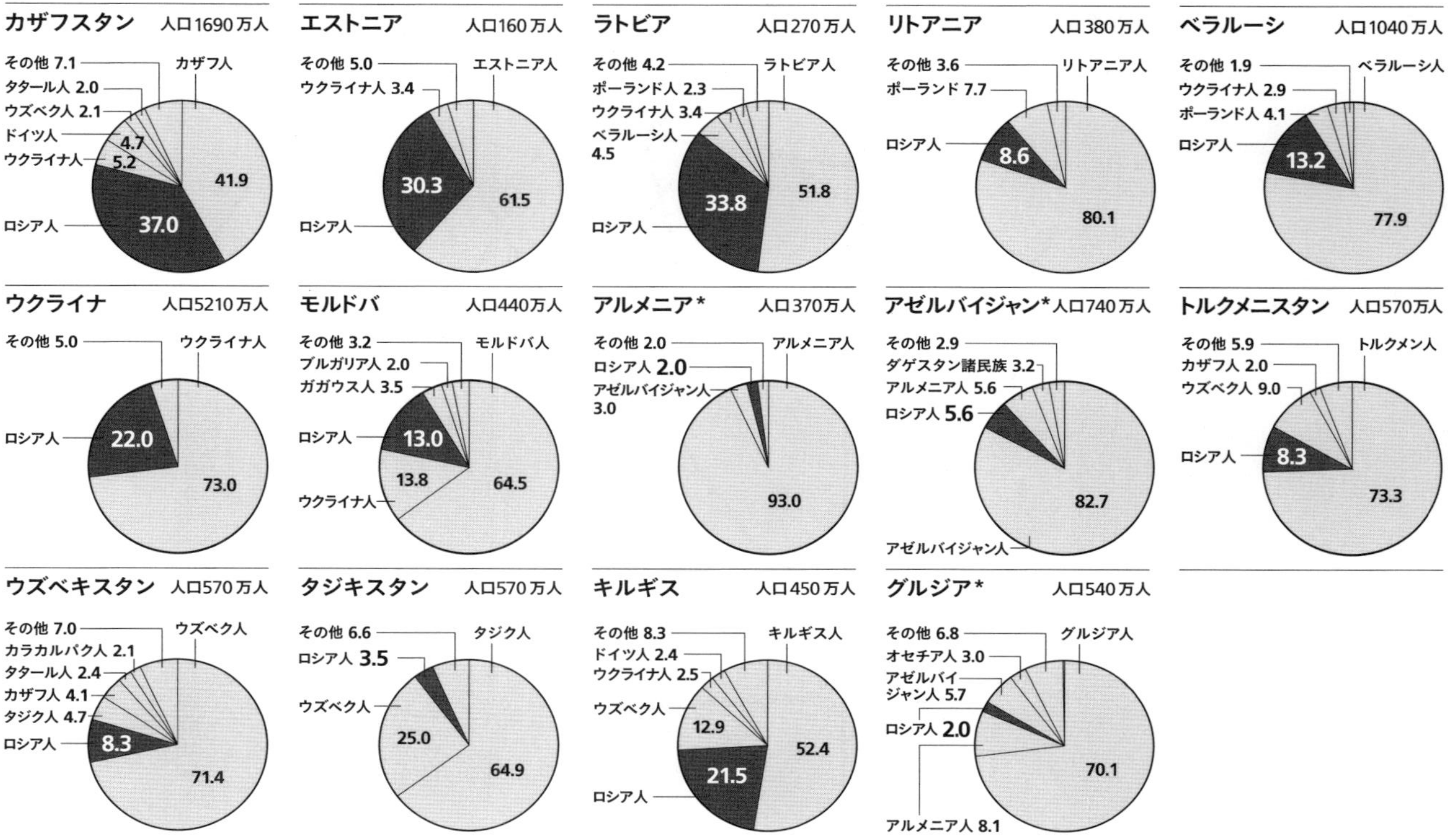


＊グルジア、アルメニア、アゼルバイジャンの民族構成比は1989年のソ連国勢調査の数字であり、今日の状況を必ずしも正確には反映していない。

500km
ヨーロッパの主要ガス・パイプライン
現在あるもの
計画中[ロシアによる]
ノース・ストリーム
サウス・ストリーム
計画中[ヨーロッパによる]
ナブッコ
カスピ海横断
ヤマル
ロシア
ドルージバ
カザフスタン
アラル海
ウズベキスタン
カスピ海
黒海
ブルー・ストリーム
グルジア
アルメニア
アゼルバイジャン
トルクメニスタン
トルコ
イラン

新しい権力通貨——帝国のための天然ガスとパイプライン。狙いはヨーロッパ市場。

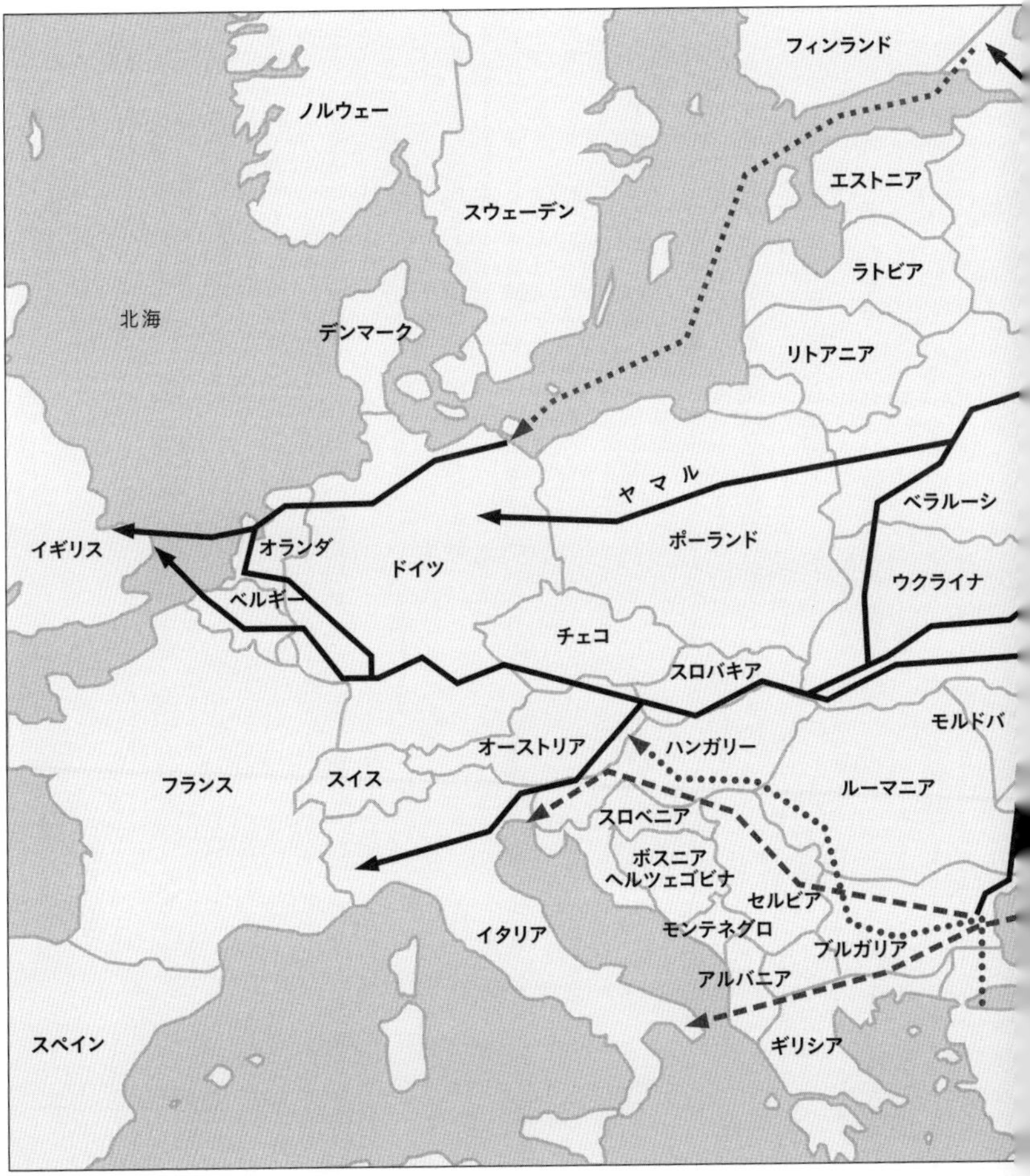

■年譜

| | |
|---|---|
| 1952年 | 10月7日　プーチン、レニングラードに生まれる。貧しい住環境のなかで育つ。 |
| 1953年 | スターリン死す。 |
| 1973―74年 | 第一次オイルショック。 |
| 1975年 | プーチン、レニングラード大学法学部を卒業（この年、KGBレニングラード支部に就職）。 |
| 1975年 | 安全保障および相互協力に関するヘルシンキ最終文書。 |
| 1978―79年 | 第二次オイルショック、西側全般の危機。 |
| 1982年 | 7月　レバノン戦争でイスラエル空軍がシリアのミグ戦闘機70機を撃墜、モスクワに衝撃。 |
| 1982―84年 | ユーリー・アンドロポフ政権。 |
| 1985年 | 石油価格暴落、西側にとっての僥倖、ロシアにとっての破局。 |
| 1986年 | チェルノブイリ原発事故、ゴルバチョフはペレストロイカとグラスノスチを提起。 |
| 1987年 | ソ連とアメリカが全面的な兵器管理で合意（INF条約）。 |
| 1989年 | 11月9日　ベルリンの壁崩壊。 |
| 1990年 | 「2プラス4」交渉、NATOによる兄弟的支援の申し出、ドイツ統一。プーチンは1985年から東ドイツのドレスデンでKGBの任務にあたっていたが、この年アナトーリー・サプチャーク・レニングラー |

| | |
|---|---|
| | ド市ソヴィエト議長の国際関係担当顧問に就任。 |
| 1991年 | 6月プーチン、サンクト・ペテルブルグ市対外関係委員会議長、1994年からは市第一副議長を兼任（1996年まで）。 |
| 1996年 | 6月 プーチン、ロシア大統領府に勤務。8月、大統領総務局長代理。 |
| 1997年 | 3月 プーチン、大統領府副長官および監督局長に任命（1998年5月まで）。 |
| 1998年 | 5月 プーチン、大統領府第一副長官に任命（同年7月まで）。 |
| 1998年 | 7月 プーチン、FSB長官に任命（1999年8月まで）。 |
| 1998年 | 夏 ロシア経済危機、石油価格1バレル10ドルにまで下落。 |
| 1998年 | 8月 経済的破局、デフォルト。 |
| 1998年 | 9月 エリツィン、エヴゲーニー・プリマコフを首相に任命。 |
| 1999年 | NATO拡大、旧ワルシャワ条約機構加盟国のチェコ・ハンガリー・ポーランドが加盟。 |
| 1999年 | 春 ロシアの政治情勢緊迫。クレムリンは事態を統御できなくなる。 |
| 1999年 | 3月 プーチン、安全保障会議書記に任命。 |
| 1999年 | 8月 シャミーリ・バサーエフの指揮するチェチェン人戦闘員がダゲスタン共和国に侵攻。 |
| 1999年 | 8月 下院、プーチンを首相に承認。 |

| | | |
|---|---|---|
| 1999年 | 9月 | 第二次チェチェン戦争開始。 |
| 1999年 | 12月31日 | エリツィン、プーチンを後継者に指名。 |
| 2000年 | 3月 | プーチン、ロシア大統領に選出。 |
| 2000年 | 8月 | 潜水艦クルスク難破、プーチンの権威に打撃。 |
| 2000年 | 11月 | 独立メディアの締めつけ。 |
| 2001年 | 3月 | セルゲイ・イワノフ、国防大臣に任命。 |
| 2001年 | 春 | 「管理された民主主義」、あるいは「主権民主主義」の宣言。 |
| 2001年 | 6月 | 上海協力機構創設（中国・ロシア・カザフスタン・キルギス・タジキスタン・ウズベキスタン）。 |
| 2001年 | 秋 | ロシア、アメリカによるアフガニスタンの対タリバーン戦争に協力。 |
| 2001年 | 12月 | アメリカ、ＡＢＭ条約の脱退を宣言。 |
| 2002年 | 10月 | モスクワでテロリストがドゥブロフカ劇場を占拠。ロシア軍による救出活動で１２０人が死亡。 |
| 2002年 | 11月 | ブリュッセルでＥＵ＝ロシア・サミット。 |
| 2003年 | 3月 | 第二次イラク戦争。 |
| 2003年 | 5月 | サンクト・ペテルブルグでＥＵ＝ロシア・サミット。ロシア＝ＥＵの協力関係のために４つの「共通空間」を設定。 |

| | | |
|---|---|---|
| 2003年 | 10月 | ユコスCEOのミハイル・ホドルコフスキー、逮捕される。脱税の咎で禁固8年の刑。 |
| 2003年 | 11月 | グルジアで「バラ革命」、モスクワ痛恨。 |
| 2004年 | 2月 | プーチン、ミハイル・カシヤノフ首相を解任。 |
| 2004年 | 9月 | 北オセチア共和国ベスランでテロリストが学校を占拠。 |
| 2004年 | 11月―12月 | ウクライナで「オレンジ革命」、ロシアとユーシェンコ指導部の関係紛糾。 |
| 2005年 | 1月 | 社会保障の「収益化」を目指す改革案に対する抗議デモ。 |
| 2005年 | 12月 | ガスプロム、ウクライナ向け天然ガスを値上げ、一時供給停止。 |
| 2006年 | 7月 | サンクト・ペテルブルグでG8サミット。 |
| 2006年 | 8月 | カレリア共和国コンドポガで民族衝突。 |
| 2006年 | 10月 | 『ノーヴァヤ・ガゼータ』紙の独立系コラムニスト、アンナ・ポリトコフスカヤ殺害。 |
| 2007年 | 2月10日 | ミュンヘン安全保障会議、プーチン歯に衣着せぬ演説。 |
| 2007年 | 11月30日 | シュヴァルツマン、『コメルサント』紙のインタビューでクレムリンの内幕を暴露。 |
| 2007年 | 12月2日 | ロシア下院選挙。 |
| 2007年 | 12月12日 | プーチン、ドミートリー・メドヴェージェフを後継者に承認。 |
| 2008年 | 3月2日 | メドヴェージェフ、ロシア大統領に選出。 |

## ■ 略 語 一 覧

**ABM** Anti-Ballistic Missile (Treaty) 弾道弾迎撃ミサイル（制限条約）

**AEB** Association of European Businesses in the Russian Federation
在ロシア欧州ビジネス協会

**CEO** Chief Executive Officer 最高経営責任者

**CFE** Conventional Forces in Europe (Treaty) 欧州通常戦略（条約）

**CFSP** Common Foreign and Security Policy 共通外交・安全保障政策

**CIA** Central Intelligence Agency アメリカ中央情報局

**CIS** Commonwealth of Independent States 独立国家共同体

**EFTA** European Free Trade Association 欧州自由貿易連合

**EU** European Union 欧州連合

**FSB** Federal'naia Sluzhba Bezopasnosti Rossiiskoi Federatsii ロシア連邦保安庁

**IAEA** International Atomic Energy Agency 国際原子力機関、ウィーン

**ICBM** Intercontinental Ballistic Missile 大陸間弾道弾

**IMF** International Monetary Fund 国際通貨基金

**INF** Intermediate-Range Nuclear Forces 中距離核戦略

**KGB** Komitet Gosudarstvennoi Bezopasnosti SSSR ソ連国家保安委員会

**LNG** Liquefied Natural Gas 液化天然ガス

**NATO** North Atlantic Treaty Organization 北大西洋条約機構

**NGO** Non-Governmental Organization 非政府組織

**OECD** Organization for Economic Cooperation and Development 経済協力開発機構

**OPEC** Organization of the Petroleum Exporting Countries 石油輸出国機構

**OSCE** Organization for Security and Cooperation in Europe 欧州安全保障・協力機構

**PCA** Partnership and Cooperation Agreement EU – Russia
EU＝ロシア・パートナーシップ協力協定

**SALT** Strategic Arms Limitation Talks/Treaty 戦略兵器制限交渉／条約

**SDI** Strategic Defense Initiative 戦略防衛構想

**START** Strategic Arms Reduction Treaty 戦略兵器削減条約

**SVR** Sluzhba Vneshnei Razvedki Rossii ロシア対外情報庁

**TMD** Theater Missile Defense 戦域ミサイル防衛

**UNCTAD** United Nations Conference on Trade and Development 国連貿易開発会議

**UNIFIL** United Nations Interim Force in Lebanon 国連レバノン暫定駐留軍

**WTO** World Trade Organization 世界貿易機関

凡例

一．本書は Michael Stuermer, *Putin and the Rise of Russia*, Weidenfeld and Nicolson, London, 2008 の全訳である。訳出にあたっては、原著テクストにくわえて、その校正刷りも適宜参照した。また、演説・論文・新聞記事など、元々ロシア語で書かれた文章が本文中で引用されている場合は、極力ロシア語の出典と照合しながら訳出するように努めた。

一．原書の注は、出典を示すものが若干あるだけなので、すべて本文中に組み込んだ。訳者による補足は〔　〕で示した。明らかな誤植は断りなしに直した。

一．年譜と略語一覧は、訳者が若干の補足・修正を加えた。索引は、原書にある項目のうち細かすぎるものを省略した。人名には訳者が父称・生没年・肩書を加えた。

# 序

「ロシア人の国に一歩足を踏み入れるやいなや、そこで営まれている社会秩序が彼らにしか用をなさぬことがよく分かるであろう。ロシアに暮らすためには、ロシア人にならなければならない。なるほど、表向きはすべてよそと同じである。違いは根元にあるのだ。」

**キュスティーヌ侯爵『現代のための旅路』**

〔**アストルフ・ド・キュスティーヌ侯爵**（一七九〇―一八五七）はフランスの外交官。一八四三年に刊行された旅行記『現代のための旅路』は、フランス語の原題を『一八三九年のロシア』といって、ロシアに対する辛辣かつ鋭い批評で知られる。なお、キュスティーヌはアレクサンドル・ソクーロフの映画『エルミタージュ幻想』の狂言回しでもある。〕

先日ロシアを訪ねた際に、モスクワのカザン駅構内を急いでいた私は、ふと足元に金色に光る小さなコインが落ちているのを見つけた。足をとめてつまみあげてみると、それは本物というにはあまりに軽い一〇コペイカ硬貨であった。その価値はゼロに等しい。だが、そのコインは精妙に打ち出されており、その表には馬にまたがった聖ゲオルギーが竜退治をする姿が、くっきりと描かれていた〔聖ゲオルギーは十一世紀以来ロシアで崇拝されてきた殉教者であり、帝政期の国章にもその図像が用いられていた〕。もはや、世界を脅かす鎌とハンマーもなければ、世界を照らし出す赤い星もない。正教のロシアがふたたび立ち現われたのだ。聖なる勝利者ゲオルギーの神々しい像は、いまやどこにでも現われる——それはあらゆる制服や、プーチン氏の孔雀石のインク壺をも飾り、大統領が執務する宮殿を侵入者から守っている。過去への回帰と見せかけて、実際にはその像は、未知への旅立ちを予示しているのだ。はたしてレーニンは、そう、彼の巨大なブロンズ像は、タタールスタンの首都カザン（彼はそこからそう遠くないウリヤノフスクの出身である）の中央広場にあって、見えない大衆に向かっていまなお教えを説いているのであるが、あるいはまた彼の巨大な横顔は、ベルリンのベーレン通りにあって、いまはなきドイツ民主共和国のKGB本部を守っていたのであったが、その彼は、ロシアに聖ゲオルギーが帰ってきたことをどのように思うのだろう。

世界がロシアの運命にやきもきさせられるのは、この二世紀の間にこれが初めてのことではない。ソヴィエト帝国の崩壊によって多くを失ったとはいえ、ロシアはいまなお、一一の時間帯をもつ巨大な国家であり、その国土はバルト海沿岸のカリーニングラード州から、極東のサハリン島にまで広がっている。何もない無辺の空間は、約束に満ち溢れている。人口は一億四〇〇〇万人以上を数えるが、そのなかの二〇〇〇万人はムスリムである。彼らムスリムは、十字架と星ではなく、高らかに昇りゆく三日月を見つめ、聖ゲオルギーのことを友人、守護者であるのかどうか疑っている。ロシアはまた、巨大な軍事資源を抱えた強国であり、そのなかには一万以上の様々な核兵器も含まれている。さらに、エネルギー大国でもある。その石油の埋蔵量は、現在の利用率を基準とすれば三〇年以上はもつとされ、豊富な天然ガスにいたっては一八〇年以上ものである。

ロシアは古くから、文化の面でも地政学の面でも、ヨーロッパとアジアの間で曖昧な立場をとってきた。今日のロシアはまた、民主主義の脆弱な要素と、専制の常変わらぬ強力な要素の間で、あらたに揺れ動いているのである。

国際情勢に関しては、次のことが問われるだろう。ロシアは、生まれつつある多極的なバランス構造の一部となるのだろうか。それとも、地球上のすべての重要問題について、とくに東欧、カフカース、「大中東」〔ブッシュ（子）政権の地政学的構想で、アラブ諸国、パキスタン、アフガニスタン、イラン、トルコ、イスラエルを含む〕、中央アジアについて発言権を確保し、さらには拒否権をもつことを求めるのだろうか。また、パックス・アメリカーナの一部であり、今後もグローバリゼーションの調整者であるような諸機関、つまりWTO（世界貿易機関）、世界銀行、IMF（国際通貨基金）といった諸機関を、みずからの明白な利害を超えてでも支持するようにロシアに説得することは、国際社会には可能なのであろうか。ついで、冷戦が終わって、核抑止力に基づく二極化された世界システムも消滅してしまったが、その後に残された世界秩序をロシアは支持するのであろうか。一言でいえば、昨日までの革命勢力は、ソ連崩壊後にいわれたような、「バンクーバーからウラジオストックにいたる」産業社会とポスト産業社会のための安定要素となるのであろうか。明らかにロシアは、どちらの方向にでも踏み出せる。安定要素となることも、不安定要素となることもできるのである。これまでのところ、ロシアの指導者はまだ態度を決してはいないように見える。彼らがいずれの道に踏み出すのかは、少なからず西側〔冷戦時代の資本主義陣営のことでもあれば、欧米諸国のことでもある〕にかかっている。その団結と政治力、そしてそのロシア理解に。

われわれはいま、一九四〇年の厳しい冬にイギリスで問われた問題に立ち返っているのである。当時、ヨーロッパ大陸は独裁者たちの支配下にあった。このときウィンストン・チャーチル卿は、よく知られているように、BBCのラジオでこう語ったのである。「ロシアがどのような行動に出るのかを予想することはできません。この難題は、神秘のベールに包まれており、謎のなかにあるのです」。そしてイギリス首相は、ほとんど後知恵でしかいえないようなことを、こうつけ加えたのである。「唯一の鍵はロシアの国益です」。

かくしてこの難題は、今日もなお変わらず残っているのである。はたしてロシアの国益とは何なのであろうか。そして、いったい誰が、あるいはその人の周囲にいるどのような権力エリートが、それを定め、実行しているのであろうか。石油と天然ガスの収入が八年にわたって上昇し、多数の人々がそれなりの稼ぎを得、少数の人々が巨万の富を得たその後で、プーチン大統領の二度目の任期が終わりに近づいたとき、混乱や不安定を恐れたのはロシア人だけではなかった。国際社会もまた、誰が、また何がプーチンの後にくるのかを、不安気に見守っていたのである。もしかしたら、少ししたのちに、プーチン自身が、別の姿で戻ってくるのかもしれないと。答えがどうなるにせよ、ロシアはよかれあしかれ、決定的な時期を迎えつつあるのである。残りの世界にとっては、それはどのような意味をもつことになるのであろうか。

一九八九年以後の世界において、旧敵同士の最大の課題となったのは、公正で公明なシステムをいっしょにつくり上げるということであった。そこではロシアも新世界秩序の一部をなすはずであった。実際、ブッシュ（父）は、一九九〇～九一年の湾岸戦争が終わったのちに、そのように約束したのである。だが、西側が強く、ロシアが弱かったあの一〇年間に、そのような機会は逃された。はたして今日のロシアは、われわれが欲していたものなのだろうか。復活するロシアと退潮するパックス・アメリカーナの間で引き裂かれることは、今日のヨーロッパにとって分裂の元ともなれば、事実、致命的ともなるであろう。それはまた、NATOにとっても巨大な負荷となろう。

もう遅いのだが、それでもまだ遅すぎではないであろう。視野を広くもって、もう一度挑戦しなければならない。何といっても、極東における中国の興隆は、巨大な挑戦を突きつけているのだ。それは、シベリアから見ればそう遠くない話なのであるが、ヨーロッパの石油と天然ガスの大半は、そのシベリアから来ているのであるから。同様に、中東のイスラム急進勢力もまた、核開発に野心を燃やすイランであれ、破壊行為にいそしむテロリストであれ、脅威となっている。気候変動も加速しつつあるし、大量破壊兵器の拡散と、その今後の封じ込めも大きな問題である。テロリズムや失敗国家、それにサイバー戦争や組織犯罪も広がっている。世界を脅かすこれらの幽霊は、ロシアと西側諸国の両方にとって、ひとしく懸念の元なのである。

歴史がふたたび動き出している。だが、われわれが直面しているのは、変えることのできない運命ではなく、開かれた、挑戦に満ちた未来なのである。そのすべてにおいて、よかれあしかれ、鍵を握るのはロシアであろう。

# 1 真実の瞬間

「ロシアの皇帝は軍の領袖である。一日一日が彼には戦闘なのだ。」

**キュスティーヌ侯爵『現代のための旅路』**

ときは二〇〇七年二月十日。ミュンヘンはカーニバルの盛りであった。場所は五つ星ホテル「バイエリッシャー・ホフ」。このホテルは冷戦のころは毎年「国際防衛会議」の会場になっていたが、冷戦が終わってからは会合の名前は「ミュンヘン安全保障会議」にかわっていた。ミュンヘンのこの会議は、二日間にわたって首脳クラスが集う一大イベントだ。戦略共同体のこの集まりを発案したのはエヴァルト・フォン・クライストといって、一九四四年七月にシュタウフェンベルク伯爵のヒトラー爆殺計画を手助けした歴史上の人物である。その跡を継いで議長となったのが、コール首相が長年にわたり最も重用した外交アドバイザーのホルスト・テルチクであった。二〇〇七年にテルチクは、あのロシアの指導者に基調演説を求めた。胸に関係者バッジをつけている人々や、隣の部屋で会議を追っている大勢のジャーナリストは、まさか自分たちが、ロシア＝アメリカ関係やロシア＝ヨーロッパ関係における決定的な瞬間に居あわせようとしているのだとは、思ってもいなかった。実際にはあのミュンヘンの会議のあとでは、それまで驕りや無知、それに希望的観測によって曖昧にされてきた幾本かの臨界線が、くっきりと浮き上がったのであった。クレムリンの主人は東欧、バルカン、中央アジアでその臨界線が尊重されることを求めたのである。

会議初日の午前の部では、ドイツ首相アンゲラ・メルケルが長々としゃべった。ところでロシア大統領ウラジーミル・プーチンのそばに座っていた人々は、彼がスタッフから渡された原稿に熱心に手を入れているのに気づいた。プーチンは段落を丸々削除したり、新しい段落を書き入れたり、余白に補足を書き加えたりして、怒ってでもいるかのように始終頭を振っていた。会場となったダンスホールは空調がきいて明るく照らされていたが、そこに集まった各国首脳や国防担当者、それに政治アナリストにドイツのナンバー・ワンが何を話さなければならなかったのかについて、プーチンはほとんどまったく注意を払わなかった。最前列に座ったプーチンが、演説の内容について誰の承認も求める必要がないことは明らかであった。まして彼は、西側とロシアの全般的な関係や、アメリカとロシアとの関係について将来の路線を描き出すために、誰の許可も求めなくてよかった。疑いなくプーチンが主導権を握っていた。それは続く三〇分ばかりのことではなくて、ロシアの外交と安全保障全体についていえることであった。

演壇に上ったとき、プーチンは冷静な決意のほかにはどんな感情も見せなかった。彼は穏やかな声でしゃべり、身振りもわずかであった。その感情は注意深く抑制され、統御されていた。プーチンはもちろんロシア語で話した。この会議の伝統からすれば、と彼は聴衆に皮肉交じりの警告を発した、「あえて上品さをつくろわなくともよいでしょう」。

## 熊、吼える

プーチンが目の前に集まった二〇〇人あまりの専門家や、世界中に中継されるテレビカメラに向かって話さなければならなかったことは、実際、洗練された外交のお手本になるようなものではなかった。彼は、すべてのロシア人と同じように自分もまた、ソ連の相続人が耐え忍ばねばならなかった先の苦難の時代に、西側が一方的かつ不公正につけこんできたのだと感じていることを隠そうとしなかった。ロシアの損失を補填してくれるどころか、西側はその力の限り、ありとあらゆる手段を使って、東欧と中央アジアの大半で地政学上の優位を確保することに努めたのであった。ロシアとNATOの関係もまた、せいぜい薄弱なものに過ぎなかった。ロシア人は自分たちの前庭であるバルト海から裏庭であるウズベキスタンまで、ぐるりと包囲されていると感じていた。彼はまた、近年のNATOの東欧への「拡張」にも腹をたてていた。ワルシャワ条約機構に加盟していたソ連の元衛星国のポーランド、チェコ、ハンガリー、スロバキアや、ソ連の一部であったバルト三国への拡張である。ソ連がドイツについて合意すればこそ冷戦が終わったのであったし、九・一一事件後には軍事援助を申し出て、実際に提供もしたというのに、そうした善意の小切手に対する当然の敬意をアメリカは払っていないではないか。それに西側は、チェチェンで何が問題となっていたのかもまったく理解していなかった（もっともプーチンがこの紛争地域を名指しすることはなかったが）。要するに、彼はこういいたかったのである。熊は穴蔵から出てきたのだ、もうこれまで通りにはいかないのだぞ、と。

それでもヨーロッパ人はまだ、不快な人々でしかなく、ソヴィエト帝国のかつての衛星国もまた、苛立ちの元でしかなかった。攻撃の主要な標的となったのは、退潮するグローバル勢力に野心満々に牙をむく大国、アメリカである。プーチンの調子や物腰には、ヨーロッパから締め出されたことへの落胆が感じられた。彼は西側にがっかりさせられたからこそ、西側諸国の「イデオロギー的なステレオタイプ、ダブルスタンダード、そのほかの冷戦的思考法に典型的な側面」を難じたのである。だが、その怒りはアメリカのためにとっておかれた。彼は単にジョージ・W・ブッシュ（子）とその仲間たちから、民主主義だとかロシアにおける市民社会の不足だとかについて、ひっきりなしにレクチャーされることに苛立っていたのであろうか。それとも彼は、ヨーロッパとアメリカとの不和を深めようとしていたのであろうか。それとも国際連合でもどこでも大抵無視され、グローバル・プレイヤーとしてもアメリカの主要なパートナーとしても認められないことに怒っていたのであろうか。

プーチンはまるで政治理論の教授のようにしゃべったのだが、ほころびがないわけではなかった。「冷戦後に提唱された一極的世界」など実現していない、と言い切りつつも、まさにワシントンが動かすそうした世界秩序に突き進んでいるという理由で、プーチンはアメリカを攻撃したのだった。「一極的世界とは何であろうか。この言葉をどのように飾ろうとも、つまるところそれが実際に指し示すものはただ一つである。すなわち権力の単一の中心、力の単一の中心、意思決定の単一の中心である」。

## ロシアは敬意をもって遇されることを望む

崩壊に終わった帝国の指導者として、プーチンは、一極的秩序というポスト冷戦時代の夢はアメリカの手に負えるものではないと警告していた。「それは一人の主人、一人の主権者しかいない世界である。そしてつまるところそのことは、そのシステムのなかにいるすべての人にとってばかりでなく、主権者自身にとっても破滅的である。なぜならそれは内部から自壊するからである」。

かつて諜報員、KGBの駐在員として東ドイツのドレスデンに身をおき、帝国の統制が消滅するのを間近で見ていた人物は、アメリカに、またアメリカを安全保障の最後の頼りとするすべての国々に、教訓を伝えていたのであろうか。その含意は明らかであった。アメリカを信頼するな。なぜならそれは遅かれ早かれすべての帝国と同じ道をたどるのであるから。

評決もまた、警告と同じくらいはっきりしていた。「一極的モデルは今日の世界にあって、受け入れがたいばかりか不可能ですらある（……）。一方的で、しばしば正当とは言いがたいような行動によっては、一つの問題たりと解決されたことはないのである」。つづいてプーチンは、アメリカに立ち向かう国際法の擁護者としてロシアを描いた。「国際法の原則を蹂躙するような態度が日増しに目立っている。そして、独立していなければならないはずの法規範が、現実には日増しに一国の法制度に近づいている。一国、それは何よりもまずアメリカであるが、それは自らの国境線をあらゆる領域で踏み越えている」。プーチンはアメリカのハード・パワーだけでなく、あらゆる局面でのそのソフト・パワーをも忌み嫌っていた。それにロシアが太刀打ちできるとは到底期待できなかった。「経済・政治・文化・教育政策において、他国への押しつけがなされていることは明白だ」。

宇宙空間の「軍事化」と、とりわけ軌道上への兵器の打ち上げ――当分の間、アメリカにしかできないことだ――に警鐘を鳴らしつつも、プーチンは同時に、ロシアとアメリカが世界の安全保障において利害を共有していることも、はっきりとさせた。それは何よりもまず、核不拡散の分野にあてはまった。一九六八年の核兵器不拡散条約で定められた核の寡占状態を保持することが、冷戦時代を通して両超大国の基本原則であった。そして明らかにプーチンは、目先の利益のためにこの基本戦略を犠牲にすることは考えていなかった。北朝鮮、イラン、その他の潜在的な違反者を名指しすらしなかったものの、彼はロシアとアメリカがいまなお戦略上の利害を共有していることを、明快に示したのである。

## 対立と競争

ゆくゆくはテクノロジーやその他の必要性を考慮に入れて、戦略上の取引を行なうことが避けられなかった。それでも、主題となったのは対立と競争であった。とりわけプーチンは、コソボの未来をセルビアから切り離すことには、ロシアが頑強に抵抗するだろうことをはっきりと表明した。クレムリンは国連安全保障理事会で拒否権を行使して、国連が後援するアハティサーリ計画に致命的な打撃を与えるであろう。この計画は、ほんの数日前に国連安全保障理事会に提出されていたもので、「監督された主権」という定式のもとで、解決プロセスを平和裏に管理することを目指していた。またしてもバルカンで音をたてる時限爆弾をとめるために、アメリカ・ロシア・EUの外交官からなるコソボ・トリオが努力を続けていたが、プーチンがこれをさして重視していないことは明らかであった。一九九九年春、コソボのアルバニア人の間で民族浄化を繰り広げるスロボダン・ミロシェヴィチをとめるために、NATOは軍事介入と空爆を行なったのであったが、プーチンはそれを忘れてもいなければ、まして許してなどいないということを、はっきりと示したのだった。

バルカンの安定のためにロシアがよりましな、あるいはより長続きしそうな解決策をもっていたわけではない。だがプーチンにとってコソボとは、ロシアの意向に背くならば達成できることはごくわずかでしかない、あるいはまったく何も達成できないだろうということを、一切の疑いを超えて明らかにするためのグローバルな協議事項のうちの一項目なのであった。

セルビアは伝統的にコソボのアルバニア人の宗主であったが、ロシアにとってセルビアとは、オスマン帝国に対する皇帝たちの戦争や、オーストリアとの抗争のとき以来の古い同盟者であり、また保護国であった。それゆえベオグラードはロシアの縄張りであり、そこでは西側諸国は慎重にことを運ばねばならないとされていた。よりのちの二〇〇七年夏になって、高級海浜リゾート地のハイリゲンダムでG8の会合が開かれたとき、プーチンは西側諸国に向かって、セルビアからのコソボの分離を承認することは、イスラムに対する「キリスト教世界」の英雄的な闘争の敗北を意味するとさえ警告したのであった。このとき彼は、正教の地にロシアが伝統的に主張してきた、古くからの守護者の役割を想起させたのである。

コソボに対する時機を失わぬこの警告だけでは、皇帝の怒りが尽きることはなかった。ついでプーチンが攻撃したのは、イランが将来開発するであろう大陸間弾道ミサイルに対する、アメリカのミサイル防御計画であった。ヨーロッパを越えてアメリカに飛来する、将来のイランの大陸間ミサイルの飛行経路を監督するために、巨大レーダーが設置されることになっていた。物議を醸したのは、その設置場所としてチェコのプラハ南方のどこかが予定されていたことであった。プーチンにとってはこれは呪い以外の何物でもなかった。より北のポーランドにも、南方から飛んでくるあらゆる脅威を撃墜するために、ミサイルを補足配備することが提案された。将来アメリカがこのようなミサイル配備を行なうとすれば、それはロシアへの脅威とほとんど変わらないではないかとプーチンは述べた。彼はこの計画を、最近になってアメリカが一九七三年〔実際は一九七二年〕の弾道弾迎撃ミサイル制限条約を脱退したことと結びつけた。この条約によって両超大国は、迎撃ミサイル配備を大きく制約されていたのであるが、ブッシュ（子）政府は近年〔二〇〇二年〕この条約から本当に脱退してしまい、ロシアの怒りと苛立ちを大いにかきたてたのである。もっともロシア大統領は、まだ始まったばかりのこの新計画が、その潜在力から見ても、展開地点から見ても、アメリカとロシアとのもっぱら抽象的な核弾頭ミサイルのバランスを崩すことはないと、軍事諜報機関を通じて知っていたはずである。

## 迎撃ミサイルを撃ち落とす

ならばどうしてプーチンは、迎撃ミサイルの問題をもちだしたのだろうか。そこには主に三つの理由があったように思われる。第一に、ロシアは自分の意見を尋ねてほしかったのに、NATO・ロシア理事会も、諸々のハイレベル会議も、そうしなかったのである。もちろんプーチンは、紛糾の種となるこの問題をNATO理事会に持ち込むことにホワイトハウスがそう乗り気ではなく、むしろ関係する東欧諸国との二国間ルートのほうを好んできたことを知っていた。第二に、ロシアから見れば、かつての衛星国に迎撃ミサイルを配備することは、ドイツとNATOの軍事力配備に関する「2プラス4合意」〔ドイツ統一に関する東西ドイツと英仏米ソの合意〕に抵触している、たとえ文言上は問題なくとも明らかにその精神には背いていると感じられたのである。第三に、プーチンはこの計画が、アメリカのミサイル配備に対する大規模な抗議運動をヨーロッパ中に引き起こすことを直感していたに違いない。とりわけドイツでは、社会民主党や緑の党支持者の中年男女が、青春プレイバックを叫んで一九七〇年代末から八〇年代初頭のINF（中距離核戦略）危機を再演したがっていた。これは冷戦時代最後の大きな対立であり、ドイツで緑の党の躍進を促したばかりでなく、一九八二年秋にはシュミットとゲンシャーの自由民主党＝社会民主党連立政府を崩壊に追い込み、さらにはヘルムート・コール首相の台頭を助けるうえでも少なからぬ役割を果たしたのだった。ならばNATO諸国の間に、またアメリカとそれ以外の国の間に不和を引き起こすために、この問題を使わないという手があろうか。

とはいえこれらはみな、短期的な、戦術上の思惑でしかなかったであろう。たしかにこの当時、ロシアの一将軍が、東欧にあるこれらの不愉快な拠点は、ロシアのミサイルの仮想標的リストに優先的に載せられるだろうと自信満々に声明することで、衆目を集めたのではあったが。戦術上の思惑でしかないというのはなぜかといえば、ミュンヘンでのかの衝突から数か月もたたぬうちに、クレムリンはアメリカに対して、イラン国境からわずか数百マイルのところにあるアゼルバイジャンの旧ソ連レーダー基地を提供してもいいと申し出たからである。現地を調査するために派遣されたペンタゴンの専門家は、施設は放棄された状態にあり、データ処理のシステムもアメリカのものとは異なっているし、トラブルの潜在的な原因にもあまりに近いので、十分に安心して使えないとの判断を下した。だが、しばらくしてアメリカの別の専門家が、この提案には多くの利点があることを見出した。さらにロシアのこの提案によって、西欧諸国内での論争の激しさも緩和された。そのため、技術的な欠点があるとはいえ、それは将来のミサイル迎撃システムの一部となるであろう。

戦略的な観点についていえば、イラン人が核兵器を作戦に用いる能力はおろか、大陸間ミサイルを操作し発射する能力さえもたないうちに、イランに対して早くからミサイル迎撃防衛体制をしかねばならないというアメリカ人の説明に、ロシア人は同調していない。そうであれば、アメリカの計画がモスクワの疑念を呼んだのは不思議なことではなかった。ロシア人は依然として核抑止力を信じ続けている。彼らはこう問うのである。仮にイランの政権が核兵器を扱えるだけの能力を身に着けたとして、いったい誰が自国の存続自体を危険にさらしてまでも、アメリカあるいはまたイスラエルのテルアビブやハイファ周辺の人口集中地帯に核ミサイルを発射して、その見返りに壊滅させられるなどということを望むだろうか。

皮肉なことに、プーチンがミュンヘンで演説を行なうほんの数時間前に、ロシアの国防大臣で、当時はほとんどプーチンの分身のようであったセルゲイ・イワノフが、会議のかたわらで行なわれた単独会見に私を招いてくれた。会見のなかでイワノフは、公式の発言としては次のように述べた。アメリカがチェコとポーランドに何を設置しようとも、それらは、無論衝突が起こるなどということは断じてあってはならないのだが、より優れたロシアのミサイル能力にかなうものではないであろう。これはロシアの国防に責任をもつ人間としての発言であって、まもなく大統領が開陳することになる人騒がせな見解とは明らかに調子を異にしていた。しかしながらイワノフもまた、イランはまだ一発の爆弾のためにだって十分な核分裂物質をもってはおらず、まして核兵器技術など獲得してはいないのに、何だってアメリカはイラン人に核兵器不拡散条約を遵守させることはもうあきらめたというシグナルを送っているのだろうと、不審に思っていた。イランのミサイルについていえば、ロシアの諜報機関によれば、その最大射程範囲はおよそ一七〇〇キロメートルに過ぎないのであって、大陸間ミサイルなどは今後も長期にわたってイラン人の能力の範囲外である、とイワノフは述べた。イワノフはさらに、ロシア人にしてもイラン政権の行く末には気をもんでいるのだと告白した。「現在のイランのミサイル保有状況が、イスラエル国家ばかりかロシアの領土にとっても脅威となりうることは、よく分かっている。これは大いに気がかりではある」。

もしこのように考えることで、将来力を合わせて対抗ミサイル防衛を共同開発しようとの内々の呼びかけがアメリカになされていたのだとしたら、明らかにミュンヘンではそれは受け入れられなかったし、その後もまたそうであった。ホワイトハウスはロシアの疑問やためらいをけっして正しくは受け止めなかった。NATOもまたこの問題を十分に取り上げなかった。ドイツ首相アンゲラ・メルケルが、ミュンヘンの会議のすぐ後でそれを求めたにもかかわらず。この問題はいまだに尾を引いており、ロシアとアメリカの間ばかりでなく、アメリカと大半のNATO諸国の間にすらも禍根を残している。ポーランドでさえも、アメリカの迎撃ミサイルの受け入れをめぐっては議論が沸いたし、チェコ人にしても愉快な気分ではなかった。とはいえ現地でそれを推進していた人々にとっては、技術的な損得などどうでもよいことであって、彼らはポーランドあるいはチェコをアメリカの第五一番目の名誉州にするためのチャンスをそこに見ていたのであった。そうであればロシア人がやはりこの問題のもつ象徴的な意義に注意を向け、そこに不快感を覚えたとしても、不思議なことではなかった。

このミュンヘン会議のすぐ後で、一九八八年から二〇〇二年までブッシュ（父）の国家安全保障アドバイザーであったブレント・スコウクロフトが、計画全体を時期尚早であったと評した。「われわれはこれを推し進めるべきではなかった」。二〇〇七年夏に彼はワシントンのオフィスでいった。「イラン人が大陸間ミサイル・システムを構築するためには、まだ何年もかかるであろう。それに、彼らがいよいよそれをもちそうになったとしても、われわれはなお、おそらくはロシア人といっしょに、対抗ミサイル防衛網を構築することができる」。

## 敵が要るのか

より大きなスケールで見るならば、ここには二つの重要な転換があった。それは日常の政治における戦術的な動きをはるかに上回るものであり、そのいずれにおいてもプーチンは自らの爪跡を残したのである。第一の転換は中国と、将来のロシア＝中国関係とにかかわっており、第二の転換はユーラシアにおけるロシアの地位と役割とにかかわっていた。

プーチンはミュンヘンで中国に言及すらしなかった。広大なシベリアで中国の影響力が増大しているにもかかわらずである。彼はまた、アメリカ一極支配のかわりに思い描いているように見える多極的システムについても、多くを語らなかった。ミュンヘンで示された世界構想のなかで、中国はまさにその不在によって目立っていたのである。もっともいかなるロシアの長期戦略においても、中国が不在であるようなことはありえないのだが。北京とモスクワはアメリカ叩きでは歩調を揃えるであろう、ということ以外には、対中政策の今後についてプーチンは何もほのめかさなかった。それでも長期的に見れば、大陸国家中国の潜在力は日増しに高まるばかりであるのだから、そのバランスをとるためには、海の向こうの国家であるアメリカのほうが、パートナーとして明らかに望ましいはずであった。

私がけっして忘れないであろうことがある。一九九三年の終わりのこと、ちょうど冷戦後の戦略ドクトリンの仕上げにかかったばかりのロシアの将校たちが、モスクワの国防省と参謀本部から派遣されて、エーベンハウゼンにあるドイツ政府の戦略シンクタンク「国際政治・安全保障問題研究所」を訪れていた。彼らはドイツの同僚にいった。NATO、それがどうしたっていうんだい。彼らはNATOについては気を緩めているように見えた。それはもはや脅威ではなかったのである。当時はNATOの東方拡大は、ポーランドおよび東欧の夢想でしかなく、それがアメリカの優先的な政策になるのはずっと後のことであった。ロシアもまた、明らかに過去の敵でしかなく、現在、また近い将来に脅威となることはないように見られていた。本当の危険は——とロシアの将校たちは彼らの長期的な懸念を隠すことなくいった——東方から来るであろう。これは北朝鮮ではなく、中国のことを意味していた。そしてまた南方からも。これはチェチェン、さらにはその向こう側のことを指していた。実際、アフガニスタンでソ連側の損害が一〇年にわたって続き、強大なはずの赤軍がハイテクで武装した聖戦士にうちまかされたことが、彼らのトラウマとなっていたのである。

もちろんこの将校たちは、ロシアの富がすべて東方、ウラル山脈の向こう側にあることを痛感していた。国境線を流れるアムール川とウスリー川のこちら側には、富はあるが人がいない。他方、向こう側には人はいるが資源がない。これでは戦略上の数式は長く均衡を保ちはしないであろう。中国の統治者に向けて友好と協力を確認もしたし、多極化構造に向けての信念も表明したし、反アメリカ的レトリックも盛んであり、合同の軍事演習もあれば、より最近になって上海協力機構もつくられたのであるが。

ロシアの将校はみな——とそのうちの一人がエーベンハウゼンで私に語ってくれたのだが——心のなか

では歴史家である。あのときの文脈ではこれは、彼らが常日頃から長期的な視野をもって考えているということであった。彼らはカフカースのことも十分に知っていたから、イスラムの影響力も予測することができたし、イワン雷帝が六万人の軍勢でカザンを征服して以来、これまでずっとロシア人が帝国の柔らかな下腹と考えている部分についても、気をもんでいたのである。今日にいたるまでロシア人は、南方について次のように考えている。そこの国境線が安全なものとなるのは、ただロシア人がその両側で守りについている場合のみであると。彼らは十九世紀の「グレートゲーム」を想起している。これはよく引用されるラドヤード・キップリングの言葉であるが、そこではロシア皇帝の軍隊とイギリス帝国の連隊とが、それにもちろん冒険家、スパイ、秘密エージェントまでもがいっしょになって、広大な中央アジア、アフガニスタン、カイバル峠、そしてインド洋の暖かな海への出口をめぐって争奪戦を繰り広げていたのである。二十世紀の終わりまでにいよいよ明らかになってきたのは、これらの土地が石油とガスを手つかずのまま眠らせており、大規模パイプラインを敷設するには理想的な戦略上の位置にあり、さらには豊富な天然資源をも蔵しているということであった。ソ連崩壊以後、中央アジアの不毛な空間が、新しいグレートゲームの舞台となろうとしていることがはっきりしたのである。このたびはロシア、中国、アメリカの三者が、エネルギー、パイプライン、影響力、そして権力をめぐって競っていた。

## われわれはヨーロッパの国民だ

より一層重要なことは、ヨーロッパにおけるロシアの居場所である。「われわれはヨーロッパの国民だ」。近頃プーチンは、ミュンヘンののちに開かれたソチでの会議において、挑戦するかのようにはっきりとこういってのけた。さらに彼は、ロシアは世界第一級の地位を要求しているのだともつけ加えた。もとよりプーチンは、ロシアがユーラシア国家としての使命から逃れようもないことを分かっているし、ともかくも一つの理由から、アジア部分におけるロシアの領土を一寸足りとも譲ることはないであろう。その理由とは彼がチェチェンで戦った戦争のことにほかならず、彼はそれを通じてエリツィンの後継者たらんとし、みずからが英雄のポーズをとって軍服を身にまとったのであった。もし彼らが行くのを許したならば、いったいどうなるのか考えてもみよ。これが背後にある論理である。一九一七年、一九四一年と四二年、それに一九九一年と帝国外延部は解体したのであり、それは帝国本土にも巨大な反響を引き起こしたのであった。明らかにプーチンは、一九九〇年代前半、上述のものとはまた別のチェチェンでの戦争〔一九九一年にチェチェンが独立を宣言して以来、モスクワとの緊張が高まり、一九九四年から九六年まで戦争になった〕が、ほとんど一〇〇〇キロメートルも北に離れたところにある、石油の豊かなタタールスタンに飛び火しかけたことを忘れてはいなかった。だが一方でまたプーチンは、彼を取り巻く多くの人と同様に、サンクト・ペテルブルグの出身である。この町は伝統的に西方へのロシアの窓、そして港であった。それはバルト海のほとりにある十八世紀ヨーロッパの都であり、ピョートル大帝がきわめて野蛮な方法で実現した夢である。皇帝としての修業時代、彼はヨーロッパ中を旅してまわった。そのとき以来ずっとピョートルは、氷で覆われた東方の僻地をロシア人にあてがった神の過ちを正すことに努めてきたのである。

これとは対照的に、モスクワを囲い込むためにスターリンが建てた七つの巨大な塔は、アジア的な帝国や広大なステップを彷彿とさせる。ようやく現在、高層ビル群によってスターリンの野蛮なファンタジーが小さく見え出すにいたって、モスクワはふたたび、西欧の建築物や象徴体系と調和した姿を帯びるようになったのである。

「ヨーロッパはわれら共通の家である」。このスローガンはプーチンよりもずっと前に唱えられたものだ。一九八五年、グラスノスチとペレストロイカの初期のころに、ゴルバチョフがこのフレーズをつくったのである。今日ゴルバチョフは忘れられてはいないけれども、その名は帝国の衰退と崩壊を連想させる。だが彼のこのキャッチフレーズは、ロシア人の魂の奥底にある感情を言い表わしているのである。実際これは、西欧の物質主義や洗練と、東方の静謐なヒロイズムや精神性との間で、あるいはバーデンバーデンの心地よい慰めと、サハリンの無辺の氷原との間で、永遠に引き裂かれているロシアのアイデンティティにとって鍵となる要素なのだ〔ドストエフスキーやツルゲーネフがバーデンバーデンに好んで逗留し、チェーホフがサハリン島を旅したという、ロシア文学史上の事実が念頭にある〕。

ロシアはどうすればヨーロッパになれるのか。これは単にアカデミックにとどまる問題ではない。より大きなスケールで見るならば、世界におけるロシアの位置と、長きにわたるロシアの希求とを、今日の文化的動向から切り離して考えることはできないのである。ミュンヘンでいかにプーチンが怒りを露わにしたにせよ、またこの一〇年にどれだけロシアと西側との間で戦略上の苛立ちが生じたにせよ、将来の関係を決定する諸要因は、地政学上の武器庫のなかにではなく、アイデンティティの深い水源のなかにこそ見出されよう。この点についてプーチンは、努めてユーラシア国家のバランスに配慮している。「われわれはヨーロッパの国民だ。だがわれわれは、ヨーロッパとアジアの両方に暮らしている。そしてわれわれは多文化、多宗教社会なのである」。彼はよくこのように述べる。これは政治的な声明として、政治的に正しくもあり、かつ慎重にバランスが考慮されている。彼のバックグラウンドは諜報機関にあるのかもしれないが、それでも彼は、ひとはパンのみにて生きるにあらずということを分かっているようだ。そしてまた、将来のロシアにとって必要なものは、モスクワのレニングラード街道に立ち並ぶぴかぴかのスーパーマーケットや、クレムリンの壁のすぐ前でグム〔旧国営百貨店〕の古い建物を彩っているおしゃれなブティックよりも、ずっと深い根っこなのだということも。

エリツィン、ついで現在プーチンがロシア正教会と提携しているのは、文化面での自信創出の一つの現われなのである。文化的なルーツの再興もまた、そうしたものの一つなのだ。

## 世界秩序の展望は？

先日シェレメチェヴォ空港からモスクワ市内へと車を走らせていた私は、ちょうどさびついた記念碑の脇を通り過ぎたとき——一九四一年十二月初め、ここでドイツ国防軍の前進が食い止められたのである——西側からの訪問客を迎える大きな広告板に、見たことのある老人の顔があるのを認めた。それはアレクサンドル・ソルジェニーツィンであった。かつて彼は異論派、ソヴィエト体制の敵であり、アメリカに逃れたのであったが、望郷の念は絶ちがたく、いまふたたびアメリカから逃れてきたのである。実際のところ彼は、ロシアの伝統的な慣習と規範、言葉と文学に基づいて人々を精神の復興へと導く聖人のようであった。アメリカでの長い亡命生活ののち、ソルジェニーツィンはついに母国への帰還を果たし、ソヴィエト体制の後継者たちと不承不承の和解を遂げたのだった。ところでこの広告板の脇では、新ロシア人たちの乗るポルシェやBMWやメルセデスが、八車線ある高速道路を飛ばしていった。東方の苦悩する精神性と、西方のスマートな物質主義のはざまで揺れるロシアの永遠の動揺を、これ以上によく示すものはあるだろうか。

将来、国際関係の歴史に取り組むものは、ミュンヘンでのプーチンの演説を、ぎこちない融和から、計算ずくの挑戦への転換点として記憶することになるだろう。ミュンヘンで西側は、プーチンが何を望んでいないかについて警告を受けたのである。しかしながら、それではプーチンは、はたして自分が何を望んでいるのかを知っていたのだろうか。ロシアはアメリカにはけっしてすりよらないし、自分はアメリカの支配やロシアの排除が不快でならない。これがプーチンが人々に痛感させたことであった。だが彼は、ポスト冷戦と、さらにポスト九・一一の先にある世界秩序の展望については、簡単なスケッチ程度のものしか用意することができなかった。そしてまた彼は、パックス・アメリカーナに陰りが見えている現在、この困難に満ちた世界をどうやって安定させ、安全なものとするのかについても、何も指し示すことができなかったのである。

# 2 特務機関にて

「ロシア人、それにロシアに暮らそうとする人は誰でも、絶対の沈黙を己れに課している。すべては分かりきっていることなのに、何一つ口に出そうとはしない。秘密のおしゃべりは大変楽しいことかもしれない。だが、誰があえてそれをしよう。考えること、見極めることは、即疑われることを意味するのである。」

**キュスティーヌ公爵『現代のための旅路』**

ミュンヘンの会議を終えて、衝撃の波が静まるとともに明らかになったことは、もはやロシアを軽視することはできないし、プーチンを西側の指導者の気さくな仕事仲間と考えることもできないということであった。一九九九年、彼はどこからともなく現われたかのようだった。最初は巨大機構ＦＳＢ（ロシア連邦保安庁）の長として、ついでエリツィン政権の首相として。あのときと同様に、今回もまた、ひとはいぶかしんだ。いかなる能力と勢力のおかげで、この人物はクレムリンにまでたどりつけたのか、そして、ついには押しも押されもせぬ新しい皇帝になったのかと。

## プーチン氏って誰？

後継者問題がロシアの政治・経済・安全保障のすべての課題に影を落としていたとき、このような問いが発せられたのは必然であった。ウラジーミル・ウラジーミロヴィチ・プーチンとは何者なのか。わずか八年前に忽然と現われ、いまや、少なくとも国内諜報機関、国家官僚、財閥からなる権力の三角形においては最重要プレイヤーとなった。今日の彼にとっては、選挙は見せかけのものでしかない。疑い深い国際世界と、不安に気をもむ国内の観衆のための、ポスト・ソ連時代のカブキ・プレイである。KGBのエージェントは、現役と退役とを問わず、自分のことを人に知らさぬものであるし、まして必要不可欠な最低限の情報以上のものを打ち明けることは、ありえないのであった。

育ちは隠せぬものであるし、「一度チェキストだったものは、常にチェキストである」。ここでいわれているのは誰もが恐れた革命期の秘密警察、略称チェカーのメンバーのことである。フェリックス・ジェルジンスキー率いるチェカーは、帝政期のオフラーナ〔政治警察〕の仮借なき後継者であるが、その苛烈さはロシアの専制のもとで想像しうるあらゆる限界を遥かに超えていた。それはソヴィエト体制の心臓であり、そこで活動する体制内エリートは無数の目と耳をもっていた。彼らの前では万人が震えを隠せず、最も頑健な革命家でさえも恐れおののいた。その帝国は、モスクワ中心部にあるルビャンカから、シベリアの不毛の北辺に点在する地獄のような強制収容所にまでおよんだ。とはいえ〔チェカーとその後継機関である〕KGBは、なまの情報にほとんど無制限にアクセスできたがために、体制の頭脳ともなっていたのである。まさにこの世界こそが、ウラジーミル・プーチンの野心、愛国心、努力をひきつけたのだった。彼は当時、レニングラード、今日のサンクト・ペテルブルグの中学校を卒業してもいなかった。彼の故郷の町は専制君主の命令によってつくられた、ロシアで最もヨーロッパ的な都市であった。この故郷と、特務機関で受けた若いころの訓練とが、プーチンの生き方、作法と道徳、世界観、忠誠観、政治観を形成したのである。特務機関は彼の生き方そのものとなった。ローマ・カトリック教会における司祭と同じように。

彼は共産主義者だったのだろうか。ある程度までは、イエスである。だが何よりも彼は、愛国心に燃えたロシア人青年、ロシア・ナショナリストとして成長したのであった。共産主義の支配こそが彼の愛する国を破滅させたと悟ったとき、彼はどのようなものであれ共産主義から手を切った。人権、民主主義、透明性、野党？　人間の尊厳への敬意？　もしそれらがより力に満ちたロシアを実現してくれるのであれば、結構。そうでなければ、彼は別の導きの星を探すであろう。そのような導きの星とは、上から指導され、開明エリートによって統御されるロシア・スタイルの民主主義であり、彼はそれを「権力の垂直構造」と呼んでいる。彼が構想しているのはソ連のルネサンスではなく、プロイセンの哲学者G・F・W・ヘーゲルならば、合理的な位階制に近いと評するであろうような行政組織である。そもそもヘーゲルは、啓蒙絶対主義こそが歴史の究極目的であって、したがってまた、永続する権力こそが最後に行き着く先であるとすら、示唆したのだった。

プーチンの動機や構想は、恥ずべきソ連の過去よりも遥かに遠くから来ている。彼はごく間近でその腐敗や汚職を目にしてきたのである。彼の夢は、ソ連以前の過去のロシアにある。西欧の啓蒙主義のいくつかの側面が、それに彩りを添えている。もし民主主義が、ロシアを建て直し、失われた力と栄光を取り戻すための魔法の杖になるのであれば、それでよし。だが、もし民主主義がロシアにとって、弱さ、不一致、紛争を意味するのであれば、諜報機関のエリート集団が運営する専制、プーチンはそれを啓蒙絶対主義と呼ぶであろうが、それこそが必要なものとなるであろう。仮に西側がそれを認めぬとしても、どうだというのか。外国人嫌いの風潮があるロシアでは、西側とある程度疎遠になったとしても、かえって同胞の間でのプーチンの評判を高めるだけであろう。

プーチンの初期の伝記作家の一人、アレクサンダー・ラーァは、プーチンの経歴を少年時代から追うなかで、その性格に二つの特徴を見出している。彼は大変な完璧主義者であるとともに、無秩序や無規律には我慢がならなかった。青年のころにはすでに「彼は自発性、リスク、即興を避けた」。

六年生のときヴォロージャ〔ウラジーミルの愛称〕少年は、ピオネール（共産主義少年団）に入った。だが、彼の振舞いは必ずしも教師を喜ばせなかった。彼はあまりに感情的で、おしゃべりで、言葉遣いが汚なかったのである。通常教育の八年目を終えたところで、両親は彼を第二八一学校に入れた。これは未来の化学者を養成する学校であった。彼らの息子は勤勉な生徒であったが、けっして模範生ではなかった。笑いを絶やさぬが、ガリ勉ではないという意味で、彼は典型的な「いいやつ」だったように見える。

勉強以外では、この生徒は西側の音楽に興味をひかれた。彼はギターを弾いたし、何度もリサイタルを開いた。文学にも熱中した。彼は級友たちに詩をよく朗読した。さらには当時禁書であった、政治的な内容の非公認出版物さえも読んだ。自然科学よりも社会科学のほうが彼の関心を強くひいた。彼は政治クラブにも加入した。だが、けっして異論派〔反体制派〕にはならなかった。その反対に一九七〇年夏、やっと十七になるかならぬかの彼は、地元のKGB本部のドアを叩いたのである。彼を出迎えた上官は、そのときのことを『コムソモーリスカヤ・プラウダ』紙に回想している。「プーチンが特務機関で働くことを志願したのは、少年時代からではないとしても、十代のころには間違いなくすでにそうだった。学校を出てすぐに彼はわれわれの本部にやってきて、こう尋ねたのだ。『どうすれば僕はKGBのエージェントになれますか』と」。

この申し出はいかなる基準から見ても異例のことであった。だが、ベテランのKGB将校は、若きプーチンにもう少し辛抱してまずは学位を取るように勧めた。法学を学べというのが彼の受け取った助言であった。やがて彼は、真剣な準備を重ねたのちに、エリートコースであるレニングラード大学の法学部に入って、その勉強に取り組んだ（A. Rahr, *Vladimir Putin*, 2000, pp. 34-36）。

## エリート集団に入る

顔のない官僚の一人となって、同胞市民を監視したり、巨大な収容所群島のごく一部を運営したりすることが、彼の望みだったのだろうか。アレクサンダー・ラーァの考えでは、彼の野心はむしろ、インサイダーとなって情報を手にし、さらには権力をも手にするということにあったらしい。プーチンは兵役を免除されたが、軍事学院で準軍事訓練に勤しみ、修了と同時に名目上は少尉の肩書きを得た。彼はまた格闘技の一種であるサンボをたしなみ、柔道の達人となった。

一年生のときにアナトーリー・サプチャーク教授と出会ったことが、彼の大学生活における大きな出来事となった。教授はどこか異論派めいているといわれていた。その博士論文は、ソ連体制のもとではまったく異例のテーマである国有財産の非独占化を論じていた。考えられぬことを考えることは、ブレジネフ時代には褒められたことではなかった。そのためサプチャークは博士号を手にするために、一〇年待たねばならなかった。のちにこの教授と学生は、ふたたび出会うことになる。年長者の方は、ソ連崩壊後のサンクト・ペテルブルグ市長として、年少者のほうは行政官として。

法学部の二年生を終えるころまでに願いがかない、彼はＫＧＢに迎え入れられた。これはよい給料が見込めたし、さらなる研修の機会も保障されており、昇進の可能性も色々あった。数年前に勧誘担当のＫＧＢ将校はサプチャーク博士にも声をかけたのだが、彼はこの打診を拒絶したのだった。

プーチンはソ連のジェームズ・ボンドにはならず、レニングラードに留まって、ＫＧＢ内部で働く官僚になった。自伝のなかでプーチンは、非公認芸術を弾圧し、芸術家たちに嫌がらせをするためにＫＧＢが動員されるのは嫌だったと書いている。おそらく彼は、そうした仕事は些細なものであって、秘密活動の前線で本物の敵から祖国を守らなければならぬ特務活動の尊厳には見合わぬものであると感じたのであろう。アマチュアのスポーツ選手で、外国語には堪能であったので——彼はドイツ語、英語、フランス語を話す——彼は外国からの賓客や代表団のお目付け役に選ばれた。さらには国外に派遣されるソ連人グループに同行し、あらゆるかたちでの敵の影響から彼らを守る役目も任された。このおかげで彼は、大学を卒業したばかりの普通のロシア青年よりも、遥かに広い目で世界を見るようになったであろう。とはいえ一方で彼は、宗教行列についてまわり、よからぬことが起きぬようにするといった下らぬ任務をも任されていた。モスクワで一年間の特別訓練を積んだのちに、プーチンは対外諜報部門に抜擢された。これはKGBのエリート部門であり、もっぱら高い地位にある党のノーメンクラツーラ（上級官僚）の子弟のみに割当てられていた。プーチンは明らかにアウトサイダーであったが、自分が手にした地位が特権的であることをよく理解していた。勇気を証明するために彼は飛行機からのパラシュート降下に挑戦しなければならなかったし、忠誠心を保証するために共産党にも入らねばならなかった。そののち彼は、サンクト・ペテルブルグで監視活動についたが、そこで彼は、友人の学生をスパイしたり、KGBのために働くようあらゆる手を使って外国からの訪問客を勧誘したりしなければならなかった。これはあまり魅力的な仕事ではなかったし、おそらくプーチンが愛国心に燃えつつ夢見たことではなかったであろう。彼は人々にスパイになるよう圧力をかけねばならなかったが、それでも説得のようなよりソフトな手段を好んだ。

ソ連を訪問した西側の人間には、彼は核戦争の危険性や平和の意義について長々と話したに違いない。そしてまた、平和を愛する青年であるならば、偉大な事業を支援して、「組織」のために活動すべきである。そうすればまた、多額の報酬もこっそりと支払われるであろう、と。とはいえプーチンは、当時彼が何を学んだのかについて、回想のなかで興味深いことを記している。彼によれば、それは「人々と交渉することと」、あるいは、一言でいえばコミュニケーションであった。彼が実際にスパイ網をつくり上げることができたのか、それとも何人かのエージェントを徴募しただけだったのかは、推量の余地がある。ともかく彼は、大統領を務めた八年間に、傑出した幾人かの元ソ連スパイに然るべき敬意を表し、ロシア人がいまなお「組織」と呼んでいるものに義理を果たしたのだった。

## ドレスデン

一九八五年、ソ連とNATOのミサイル配備をめぐって東西の緊張が高まり、大半の西側諸国、とりわけドイツの内政に劇的な反響をおよぼしていた。ちょうどこの年プーチンは、東ドイツ第二の都市であるドレスデンに派遣された。ドイツ語に堪能なことが、彼が選ばれた大きな理由であった。当時はまた、巨大にふくれあがったソ連という建造物が、深刻な弱さを抱えていることが垣間見えた時期でもあった。政治不全や無気力の蔓延が、はっきりと感じられた。共産主義体制のもとで形成されるはずの「ソヴィエト人」はどこにも見当たらず、一向に生まれる気配すらなかった。たしかに、巨大パイプラインを通じて西側に高値で石油と天然ガスを輸出していたため、ソ連体制は有利にあるように見えた。しかしながら、労働者と農民のパラダイスへの失望、浪費、技術の遅れ、アフガニスタンでの逆境と国際社会での不面目、さらにまたソ連のあらたな脅威を前にした西ヨーロッパの再活性化――そうした多くの要素が一体となって作用し、ブレジネフの「停滞の時代」が長く続けば続くほど、迫りくる破局の予兆、方向感覚の喪失、災いの接近が感じられたのであった。そして事実、それは間近に迫っていたのである。

ところで、プーチンもその一員であったエリート部隊は、政治的立場を別にする異論派を除けば、ソ連体制にとっての脅威を誰よりも理解しうる立場にあった。間近での観察と直接の知識とによって、ドレスデンのプーチンは、社会主義のショーケースであるドイツ民主共和国さえもが瀕死の状態であることに、気づいていたに違いない。プーチンは、東ドイツ国家が瓦解し、それとともにソ連による東欧支配の終焉が始まるのを、半ば内側、半ば外側から、格好の位置に立って目撃していた。ひとたび帝国の外延部が崩壊したならば――一九八九年十一月九日の夜にベルリンの壁が崩壊したことは、現実にも象徴的にも突破口となった――残された道はただ一つ、死に物狂いで最後の闘争にとりかかり、戦車を差し向け帝国本土を確保するしかなかった。

## 帝国を失う

これは、しかしながら、ゴルバチョフが選んだ解決策ではなかった。彼も、軍人たちも、一九五六年にハンガリーやポーランドで、一九六八年にチェコスロバキアで行なった軍事介入を繰り返すことはできないと分かっていた。ポーランドを再度挟撃することも、実現可能な選択肢ではなかった。そんなことをすれば、アメリカとの関係が悪化し、ふたたび軍拡競争が始まり、ロシアの国内改革は不可能になるであろう。いずれにせよ、一九八五年に石油価格が急落したのちには、巨額の軍事費を支出することは不可能であった。

コメコン（経済相互援助会議）とワルシャワ条約機構を解体させた力が、国内でのソヴィエト体制の支配にも破壊的に作用するのは避けがたいことであった。ドレスデンでの個人的な体験、実際には個人的なトラウマがあればこそ、今日、ＫＧＢの元中佐にして全ロシアの皇帝たる人物は、ロシアが解体する危険について、ことあるごとに口にしているのである。

プーチンは、ホーネッカー体制の麻痺状態を痛感したに違いない。そして、当然のことながら彼は、ソ連体制にとってドイツ民主共和国がもつ戦略的な役割について、繰り返し聞かされていた。そこには二〇以上の精鋭赤軍師団が駐留していたのである。当時彼は、夫人と二人の娘といっしょにつましく生活していた。彼らの暮らしていた小さな団地は、ドイツ人がおよそ好意を込めずにプラッテンバウと呼んだものである。これは、くすんだ外壁の画一的な居住施設で、社会主義のもとでは特権的な住居とみなされていた。仕事のほうは、ドレスデンでの長い歳月、若き中佐プーチンは、彼一流の完璧主義と勤勉さをもって、東ドイツ国家保安省、通称シュタージを遠くから監督したり、ソ連の大義のために諜報員や潜伏スパイをリクルートしたりして、KGBの任務に精を出していた。

プーチンにとってドイツとは、たとえそれが大変に地味で限界の多い東独バージョンであったとしても、自己形成の場であった。それは、帝国の最後を教えてくれたばかりでなく、個人的な人生観をかたちづくったという意味でもそうであった。一九八〇年代初頭にドイツ民主共和国は、それに共感を寄せる人々の間で、しばしばコメコンの優等生と讃えられていたのだった。

## 見せかけの世界

東独に対するそうした評判に支えられて、実際には途方もないデータの捏造が行なわれていたにもかかわらず、西側はそれをおおむね額面通りに受け取っていた。統計上は東独は勝利から勝利へと前進を続けていた。そこには二つの理由があった。東ドイツ国家計画機関の長ギュンター・ミッタークは、たとえどんなに馬鹿げた数字であっても、目標数値が超過達成されることを求めた。一方で、企業の管理者と職場の労働者にとっても、帳尻合わせだけで済ませておくことは、あらゆる意味で楽なのであった。したがって統計は粉飾されているばかりか、捏造されてもいた。人々はみな、見せかけの世界に生きることを学習していた。プーチンは母国にどのような報告書を送ったのであろうか。彼は人間の弱さに対する鋭い眼力をもっていたから、ドイツ民主共和国がいよいよトランプの城となりつつあることを、大抵の人よりもずっとはっきりと感じていたに違いない。彼は、不吉なことが起こりつつある、ソ連のタイタニックも氷山に近づきつつあると、上司に警告しただろうか。東ドイツ人たちは国の状況をずっとあけすけにこう語っていた。「われわれは働くふりをする、彼らはわれわれに支払うふりをする」。

現在から見れば奇妙に思えるのだが、西側の観察者の多くは何が進行中であるのかを把握していなかった。気づいていたものもいたのだが、「現存社会主義」の輝きという公式見解にけちをつけて、冷戦の闘士とみなされることを慎重に避けていた。その一方で、低落の兆し、実際には退廃と自暴自棄の兆しは、表面化しないわけにはいかなかった。一九八二年、シュミット＝ゲンシャー政府が崩壊間際にあり、ヘルムート・コールが政権奪取に動こうとしていたそのとき、ドイツ民主共和国の指導者たちはこっそりと、一〇億マルクにもおよぶ政府保証の信用供与を要請したのである。コールはひとたび就任してしまうと、大騒ぎするでもなくこの問題をかたづけた。バイエルン州首相フランツ・ヨーゼフ・シュトラウスが見守るなか、ミュンヘンの州政府が仲介者となった。本来ならこの出来事は、西側にも、ウラジーミル・プーチンを含むソ連のドイツ・ウォッチャーにも、最大限の警告となるはずであった。「階級敵」に助けを乞うなんて、いったい東ドイツ政権はどれほど追い詰められているのだろう。実際、バイエルン抵当証券銀行を濾過して最初の融資が行なわれてしまうと、東独の計画経済担当者はあとはもう、ただ必要に追われるままに先へ先へと進んだのであった。彼らはときに大声で、国家連合について語り始めた。そうすることで、破滅に瀕した東独経済に融資と補助金の命綱を獲得しようという腹であった。もちろん表向きは平和と安定の美名が唱えられた。東ベルリンのしぶといスターリニストと、ボンのコール＝ゲンシャー政府との間でいかなるオストポリティーク〔東側に対する融和政策〕が進められていたか、プーチンは気づいていただろうか。おそらくこの種の政治ドラマは彼のレベルよりもずっと上のところで進められていただろうし、ドレスデンは観察のための最良の場所というわけでもなかった。

とはいえ、凶兆を見逃していたのはひとりドレスデンのプーチン中佐ばかりではなかった。ドイツ民主共和国がつくり上げたデータ粉飾システムは、真に驚くべきものであった。そこでは、東ドイツの主婦が侮蔑の意を込めてアルチップ〔アルミの小銭〕と呼ぶあの東ドイツ・マルクが、押しも押されもせぬ西ドイツ通貨ドイチェ・マルクと等価で計算されていたのである。現実を実感するためには、東ドイツのアルチップを「ファルータ」と呼ばれる真正通貨、すなわちドル、あるいはマルクであればなおよし、それらと交換しさえすればよかった。闇両替の相場はまちまちであったが、一真正マルクが六アルチップ以下ということは滅多になかった。東ドイツでは緑の二〇マルク紙幣はガイゲ、つまり「バイオリン」と呼ばれていた。デューラーの手になるニュルンベルクのエルスベート・トゥッヒャーの魅惑的な肖像ばかりでなく、バイオリンも描かれていたからである。東ドイツではこれが、真正通貨を意味する符丁であった。それだけが貴重なサービスや、ほかのやり方では一般人には手に入らない西側のあらゆる物資を融通できるのであった。

プーチンは、ダブルスタンダードや見せかけに気づいていただろうし、体制に未来がなく、その中身がうつろであることにも気づいていたであろう。では彼は、ソ連というプロジェクトにとっての致命的な危険は分かっていたであろうか。自分の目の前で起こっていたこの地殻変動について、現在の彼がどのように考えているのかも興味深い点ではあるが、当時の彼が、間近に迫りつつあったものをどのように察知していたのか、あるいは察知できなかったのかということも、同じくらい興味深い点である。彼のドイツ語は見事である。あらゆるドイツ的なるものに対する彼の教養は、ソ連政権の足下もまた揺らいでいることを、感じさせずにはおかなかったであろう。二十世紀はいかなる基準から見ても崩壊と破局に欠くことのない世紀であったが、そのなかでもプーチンはソ連崩壊のことを、地政学上の最大の破局の一つであったと考えている。一九八九年とその前後に起こったことは、プーチンとその友人たちにとって、ゆっくりとではあるが容赦なくソ連の大詰めに雪崩れ込んでいくような警告であった。一九八九年十一月九日のベルリンの壁の崩壊は、世界全体にばかりか、一人のKGB将校とその家族の個人的な運命にも、不確かさをもたらすことになったのである。

## レニングラードからサンクト・ペテルブルグへ

プーチンは常にリアリストであったから、東ドイツのソ連支配の終焉を眺めていたいなどとは思わずに、レニングラードに行かせてくれるように許可を求めた。この苦しい日々に彼は、負け馬に賭けてしまったのではないかとの自問を重ねたに違いない。一九九〇年に彼は、アナトーリー・サプチャーク教授との古いつきあいを復活させた。サプチャークは普通よりもコスモポリタンな教育を受けてきたし、その振舞いも同様であった。そのため彼は、ソ連体制のもとでは一種のアウトサイダーであったし、体制にかかる陰がより濃く大きなものとなるにつれて、自然と新しいロシアの指導者の一人として迎えられるようになった。事実、ほとんど行政経験をもっていなかったにもかかわらず、彼はレニングラードの市長に選出された。五〇〇万の人口を抱えるこの都市は、ソ連の衰退を示すあらゆる兆しに悩まされていた。失業、財源の不足、産業の崩壊、食料から希望にいたるあらゆるものの不足。まさに試練のときであった。

プーチンはレニングラードっ子であったから、この町も、そこに住む人々のことも、子供のころから知っていた。過去を悔やむ間こそあれ、早くも一九九〇年に彼はサプチャークの外事部門の補佐となった。ドイツ語、フランス語、英語の能力と東ドイツでの経験が彼の助けになったことは疑いない。旧ソ連の基準に照らせば彼は、外の世界についてのエキスパートであった。

じきに彼は、サプチャークのもと、アナトーリー・チュバイスの後を継いで、アレクサンダー・ラーァが彼の伝記において使った言葉によれば、「ネヴァ河畔の大都市の改革モーター」となった。だが、一九九六年にサプチャークは、当時外国の外交官からはカリスマ的な人物と見られていたものの、十分な資金を再選キャンペーンに準備することができず、下野するにいたった。プーチンはサンクト・ペテルブルグに残ったが、モスクワに目を向けるようになった。だが、彼を待っていたのは失望であった。大統領府長官の地位にあったチュバイスは、自分の代理として、組織の才に定評のあるプーチンではなく、財務官僚として名高いアレクセイ・クドリンを選んだのである。

## モスクワが呼んでいる

だが、元KGBの政治エリートたちが安心して仕事を任せられるような人材はそうはいなかったから、プーチンはそう待つこともなしに、自分の野心にふさわしいオファーを受けることができた。クレムリンのそばにある、かつてのソ連共産党政治局の建物に新しいオフィスを構えて数週間もすると、プーチンは大統領府の会計処理とビジネス業務全般のエキスパートになった。彼の最も重要な任務は、対外経済関係省の全在外資産の持ち株会社を設立することだった。

サンクト・ペテルブルグ時代以来、プーチンは巨額の資金の扱いに長けていた。そのため彼は、国の内外にあるロシア連邦の全資産の管理を任された。ロシア国内にある額は六〇〇〇億ドル、国外は五〇〇〇億ドルと見積もられた。パーヴェル・ボロージンとともにプーチンは、数百の役所、会社、高級病院やリハビリセンター、さらには少なくとも七八の国にあるロシアの国有財産を監督した。じきにプーチンは大統領府での足場を固め始めたが、それは彼の個人的な資質にあずかるところ大であった。アレクサンドル・ラーァによれば、彼は「忠実で頼りになり、権力亡者ではないがやり手であった」。くわえて当時は、モスクワに地盤をもつ有力者たちが、市長ユーリー・ルシコフをはじめとして、様々な派閥に分かれてクレムリンでの影響力と地位を競いあっていたのであるが、プーチンはそうした派閥には属していなかったのである。

だが、プーチンもまた、クレムリンを舞台に繰り広げられる適者生存の闘いに、いやおうなしに巻き込まれていった。エリツィンの跡を継ぐのは誰か。ルシコフか、レベジ将軍か、チェルノムイルジンか、それともチュバイスか。プーチンは巧みに身を処すことで、影響力や支配権が問題になるときにはインサイダーに、汚職が問題になるときにはアウトサイダーに留まることができた。おかげで彼は、数年後にクレムリンでスキャンダルが発覚した際にも、救われることとなった。当時、プーチンのように公金横領の疑いをかけられたことがないものは、本当に例外であった。

プーチンは、大統領府のインサイダーでもあれば、アウトサイダーでもあった。モスクワのどの派閥にも属していないという意味では、彼はアウトサイダーであった。だが、クレムリンの保有する国内外の資産の責任者として、余人をもって替えがたいという意味では、彼はインサイダーなのであった。

暗転のトラウマ

一九九六年にエリツィンは大統領に再選された。だが、経済は悪化の一途をたどりつつあった。当時の首相であったチェルノムイルジンは、IMFの助言に従いインフレーションを抑えにかかり、石油・天然ガスを輸出することで資金調達を図り、経済を支配する強大な独占企業を掌握しようとした。さらにチェルノムイルジンは、徴税機構を整備し、工業への補助金を削減し、個人投資と個人企業の奨励を行なった。西側にはこれらすべてのことは美徳と映ったが、ロシアではうまくいかなかった。一九九七年初めの時点でロシアの国庫は空っぽであり、深刻な事態が迫りつつあった。大激変と呼んでもよかった。年金と賃金の未払いが始まった。国は麻痺寸前であった。いっそう悪いことには石油価格の下落が始まり、一九九七年半ばには極東でのわずかな景気後退が理由となって急落した。一九九〇年代初頭から続く中国の台頭のおかげで、余剰分の石油は市場からすっかり吸い尽くされており、マヌーバーのための余地はほとんどなくなっていた。需要が若干でも増加すれば価格は上がり、逆に若干でも減少すれば価格は下がるという具合であった。一九九八年初頭にその価格は最低にまで落ち込み、ロシア経済もまた然りであった。この状況下でエリツィンは、チュバイスとネムツォフに権力を集中させた。前者は首相〔第一副首相の間違い〕であり、後者はその代理〔ネムツォフも同じ時期に第一副首相であった〕である。両者は互いに競いあってバランスをとるよう期待されていた。さらに、ジャーナリストで、エリツィンのゴーストライターを務めたこともあるヴァレンチン・ユマシェフが、大統領府長官となった。彼がこの重要なポストにつけたのは、エリツィンの娘タチヤナと不倫関係にあり、またベレゾフスキーおよび彼の雑誌『アガニョーク〔ともしび〕』とも近かったからである。そして、このとき四十四歳のKGB予備役大佐であったプーチンもまた、クドリンのチェス盤の上で昇格を遂げた。一九九七年三月二十六日付けの大統領令によって、彼はクドリンの後任として、大統領府副長官および大統領監督総局局長に任命されたのである。いまや彼は、クレムリンの権力の階梯に座を占める、二〇の局長の一人であった。一匹狼であり、目立たず、聡明で、なくてはならない存在であり、有能で、非常にスマートであった。いまや彼は、クレムリンの奥に広がる陰謀世界について、知るべきほどのことはすべて知っていたが、同時にそこからは少し距離を置いていた。大統領とその「ファミリー」はプーチンのことを、権力のエンジニアではあるが、最高権力の座を狙っているわけではなさそうだ、と見ていたようである。

控えめな態度が信頼されて、プーチンはあらたな仕事を任された。組織犯罪、とくに大規模な金融犯罪を取り締まるため、エリツィンは安全保障会議のもとに委員会を設置した。安全保障会議の権限は、国家官僚機構のあらゆる部署におよんだ。その副書記はほかならぬベレゾフスキーであった。プーチンに課されたのは、ソ連時代の生き残りである最有力軍事企業のあやしげな取引を調査することであった。彼の作成した報告書は、第二期エリツィン政権下で最大級の騒ぎの一つを引き起こした。軍事企業の重役たちがアルメニアに武器を密売しており、兵士に支払うべき巨額の給料も着服していることを、プーチンは明らかにしたのである。プーチンの困惑したことには、彼の作成した秘密報告の中身はじきに知れ渡ることになった。組織犯罪の取り締まりにかかわれば、厄介なことが増すだけであったし、危険やストレスも少なくなかった。数年後に彼自身がほのめかしたところでは、少しの間プーチンはクレムリンの職を去って、ロシアへの直接投資を希望する外国人向けのコンサルタント会社を設立しようと考えたこともあったらしい。彼の語学力、政治的な人脈、サンクト・ペテルブルグ時代の経験、さらにロシア経済の裏のメカニズムに対する無類の洞察力を考えるならば、これは悪い思いつきではなかった。当時のロシアでは私有化が猛然と進行中だったのである。衰弱した国の財政に貢献するかわりに、経営支配権はクレムリンの仲間うちで分配された。そうして儲けを得た人々が中心になって、ポスト・ソ連時代の新種族、オリガルヒ（寡頭資本家）が生まれたのである。こうした動きにプーチンは目立った仕方では関与していなかった。だが彼は、誰が鍵を握る人物であるのかを知り、ゲームのルールを知る、数少ない人間であった。そして彼は、自分が目にしたものを好いてはいなかった。

急激に拡大する私的セクターで運試しするかわりに、プーチンは赤レンガづくりのクレムリンの高い壁のなかに留まった。経済は一向に好転せず、エリツィンの健康もひどく悪化していた。一つにはウォッカへのやみがたい愛のためであった。「ファミリー」の頭を悩ませたのは、エリツィンの改革構想を何とか実現し続けるにはどうすればよいのか、ということであり、大統領の地位が後継者に移ったときに生じるであろう困難から、どうやって家族の幸せを守るのか、ということであった。モスクワ市長ルシコフも、下院の共産党議員団を率いるジュガーノフも、エリツィンの後継者にふさわしいようには見えなかった。たしかにエリツィンは大酒飲みであったし、その行動はときに常軌を逸するものであったが、それでも彼は、ソ連崩壊後のロシアで民主主義にチャンスを与え、西側と友好な関係を確保できた唯一の人であったし、多くの人間に高い地位を与えてくれた人でもあった。彼らはいまさらその地位を失いたくはなかったし、それはプーチンとて同じであった。

エリツィンが首相に任命したのは、三十五歳のキリエンコであった。人々もまたこの人事を歓迎したようである。この若い経営者は、成功者でもあれば、屈託のない、正直な人物でもあった。だが、悲しいかな、この人事はつなぎにしかならなかった。キリエンコはあまりに軽量級だったのである。

## 梯子を上る

キリエンコ内閣成立の一月後、プーチンは権力の階梯をさらに一歩上った。彼は大統領府の第一副長官に任命されたのである。大統領府は内閣から執行権をどんどん奪いつつあった。プーチンはまず、当時収拾がつかなくなりつつあった炭鉱ストの調停に取り組まなければならなかった。炭鉱労働者はシベリア鉄道を封鎖して、数か月間支払われていない給料の支払いを求めた。キリエンコはプーチンの助けを借りて、彼らの憤激を何とか静めることができた。

プーチンはまた、ロシア連邦の諸地方にも目を光らせねばならなかった。全部で八九の様々な「連邦構成主体」がそれで、地方によってはモスクワからの自治を得ることを熱望していたのである。プーチンは、大統領府長官でありベレゾフスキーの腹心でもあるユマシェフと親密な関係を築くことに成功した。これによって彼は、エリツィンに恒常的に接触することが可能になった。権力闘争は、病気のエリツィンと飢えた狼たちの私的な人間関係のなかで行なわれていたから、これはきわめて大事なことであった。プーチンは、彼自身の友人を「幹部」として重要ポストに送り込んだ。彼らの多くはサンクト・ペテルブルグ時代以来の友人や同僚であり、プーチンはモスクワの派閥との競争で彼らに頼ることができた。こうした友人のなかでもとくに名高いのが、のちのFSB長官ニコライ・パトルシェフである。プーチンとパトルシェフは一九七五年に出会い、その後つきあいを絶やすことなくお互いを必要としてきた。パトルシェフは一九九〇年代にFSBの内査部門の長になり、ついで人事部門を率いた。FSBの全重要事項に精通したパトルシェフは、プーチンにとって信頼できるアドバイザーとなった。のみならずパトルシェフは、天空に昇る暗い星プーチンに、必要なときはいつでもFSB的な見方を示してくれる、よき相談相手でもあった。

一方、石油価格は下落し続け、歳入も急速に減り続けたため、ロシアの財政状況はいよいよ悪化していった。国債の総額は二〇〇〇億ドルに達し、国家予算の四四パーセントがその利息支払いにあてられた。支払い先の大半は外国であった。中央銀行は国外への資本流出を抑えるために、公定歩合を大幅に引き上げた。それでも税収は、支払うべき利息を遥かに下回ったままであった。外貨準備高は一五〇億ドルにまで減少した。証券取引所では、ガスプロムやルークオイルといった最有力企業の株価が、数週間で半減した。政府は給料や年金をおよそ支払わず、住民もまた税金をおよそ納めなかった。税務当局は、正確な数字、会計記帳、期限通りの納税を求めてこれに報いた。きちんと納税しなければ接収するとの脅しが大企業にかけられた。政府は財閥と地方指導者の両方に対して闘わねばならなかった。石油価格の上昇は見込めず、事態は絶望的となった。

危機のただなかの一九九八年七月二十五日、国際社会の予期せぬことに、プーチンはFSB長官に任命された。FSBは彼のふるさとであり、個人的な、またイデオロギー的な根っこもそこにあった。いまや彼は最重要ポストの一つについたわけであるが、その地位はけっして安全ではなかったし、将来も保障されていなかった。彼はあまりに多くをエリツィンに負っていた。だが、その支配権は明らかに衰えつつあった。いずれにせよ、終わりが間近に感じられた。そうなれば、民主ロシアの皇帝にぶらさがっていたすべての人々の命運もまた尽きるであろう。本人の語るところでは、プーチンはこの任命にとくに嬉しさを感じていなかったが、それももっともなことであった。

彼は一介の中佐にすぎず、一九九〇年からは〔大佐として〕予備役にあった。彼よりも地位の高い多くの将軍たちが、自分のほうがずっと前からこのポストにつく資格があった、と考えるだけの十分な権利をもっていた。あらゆる軍事機関ないし準軍事機関は、政治ボスの引き立てで特別昇進を遂げた人間に対しては、表立って邪魔をすることはないにせよ、怒りと苛立ちを隠せないものである。プーチンには十分な経験があったから、危険を低く見積もることはなかった。それでもプーチンは、総勢六〇〇〇人のFSB

中央機構で、少なくとも三分の一の人員整理を行ない、それとは別に多くのものを地方勤務に送ることにも成功し、尊敬をかちえた。だが、そのような尊敬はいつまで長続きするのだろうか。FSBとその新任の長官は、エリツィンの後継者をめぐる仁義なき戦いに、いやおうなしに巻き込まれていった。ルシコフとジュガーノフの政権奪取を阻止するという目的が、手段を正当化していた。

一九九八年晩夏には、危機があらたな危機を生み出していた。下院は、支出する余裕のなくなった全社会政策プログラムを削減することを拒否した。外国の金融機関も支援の手を差し伸べなかった。根源にある問題は、一九八五年と同様に、石油と天然ガスの下落であった。キリエンコ首相は、対外債務の九〇日間の支払停止を宣言せざるをえなくなった。住民は一九九二年と一九九四年にも同様のことを経験していた。貨幣の価値と購買力が、突然三分の二に目減りしたのである。呆然としている場合ではなかった。誰もが銀行に押し寄せた。チャンスに恵まれたものはみな、ルーブルをドルに換えたが、その結果ルーブルはさらに下落した。数日後には、金もなければ銀行制度もなかった。ただ絶望と混乱と借金の雪ダルマだけが残った。商店の棚は空っぽになり、国家は破産した。インフレが猛威を振るった。ネオ資本主義はもはやどこにもなかった。民主的で自由主義的な刷新の希望もまたついえた。国家の権威も大きくぐらついた。FSB長官プーチンは、モスクワのいくつかの特別軍事部隊の武装解除に踏み切った。クーデタが近いとの噂が広まっていたのは間違いない。

一九九八年八月末にエリツィンは若いキリエンコを解任し、ベテランのチェルノムイルジンに組閣を求めた。レベジ将軍もシベリアの封土から呼び戻され、新しいチームの一員となった。クラスノヤルスク州知事となっていたレベジ将軍は、輝かしい軍功と見事な交渉力とによって知られた人物で、人々の心に平静をもたらすことが期待できた。政情は著しく不安定であった。共産党とその左翼の同盟者は、一九九二

〜九三年にやりそこなったことを実現するチャンス到来と考えた。エリツィンを解任し、改革をすべて白紙に戻し、共産党を与党とする議院内閣制を導入しなければならない。チェルノムイルジンが下院で阻まれ、ルシコフは依然エリツィンにとって受け入れがたいとなると、「ファミリー」は突然、もはや手駒をもたないことに気づいた。石油価格は破滅的なままで、救いにはならない。金融危機も容赦なく進行中であった。何よりも、モスクワ政界の実力者たちが方向喪失状態にあった。FSBの新しい長官にとっても試練のときであった。この種のむきだしの危機は、二度と繰り返されてはならない、と彼はみずからに誓ったであろう。しかし彼はまた、このような一大事でもなければ、無名の人間が頂点に立つチャンスはなかろう、とも考えたであろう。

大統領の周囲では、グリゴーリー・ヤヴリンスキーが妥協可能な候補者を見つけてきた。その名はエヴゲーニー・プリマコフ。どっしりとした体格のアラブ問題専門家で、元ジャーナリストのプリマコフは、イメモ（世界経済国際関係研究所）に入る前は、中東でKGBの駐在員をしていた。ソ連時代、イメモはクレムリンの最重要シンクタンクであり、プリマコフはその所長として影響力を振るった。プリマコフは組閣を引き受けたが、このままではつなぎにされると感じていた。そこで彼は、下院での承認をうまく進めるために共産党も政権に参加させると主張した。

ここには単なる戦術以上のものがあった。悲劇的な真実が、ふたたび影を落としていたのである。ロシア人の大半は、ほかのポスト共産主義諸国と同様に、民主的改革は切望しつつも、近代化と市場経済に伴う困難を受け入れることは、拒否していたのだった。エリツィンとプーチンの遺産に関するリーリャ・シェフツォヴァの本の題名を借りるならば、「ロスト・イン・トランジション」〔移行に迷って〕といえるであろう。

## 危機の管理

プーチンの時機はまだ訪れてはいなかった。惨事を封じ込めることが、プリマコフ政府のプログラムとなった。激昂する住民に給料と年金を支払うことが、危急の課題であった。外国の援助はさして得られなかった。プリマコフは妥協の力を信じていたが、ロシアの信用は地に堕ち、外国直接投資はわずかに滴り落ちるばかりであった。もうすぐ石油価格が回復して、強い追い風がロシア国家という船をよりましな未来へと押しやるだろう、そして政府が事態を掌握するのを助けるだろうとは、誰にも想像できなかった。他方、プリマコフは二つの戦略上の過ちを犯した。彼はモスクワの支配者ルシコフと組んだのだが、その近づきぶりは「ファミリー」の目には不快に映った。また彼は、クレムリンのパトロン、ベレゾフスキーの汚職や詐欺まがいの取引を告発した。その過程でプリマコフは、財閥のメンバーの幾人かをクレムリンの行政ポストから解任し、諜報機関のよき伝統にしたがって、対外諜報機関の元職員であった配下の人々をそこに据えた。

これに対抗して「ファミリー」は、プリマコフの影響下にない人々によって彼の周囲を固めることで、大統領を目指す彼の動きに先手をうった。ニコライ・ボルジュジャが安全保障会議の書記になった。ウラジーミル・プーチンもまた、FSB長官を兼務したままで、安全保障会議の一員となった。治安部門の省庁はすべて、大統領の直接支配のもとに置かれ、プリマコフの権限は侵食された。エリツィンの取り巻きのうち、あるものはルシコフに寝返り、あるものは明日の主人を気取っていたこのとき、ついにプーチンは権力中枢にたどりついたのだった。いまや彼こそが、アレクサンダー・ラーァによれば、エリツィン「ファミリー」の明日を救う人物であった。「彼らは彼を信頼した。彼らはFSB長官こそが最も重要な同盟者であり、自分たちの戦略的な利害の守り手であると考えたのである」。他方プーチンは、FSBの改組に乗り出した。サンクト・ペテルブルグ出身の旧友をより多くの幹部ポストにつけるとともに、プリマコフ派の人々を隅に追いやり、大統領府時代につくり始めたネットワークをいっそう拡大した。たとえばヴィクトル・チェルケーソフ中将は、サンクト・ペテルブルグ時代の大学仲間であり、少年時代からの友人であった。KGBでプーチンと似たキャリアをたどったチェルケーソフは、FSB長官代理に任命され、経済犯罪部門を任されたのである。

セルゲイ・イワノフもまた、元KGB中将であるとともに、サンクト・ペテルブルグの出身であった。彼は分析・戦略部門を任された。のちに彼は、プーチン大統領のもとで国防大臣となり、二〇〇八年の半ば〔正しくは二月〕には第一副首相となった。

このころエリツィンの健康状態は悪化の一途をたどり、モスクワではもはや定期的に、彼の死期が間近であるとの噂が流れた。そのつどエリツィンはテレビに出てくるのであったが、ときに朝から行なわれることもあるウォッカのがぶ飲みに、その体がいつまでも耐えられるはずもないことは一目瞭然であった。このときまでにエリツィン「ファミリー」は、政治的な持ち札のほとんど、ないし全部を切ってしまい、改革派の首相もすべて使い尽くしていた。残された道は、旧KGBとその現代版にすべてを賭けるほかなかった。このためFSB長官は重要な位置に押し出された。彼は、すべての懸案事項をみずからの手中に集中させていた。明らかに彼は、このような状況下では中間はおよそなく、勝つか負けるかの大一番しかないことをよく分かっていたのである。そして、疑いなく彼は勝つことを望んでいた。

## 勝つか負けるか

だが、国内での人気の高さに勇気をえたプリマコフは、いまや中立をかなぐり捨て、オリガルヒに圧力をかけ始めた。「ファミリー」の関与する取引もまた、標的とならぬわけにはいかなかった。マネーロンダリングや賄賂に手を染めているとの告発が、大企業の大オーナーたちに向かって発せられた。スクラートフ検事総長はクレムリンの高官名義で開かれた外国銀行の口座リストを押さえ、金庫のなかに保管しているのだともささやかれた。エリツィンは下院の議決を無視して捜査の中止を彼に命令した〔このときスクラートフに酷似した人物と売春婦が戯れる盗撮映像がおおやけにされ、彼は辞任に追いやられた〕。スクラートフは英雄だったのか、それともただのやくざだったのか。人々に何がいえたであろうか。実際に進んでいたのは支配権をめぐる闘争であった。獲物が大きいだけ、賭けられるものもまた大きかった。いまから振り返れば、あれはむき出しの権力をめぐるシナリオのない闘争のようであった。当時の人々にとっては、シナリオもなければましで外からの詳細な分析など考えようもない、陰謀小説そのものであった。

鍵を握る人物の一人はベレゾフスキーであった。彼が逮捕から免れたとすれば、それはただFSB、より正確にはその長官が、守りの手を差し伸べたからにほかならなかった。ベレゾフスキーはエリツィンに近かったから、ベレゾフスキーが失脚すれば、エリツィンもまた大きなダメージを受けたであろう。だがプーチンはオリガルヒ、そして「ファミリー」の味方についた。その結果、彼はさらなる昇進を遂げた。一九九九年三月、FSB長官の座にありながら、安全保障会議書記に任命されたのである。

エリツィンの後継者をめぐる危機が高まるなかで、東西関係にも緊張が走った。コソボでのジェノサイド、現代的な言い方をすれば「民族浄化」を阻止するために、NATOがセルビアに介入したのである。

アルバニア人ゲリラがセルビアの部隊と戦闘を繰り広げ、多くのアルバニア人が北方に、オーストリア、スイス、ドイツに向けて逃亡した。ロシアではセルビアへの古くからの同情心が一気に沸き起こり、クレムリンもまた、独立闘争を繰り広げるほかの民族集団にとってコソボが先例となれば、ロシア連邦にとっても危険が増すということに気づいていた。ロシア人はエリツィン時代の初期に、多くの少数民族が自立主義の誘惑にかられたことを忘れてはいなかった。そうした懸念が現実味を帯びない場合でさえも、NATOが国連でのロシアの反対を無造作に押し切って軍事行動に出ることができたという事実はショックであり、間違いなく今日にいたるまで、ロシア・ナショナリズムの高揚を少なからず刺激することとなった。コソボの経験はトラウマとなって、西側民主主義から輝きを奪い、ロシア国内の問題は鉄の手によって解決しなければならない、北カフカースではとくにそうだ、との気運を盛りたてることとなった。とはいえプリマコフが、ロシア国内で高まる憤激を国民一般の間での支持固めに利用しようとしたのに対して、「ファミリー」のほうは、そしてプーチンも明らかに同意見であったのだが、石油価格の惨憺たる状況と後継者危機の高まりを考えれば、自制もまた勇気のうちとの腹を固めたのだった。コソボや、セルビアの独裁者スロボダン・ミロシェヴィチの将来のことは、数ある懸案事項のうちでは最も緊要なものではなかったのである。

権力闘争は臨界点に達し、ドラマは山場を迎えた。ジュガーノフの共産党が押さえる下院の多数派は急所狙いでエリツィン弾劾に打って出た。主要な理由は五つあった。ソ連邦に対する一九九一年の大逆、軍の破壊、一九九三年の議会解散クーデタ（モスクワの中心部で「ホワイトハウス」砲撃を引き起こした）、一九九四年の職権濫用によるチェチェン戦争の開始、過った改革によるロシア国民の受難。もし下院が弾劾に成功していれば、エリツィンは政治権力の大半を失い、ひいてはロシアを統治する法的な権限をも喪失したであろう。憲法に照らして見れば、これは立法権力と執行権力の相克であった。現実にはこれは、死んだはずのソ連の亡霊が深さの足りない墓穴からよみがえり、ポスト・ソ連の新生ロシアを脅かしていたのであった。

死闘は続き、エリツィンはプリマコフを切ることで議会の挑戦に応えた。プリマコフの政府は国の財政をいくらか立て直し、インフレの亢進も抑え、若干の経済回復にも成功し、IMFからあらたな融資を獲得さえしていたのに、である。下院はエリツィンの推薦する首相候補を三回まで拒絶できたが、そのあとは大統領が下院を解散できた。だが弾劾手続きが開始されればその権利は失われた。モスクワでは内戦の可能性がささやかれた。

これは試練のときであって、安全保障会議とFSBの長にとってはとくにそうであった。いまさら誰につくかをあれこれ考え直すには、プーチンは深入りしすぎていた。だがこのときもまた幸運が彼を助けた。下院は僅差で弾劾手続きに入ることを否決し、五点からなる弾劾動議は消滅したのである。理由は何であったにせよ、決定的な数の代議員が心変わりしたのであった。手段を選ばぬ大統領府が勝利を収めたのである。当時クレムリンの黒幕であったベレゾフスキーは共産党にこういってのけた。「われわれは諸君にけっして権力を渡すまい」。クレムリンは主導権を奪い返した。新しい首相にはセルゲイ・ステパーシンが就任した。治安畑の元大将である彼は、より近くにはプリマコフ政権の第一副首相であり、最も強力な省庁を司る内務大臣であった。

ステパーシンは官僚タイプの人であって、けっしてアレクサンドル・レベジのようにぬかるみを突き進む軍人タイプの人ではなかった。レベジには見事な交渉力とカリスマ的な人気があったから、チャンスさえあればロシアのピノチェトにだってなれたであろう。ステパーシンはといえば、ひとまず彼が候補となったのは妥協策なのであって、彼ならば大統領を取り巻く勝者たちにも、下院の敗者たちにも、等しく受け入れることができた。彼の最重要課題は、エリツィンの取り巻きがおそらくは冷笑を浮かべていったように、「選挙の合法的な性格を保障すること」にあった。

ここでもまた選択肢は、ソ連型の体制に戻るのか、それとも辛抱を重ねてポスト・ソ連型の持続可能な統治システムをともかくも目指すのかの、どちらかであった。「神は慈悲を垂れたもう」。ソ連のエネルギー大臣経験者が一九九八年にボンを訪問した際に、基幹食糧の欠乏にふれてこのように述べた。そして神は、あるいは石油価格を統べたもう大天使は、まことに慈悲を垂れたもうたのである。

## オリガルヒの側につく

まさにこの一九九九年の夏、石油価格がゆっくりとではあるが着実に回復を始め、ロシアの統治者に息つく余裕を与えたのだった。とはいえ「ファミリー」がステパーシンにあてがった内閣は、どう見てもオリガルヒとその王子たちのインサイダー・クラブのようであった。ベレゾフスキーが仲間を押し込んだというのが大方の見方であった。まだ若いロマン・アブラモヴィチを引き従えたベレゾフスキーは、アブラモヴィチがシベリアにもつ豊かな石油を活用することで、重要な資金管理をすべて仕切っているように見えた。彼らはみな強力なプレイヤーではあったが、誰一人としてきたる選挙に勝てるとの確信を「ファミリー」に与えることはできなかった。クレムリンのおめがねにかなうためには、一〇〇パーセント信任できるような人物でなければならなかったし、なおかつ事が決したのちにどんな嫌な疑惑だって起こらない、ましてほんの数か月前に下院でもちあがった類の刑事告発など起こりっこないと保証できなければならなかった。

モスクワのルシコフはテレビ人気を利用して二位につけていた。プリマコフもその教授然としたイメージと政界の長老めいた振舞いで点数を稼ぎ、地方リーダーの支持を押さえていた。急進改革派陣営でもネムツォフ、キリエンコ、ガイダル、ヤヴリンスキーが意気軒昂であった。「ファミリー」の目にはルシコフこそが最も危険な候補者に映った。彼は「祖国」なる政治運動を旗揚げし、イデオロギーよりもリーダーを押し出す姿勢を明確にして、広範な支持者を集めていた。そのなかにはタタールスタンの強力なシャイミエフ大統領もいた。彼は共和国の豊かな石油資源ばかりか、ムスリム住民数百万の支持をも引っ提げていた。ジュガーノフ率いる共産党も、生々しい弾劾にあらたな力を込め、基幹産業の再国有化を公約に掲げて大統領を攻撃した。「ファミリー」はこの間、苛立ちとマヒが交錯する奇妙な状態に陥りつつあった。典型的な体制末期であった。唯一の朗報はただ石油市場のみからもたらされた。価格が上がり出し、税収も回復し始めたのだった。

チェチェンの叛乱者がダゲスタンを攻撃したことで、事態は危険水域に達した。これはモスクワへの公然たる叛乱であった。叛乱の指導者バサーエフは、イスラム国家の創出を約束し、カスピ海をロシアから切り離そうとした。そうなればもちろんロシアの最重要パイプラインの一つが脅かされた。叛乱者は十分な資金と武器をもっており、武器の一部は洗練されたものであった。彼らはどこから資金と武器を得たのであろうか。そしてこの戦闘員たちは何者なのか。彼らの一部は明らかにパキスタン、アフガニスタン、それにサウジアラビアから来ていた。これはロシア国内に橋頭堡をつくるために、イスラム急進派が一致協力していることを窺わせるに足るものであった。モスクワでは虚実ないまぜの噂が飛び交い、イスラム復興主義者の陰謀がささやかれるかと思えば、クレムリンのやらせ説まで飛び出した。国民をおののかせることで鉄の手政策を正当化して、大統領選挙を勝利に導こうとしているというのであった。現地に派遣されたロシア軍部隊は、もっぱら新兵ばかりからなっていたが、見る影もなく撃破された。彼らの武器の一部は、売却品あるいは戦利品として敵側にわたった。

## 首相となる

気弱な人の出る幕ではなかった。クレムリンはステパーシンを解任した。彼の不徹底な危機管理は事態をますます悪化させるだけだったのである。一九九九年八月九日、ウラジーミル・プーチンが首相に任命された。彼は政府を任されたもう一人の諜報機関長官にすぎなかったのであろうか。この一七か月の間にロシアでは五人の首相が交代した。世人の知らぬクレムリンの内部関係者のどこに違いがあるのだろう。

違いはエリツィンが請け合った。彼はプーチンを自分の後継者であるとはっきり宣言したのである。人々はFSBに政府を任せるのかと訝ったが、ベレゾフスキーが立派な説明を加えた。「移行期にはわれわれの資本主義を守るために、権威主義的な方策が必要なのです。これは民主主義的な社会秩序に展望を見出すための唯一の道なのです」。

ある人々は世間を圧倒して頭角を現わす。またある人々は低く見積もられることで頭角を現わす。プーチンもそうした人の一人であった。下院は常と異なり何ら騒ぎたてることなく彼の人事を承認した。エリツィンのもう何番目になるかも知れない首相は単なるつなぎと見られており、何ら真剣には取りあわれなかったのである。誰もが明日の次にくるものを見ていた。だが賭け金は、その大半はベレゾフスキーが握っていたのであるが、プーチンに張られていた。ベルリンのドイツ外交協会を訪問した際にベレゾフスキーは、国内情勢を自分がどう見ていたのかを次のように説明した。「基準は二つありました。われわれの候補者は改革派でなければなりませんでしたし、自分の政策を押し通すことのできる人でなければなりませんでした」。会合を主催したアレクサンダー・ラーァはこのように彼の発言を紹介している。

しかし、きたる選挙までは数か月しか残されていなかった。その間にプーチンの知名度を引き上げ、ルシコフやプリマコフを打ち負かすほどの国民的指導者に仕立て上げねばならなかった。北カフカースの戦争は避けることのできない試金石であったが、大変に高いリスクを伴っていた。プーチンは機を逸せずに激化する戦線に部隊を矢継ぎ早に投入した。彼は政治的挑戦に軍事的回答で応え、一挙にけりをつけようとしたのである。公式メディアは「テロとの闘い」と呼ばれたものを報じたてたが、世論に印象を与えることはできなかった。そのかたわらで期限は迫りつつあった。クレムリン与党はなく、世論調査はプーチンをたかだか五パーセントの泡沫候補と伝えた。かててくわえて「ファミリー」の腐敗をめぐるあらたな噂が駆け巡り、IMFの巨額資金がクレムリン高官の国外個人口座に振り込まれていたと喧伝された。

この危機的な状況下に戦争はモスクワの戸口を叩いたかのようであった。数発の爆弾が爆発し、うち一つは北カフカースで将校家族用の集合住宅を吹き飛ばし、一つはモスクワ郊外南西部で八階建てアパートを木っ端微塵にし、二〇〇人の犠牲者を出した。四日後にも殺戮は繰り返され、モスクワのアパートで一三〇人が死亡した。当局はチェチェンのテロリストが殺戮を準備・実行したと告発したが、証拠は一切示されなかった。それどころかリャザンのアパートでは諜報員が爆発物の詰まった砂糖袋を地下室に隠そうとしたところを、目ざとい住民たちに見つかって取り押さえられた。慌てた当局は人々の反応を試したかったのだと言い訳した。

責任の連鎖がいかなるものであったにせよ、ロシア人はカフカース山脈の戦士たちが報復にやっきになっているのだと確信し、愛国的な熱狂にとらえられた。日々の暮らしの苦しさは都合よく忘れ去られた。生きるか死ぬかの問題が人々の関心を支配して、ロシア人を守るために愛国の汗を惜しまぬ治安機関が舞台の中央に躍り出た。呪わしき黒幕であり資金源であるとしてオサマ・ビン・ラディンの名が挙げられた。これは国際社会へのメッセージであった。

プーチンはチェチェン大統領マスハドフに、テロリストを拘束して引き渡せ、さもなくば、と最後通牒を突きつけた。何も答えがなかったとき、プーチンは村々を爆撃しチェチェンの首都グロズヌイの大半を廃墟とした。

## 国民の救世主

戦争は一夜のうちに首相を英雄に、ロシア国民の救世主にした。政治的興奮の高波に乗ってベレゾフスキーはテレビの力を総動員し、地方当局はクレムリンの指示に頭を垂れた。いまや大統領の椅子も視界のうちに入ってきた。チェチェンでの戦争が全面展開するなかで新党エジンストヴォ（統一）が生み出され、熊——メドヴェージ——がそのマークになった〔二〇〇一年、「統一ロシア」に発展〕。石油価格は上昇を続け、国の財政も復調しつつあった。破局的な崩壊の数年を経て、穏やかな成長の兆しが見えたのである。エリツィンの半ば公認の皇太子が舞台中央に立つための用意はできた。下院選挙はエジンストヴォ、大急ぎでつくられたこのオリガルヒとクレムリンの子供に有利に推移し、プーチンに跳躍台を準備した。

二〇〇〇年三月二十六日、ジュガーノフは二九・四パーセントの票を集めた。グリゴーリー・ヤヴリンスキーも奮闘したが、得票数はかろうじて五パーセントを超えたに留まった。総投票数の五二・六パーセントは——投票所に足を運んだ人は有権者の七〇パーセントを上回ったのであるが——プーチンに投じられ、彼がロシア大統領になったのである。彼にはどのような過去があるのか。彼の未来はどのようなものになるのか。そして彼の政治哲学はどのようなものであるのか。

　これらの問いに自ら答えるために、プーチンは二〇〇四年九月、欧米のロシア専門家、論説委員、元外交官を招いた。そこではテーマにこだわらずに、長い対話が交わされた。ノーボスチ・ロシア通信社の主催になるこの企画は、そのとき以来毎年九月にモスクワとソチで開かれている。二〇〇四年〔来〕のそうした会合は、貴重な体験であった。秘密を旨とする訓育を受け、人との交わりに熱意を燃やし、ロシアをこよなく愛し、権力の魅力にとりつかれた人物に、個人的に会うことができたのである。

# 3 プーチン氏に会う

「そのことに気づいたとき、私は図らずも気の毒になった。皇帝は目と口をいっしょに笑うことができないのである。」

**キュスティーヌ侯爵『現代のための旅路』**

ソチの西に広がる手入れの行き届いた緑地のただなかに、ボチャロフ・ルチェイの豪壮な邸宅がそびえている。曲がりくねった道と、そっけない「進入禁止」の表示とが、邸宅を人の目からさえぎっている。その黄土色の壁は皇帝たちの時代を彷彿とさせる。大きなアーチの向こうには黒海の灰色の波が岸辺に打ち寄せてくるのが見える。古代ギリシア人はこの地をコルキスと呼び、ローマ帝国の詩人オヴィディウスはアウグストゥス帝によって追放に処せられたこの土地のことを、荒涼たる蛮族の地とそしった。

セルゲイ・カラガーノフが主宰するヴァルダイ・クラブは、まさにこの地に西側の学者やジャーナリスト、それにシンクタンクの研究員の小さなグループを招待して、プーチン氏と食事し、質問する機会を設けているのであった。はじめに黒い犬が食堂に飛び込んできた。その後に主人が続いた。ライトグレーのイタリアンスーツをスマートに着こなし、ワイシャツとネクタイの取り合わせも見事であった。ウラジーミル・ウラジーミロヴィチはゲスト一人一人に握手して、人の心を見抜くような鋭いまなざしでこちらの目をのぞきこんだ。これは諜報員時代の名残りに相違なかった。彼は常に頭を少しかしげて、その目線は上のほうを向いていた。用心深いその身ごなしは、人柄や考え方をほとんど窺わせぬものであった。だが彼は、一時のうちに自分が話している相手のすべてを知ることを欲しているのである。

モスクワの超近代的なドモジェードヴォ空港から二時間のフライトの間に、私はこの人物とのこれまでの出会いを思い返してみた。二〇〇七年秋、彼は疑いなく現代ロシアを指揮する立場にあったのだが、側近からの様々な忠告を退けて、その絶大な人気にもかかわらず、憲法の規定を尊重して、二期目の終了とともに大統領の地位を去ることを意図していたのであった。とはいえ、彼がどのように退出し、そしてどこに退出するのかは、彼の胸のうちにしまわれていた。多くの人は彼のことを、何手も先を読んでいるチェス選手のように思った。一六手先の可能性について、一つだけの組み合わせに拘泥するのは賢明でないと彼は考えたのだろう。選択肢は色々あったので、モスクワには噂や憶測が蔓延していた。だが、一つの選択肢、つまり、その気満々の「統一ロシア」党があっさりと憲法を修正して彼の任期を延長する、あるいは引き続き三期目に入る可能性を開く、それだけはきっぱりと否定されていた。おそらく彼は、自分が口に出した通りのことを行なうつもりであった。そして彼はしばしばこう繰り返した。「私はクレムリンを去るだろうが、ロシアを去る気はない」。さらに、もう少しはっきりと、次のように述べた。「ロシア国民がそう簡単に、私の経験と権威なしでやっていくことを望むとは想像できない」。

あの二〇〇七年九月には憶測はなお尽きることを知らなかった。まして、はっきりとした結論など得ようもなかった。ロシア政治の頂点構造が再編されるのではないか。たとえば大統領制に修正を加えて、首相の権限が強いイギリス型やドイツ型に近づけるというように。いや、疑いなくプーチンは、クレムリン与党の「統一ロシア」を指導しつつ、同時に皇帝然として政党から距離を置こうとしているのだ。あるいは彼は、ひとまず実力派の首相となって、いずれ大統領の栄光と権力を取り戻すのではないのか。だが、イギリス憲政についてのサー・ウォルター・バジョットの有名な言葉を借りるならば、一人は憲政の「権威」を代表し、一人は「権力」を代表するというように、ロシアで二人の皇帝を同時に戴くことは可能なのか。一人はクレムリンを座所とし、一人はモスクワの「ホワイトハウス」に入るのか。その場合つなぎの皇帝は、いつまで権力の見せかけだけに甘んじて、その中身に手を出さずにいられるのか。プーチンは党派政治から距離を置き続けるだろう。ロシア人の観念世界では、皇帝が特定の側につくなどということはあってはならず、またありえないからだ。彼はすべての俗事から超越し、ただ母なるロシアと天上の力にだけ向きあっている。その天上の力を具現するのは聖アンドレイの十字架、金色の光を放ってクレムリンの空高くそびえ、うちまかされたイスラムの三日月を根元に貫くあの十字架である。

ソチに向かう飛行機のなかで私は、ラインガウでの一九九二年の印象深い夕べのことを思い出していた。旧姓をヴァシリチコヴァという、タチヤナ・メッテルニヒ公爵夫人が、幾人かの企業家や政治家をヨハニスベルク城に招待したのだった。この城は元々修道院であったものが、一八〇三年に教会財産でなくなったのち、オーストリア皇帝によって、ウィーン会議で名を馳せたメッテルニヒに与えられたのである。かつて修道院長が住まった手入れの行き届いた館のふもとには、伝説的なリースリングのブドウ畑が広がっている。このブドウ畑もまた、このときいっしょに下賜されたのだった。「ヨハニスベルク」といえば、繊細さと力強さのどちらでも、ドイツのリースリング・ワインの絶対的な基準となっている。

タチヤナ・メッテルニヒは、一九一七年に革命の騒乱が起こったとき、ロシアの公爵令嬢であった。彼女ははじめキエフに、それからベルリンに逃れたが、ボリシェヴィキが生み出した血まみれの混乱とはまったく違う、永遠のロシアという考えをけっして捨てることがなかった。一九三〇年代のベルリンにあって、彼女は名高い美女であったが、数十年たっても一目でそれと分かるアンシャン・レジームの魅力を放ち続けていた。その一方でタチヤナ・メッテルニヒは、ラインガウ祭の見事な組織者であり、所領の経営者であり、すばらしい女主人でもあった。ソ連が崩壊してからというもの、彼女はずっと、「西側を向いたロシア」の代表人物たちを、ドイツの産業界と政界のリーダーに引きあわせることに腐心していた。

ヨハニスベルクのあの印象深い夕べとは、このようなものであった。その日の主賓にはアナトーリー・サプチャーク教授が招かれていた。彼は民意によって選ばれたレニングラードの市長であり、ほんの少し前に市の名前をサンクト・ペテルブルグに改称したばかりであった。これは非常に象徴的なジェスチャーではあったけれども、はたして何を指し示していたのであろうか。レーニンとその野蛮な体制が拒否されたことはたしかであった。だが、そのかわりに何が来るべきなのか。この問いには結論が出されなかったし、これからも長いことそうであろう。サプチャークは憲法学者であって、地元サンクト・ペテルブルグでもそれ以外の場所でも、まにあわせの皇帝など見つけずに、議会制を創出すべきであると訴えていた。やましい過去とのかかわりをもたず、汚職にまつわる疑念とも無縁であったから、サプチャークは非常に尊敬されていて、共産主義後のロシアを支える将来の指導者の一人であると噂されていた。公爵夫人はまた、ロルフ・マーゲナーも招待していた。彼は当時、ルートヴィヒスハーフェン・アム・マインの巨大化学企業、BASFの代表取締役であったのだが、私は彼のことを、JPモルガン銀行の国際理事会を通じて知っていた。また、ハンス・ルッツ・マークル教授も招かれていた。彼はボッシュ・グループの伝説的な元CEOであり、グループの創立者であるロバート・ボッシュに続く偉大な継承者であった。ドイツの株式市場を率いるような立場にあったマークルは、ゴッド・ファーザーとして知られていた。彼が電話をかけるだけで、多くの問題にかたがつくのであった。彼は多くの役職についていたが、エーベンハウゼンのドイツ国際政治・安全保障問題研究所の理事長というのもその一つであった。私はそこで一九八八年から所長を務めていたのである。そして、そこにはさらに、まだ若いように見えるが年齢のはっきりしない、ライトブルーの瞳の男性がいた。サプチャークは彼のことを、サンクト・ペテルブルグ市庁の人間であると、英語で紹介した。彼が通訳の手助けのためにいたことは明らかだった。彼のドイツ語は大変上手だったのである。私は自分が会った幾人かのKGB将校が、イートン流の流暢な英語を話したことを思い出した。それでも、グレーのスーツを着たこの男性は、ロシアの過去や将来の可能性についての私たちの会話の内容には、ほとんど寄与することがなかった。彼の名前はウラジーミル・プーチンといったが、とくにその名前に思い当たる節はなかった。要するに私は彼の存在に気を留めたものの、すぐに忘れてしまったのである。

それから二年後、ベルゲドルフ懇話会から招待状が届いた。これはあちこちに会場を移して開かれるシンクタンクのようなもので、実直な話しあい、とくに西ドイツ人とロシア人との話しあいができる場所として、評判が高かった。会場にはサンクト・ペテルブルグが選ばれた。依然サプチャーク教授があるじであった市庁のゲストハウスは、雪におおわれていた。ソ連崩壊後のロシアの将来が会合の主題となったのは、当然のなりゆきであった。ドイツ人がホスト役を務め、アメリカ、イギリス、フランス、ロシアからゲストが参加した。注目すべきことには、ソ連の衰退と崩壊の理由については、本当にわずかな注意しか向けられなかったのである。ロシアの将来をどのように考えるにしても、この問題が重要でないはずはなかったのに。そのかわりに議題になったのは、経済改革、工業の現代化、欧州共同体の東欧への拡大、NATOの将来と冷戦終結後のその役割、さらにその将来の境界線であった。会議の出席者は三〇人ほどであったが、議長を務めるサプチャーク教授の隣の席には、グレーのフランネル・スーツを着た人物が座っていた。誰も彼のことを知らなかった。だが私は、メッテルニヒ公爵夫人がヨハニスベルク城に招待してくれたときのことを思い出した。ミステリアスなこの人物は、いまではサンクト・ペテルブルグ市庁の対外関係の責任者となっていたのであるが、議論がある一点にふれるまでは、一言も発せずに注意深く耳を傾けていた。その一点とは、ロシア人がそのときまでに——不吉な曖昧さをもって——彼らの「近い外国」と呼んでいた問題のことである。それが意味するのは、帝国が失った南部と西部の諸地域のことであった。会議に集まった西側諸国の専門家諸氏の見識は、明らかにプーチン氏に感銘を与えることができなかったのである。欧州共同体が果たす救世主の役割とか、NATOによる安定化とかについての意見のいくつかは、彼には多分に挑発的なものに見えたのに違いなかった。自分がマイクを握る番になったとき、彼は何らはばかることなく自分の異論を明らかにした。国境の本来いるべきではない側に、およそ二〇〇〇万人のロシア人が現在暮らしている、と彼は述べた。「われわれにとって彼らの運命とは、戦争と平和の問題である」。このように遠慮のない態度は、会議に参加した控え目な人々の間では異例のものであって、それだけにいっそう記憶に残ることとなった。はたしてこれが、新生ロシアの本物の声なのだろうか。いったいこの種の激情の噴出には、どの程度の重みを認めればよいのだろうか。いずれにせよ、その場に居あわせた人々の大半が、彼の名前を書きとめたのであった。ウラジーミル・プーチン。

二〇〇一年、このときまでにボリス・エリツィンによって情報機関の長官、首相にまで引き立てられ、そしてついにロシア大統領、クレムリンの主人にまでなったプーチンが、ベルリンを訪問した。修復のなった国会議事堂で行なわれた連邦議会の定例会期において、プーチンは完璧に近いドイツ語をもってドイツ議会に演説した。当時はフィッシャー＝シュレーダー連立内閣の時代であった。予想に違わずプーチンは、ロシアと西欧の関係全般について、またとくにドイツとの関係について語った。アメリカ合衆国について、とくにそれがヨーロッパで大国としての存在感を示すことについては、ほとんど共感を示さなかった。石油の価格は長期にわたってほぼ着実に上がり続けており、天然ガスの価格もそれに続いていた。一九九七年にプーチンは、国際社会でのロシアの地歩を立て直すために、エネルギーが果たすべき役割について、カンジダート（博士候補）論文を提出していた。そのため、運命が彼の手に最高のカードを配してくれたこと、この石油の大当たりは政治権力と影響力とに転化できることを、プーチン以上に知っているものはいなかった。

演説の内容が地政学におよんだとき、プーチンはある一文を引用したが、それは私が数年前に書いたものであった。「西欧とロシアの間には数本の点線が走っているにすぎないが、ヨーロッパとアメリカの間には大洋が横たわっている」。彼は私の名前をきちんと出してくれたし、含むところは何ら感じられなかったのであるが、彼の引き出した結論は私のものとは大きく違っていた。彼が話したのは、ロシアとヨーロッパの間には自然の親和性があるということで、モスクワとベルリンが二つの重心になるとされていた。それとは反対に、私のほうは、大西洋をはさむという地理的な距離がある以上、NATO諸国がばらばらになるのを防ぐためにも、環大西洋関係に多くのエネルギーと想像力を注ぐことが肝要だ、と結論していたのである。プーチンが私を引用したこのときまでに、元々いかなる状況のもとでこのような指摘を行なう気になったのかを、私は忘れてしまっていた。数年後になって、古いファイルを整理している最中に、私はようやく引用元を見つけた。それはブリュッセルのNATO諸国大使会議のための草稿であって、外部に広めることを想定したものではなかった。あの国会議事堂での演説を準備したプーチンのスピーチライターは、たしかにブラックユーモアのセンスをもっていたに違いなかった。

二〇〇五年九月、いまや二期目ただなかのプーチン氏に、あらためて会うことができた。このときの会場は、エカテリーナ女帝の名にちなむクレムリンの広間で、均整な新古典主義の傑作であった。ツェルプストの小公女エカテリーナは、愛人であるオルロフ伯爵の手にかかって子供じみた夫が殺害されたことで、女帝となった。「母なる女帝陛下！ あの方は私の剣の上に倒れかかってまいりました」。全ロシアの専制君主となった彼女は、おそらく新生ロシアの守護聖者なのであろう。往時彼女は北方のセミラーミデ〔古代アッシリアの伝説の女王〕と讃えられることを欲した。彼女を賛美したパリの啓蒙知識人に、彼女は恩寵を惜しまなかった。しかしながら、プガチョフの農民反乱を情け容赦なく鎮圧したのもまた、彼女なのであった。好みについていえば、繊細な魅力を放つフランスとドイツの新古典主義へのこだわりを、彼女は捨てることがなかった。彼女の後年の後継者たちは、ポルシェやBMWやメルセデス・ベンツを買い求めているが、彼女自身はロシアのすべての県都の役所向けにパリやアウグスブルクから銀製品を取りよせ、ノイヴィート・アム・ラインにあるレントゲンの家具工房や、ナポリにあるフィリップ・ハッケルトの絵画工房に注文を出したのだった。プーチンは遅れ、儀典長はわびねばならなかった。クレムリン付きの外交官が私たちに色々と別の部屋を見せてくれた。そのなかには大統領の公式の執務室も含まれていた。

「スタイルは人なり」。この古い言葉にいくばくかの真実が含まれているとすれば、プーチンの執務室には何事かを窺わせるものがあった。部屋のまんなかには大きな暖炉がしつらえてあり、そのかたわらにはフランス十八世紀様式のアームチェアが一組。これはパリのエリゼ宮〔大統領官邸〕に敬意を表したものといってよかった。正面にはこれもやはりアンティークの机。その上には孔雀石のどっかりとしたインク壺。ひたすらに大きさを追求する古きロシアのスタイルがそこにはあった。いっそう印象的であったのはクレムリンのかつての主人たちの等身大を上回る大きな彫像で、彼らは執務室の四隅に立って未来の後継者を見下ろしているのであった。ピョートル大帝は近代化に邁進した専制君主で、ロシアの面を西方それに南方へと向き直らせ、サンクト・ペテルブルグばかりか地中海大艦隊の建設をも命じたのだった。エカテリーナ二世は帝国拡張の功労者であるが、ポチョムキン公爵の発明になる豊かな村々の幻影によっても有名である。ニコライ一世はドイツとヨーロッパの監督権を求めた暴君で、反乱貴族、なかでも改革を訴えたデカブリストの将校を国内流刑地であるシベリアに追放したのであった。アレクサンドル二世は改革者であったが、暗殺により道半ばに斃れた。執務室を見下ろすこれらのブロンズ像の気配を感じつつ、現職者たちはいったい何を思うのであろうか。その答えは、ロシアの将来を推し量る上で千の統計よりも大事なことを教えてくれるだろう。

二〇〇五年にはこうしたクレムリンの広間にレーニンもスターリンも見つけることはできず、かえって私の気をひいた。彼らのいた跡はどこにもなかった。ただし、二人の偉大な暴君の記憶はいまなおロシア人の心にまとわりついているのだ。レーニンのブロンズ像は多くの町の中央広場に飾られている。スターリンのほうは、カフカースの故郷の町を例外として、ほとんど姿を隠してしまったのではあるが。彼らの時代の人では、ジューコフ元帥の肖像画だけが私たちを迎えてくれた。写真を元にしてつくられたそのまずい肖像画は、軍服の胸一杯に広がる勲章だけが印象を残した。長い廊下の壁にはずっと、十九世紀のグワッシュ画と油絵がかかっていた。チェーホフの芝居に出てくる地主の屋敷のようだった。優雅な控えの間にはイタリア後期ロココ風の小さな白塗りの家具がふんだんに配されていた。白手袋をした執事がお茶とビスケットでもてなしてくれ、客はゆったりと時間をすごすことができた。

そこからエカテリーナ広間まではほんの少しであった。英語とロシア語の名札が用意されていた——大統領の目の前に。彼は突然われわれの間にいた。何の予告もなしに。彼は特徴的なやり方で一人一人に挨拶をした。軽いおじぎ、そしてレーザー光線のような鋭い眼光で一人一人が敵か味方かを精査しているのだった。彼は来客を歓迎し、どうか自分に質問してくれるよう、あるいはコメントをくれるように求めた。ソ連時代のしきたりと違って、どんな質問も書面で前もって提示しておく必要はなかった。二五名の参加者はめいめいが自由に質問することができたし、質問の大半はけっこう手ごわいものであった。しかしプーチンはこうした競技を好んでいるように見えた。脇から彼にメモを渡したり、発言にあえて補足したりするようなものはなく、まして相談役のようなものはいなかった。プーチンはこの種の討議を楽しんでいるように見えたし、参加者の大半も、あえて厄介な問題を持ち出してこの催しを損なおうとはせず、彼を喜ばせた。そうした問題とはたとえばチェチェンの過去と未来とか、ロシアの犯罪発生率の高さとかいったことである。彼は明らかに自分の役割を楽しんでいた。

三時間以上にわたってプーチンはロシアについて——プーチンのロシアについて——西側専門家の一団に説明し続けた。彼のメッセージはきわめて明瞭であった。安定こそが彼の思考の基調である。そしてまた彼は、予測可能性を求める。自分の行動と他人の行動の両方についてそうである。さらに彼は、ロシアの国家理性を基準にして物事を判断する。もっとも彼は、ガスプロムにとっての善こそが、有限会社ロシア、勃興するこのスーパー株式会社にとっての善であることを、否定しなかったであろうが。彼は政治上の友好というものを信じているのだろうか。たぶんパーマストン卿から示唆を受けて、大国には永続する同盟などなく、ただ永続する利害あるのみということを、彼は知っているのだ。友情は私的な事柄なのである。

プーチンの存在感は巨大な広間一杯に感じられた。その広間はドイツ生まれの女帝、国家理性の見事な支配人の名をつけられていた。プーチンもまた、テーブルを囲んだすべての人々から、そのように見られたいと思っていた。灰色のフランネル・スーツを着たこの人物は、一身にみなぎる神経質なエネルギーと巨大な自信とによって、人々に強い印象を与える。地味なネクタイをしただけの、あっさりした、およそ装飾品など身に着けない彼の外見は、ロンドンのシティーでならばカジュアル・エレガンスとでも呼ばれるようなものであろう。この人物は明らかに、まじめな人間と見られることを望んでいるのである。たとえそこに一抹の虚栄心があったとしても、それはみずからを派手に飾りたてることを必要としない人間の虚栄心であった。彼にはグローバル企業のCEOの雰囲気がある。また彼は人気があり、その支持の高さは妬ましいものでもあれば、もっともらしいものでもあった。六〇パーセント。この数字はソ連時代の九九パーセントとは違うが、かといって西側の指導者が六年間も勤めていれば大抵見舞われるであろうお寒い数字とも違う。政治は軌道に乗り、石油も高い。その高騰にモスクワでは喝采が起こらんばかりである。最寄りの証券取引所ではロシア株は空前の高値に向かいつつある。こうしたすべてのことが彼の有利に働いている。ロシア人は彼のつきに敬意を払い、少しでもいいからその分け前にあずかろうとしている。

ロシアの強さは石油と天然ガスにあるが、それはまたロシアの潜在的な弱さでもある。プーチンは、一九八〇年代半ばに石油の国際市場価格が落ち込んだのと軌を一にして、ソ連が低落していったことを覚えているし、一九九八年から九九年に、ポスト・ソ連のロシアが崩壊直前までいったのも、石油価格が（通常、天然ガスの価格は石油価格に追随する）ふたたび一バレル一〇ドルにまで破局的に落ち込んだときのことであった。その理由といっては、取引条件に百年に一度の大反転が起こったわけでも何でもなく、ただ活況を呈する極東の経済がほんのわずかに後退しただけのことなのであった。それによって需要が若干落ち込んだだけで、石油市場の一大危機を招き、投資は急落し、ロシアの都市生活者の大半に経済上の大災厄をもたらしたのである。だがそのとき以来、石油価格はひたすら一方向のみに変動していた。

上に、上にと。しかしながらプーチンは、ロシアの繁栄が、石油価格の安定にあまりに致命的に依存している事実を、痛切に意識している。一バレル五〇ドルを大きく上回るのが望ましいが、あまり上回りすぎてもよくなかった。そうなれば消費諸国は、原子力からエタノール、太陽光線からトウモロコシといった、代替エネルギーに目を向けることになるであろうから。一九九八年から九九年は、ソ連崩壊後にロシアが描いたカーブの最低点であった。そしてプーチンは、ロシアがどれだけ国際関係に依存しており、あらたに得られた富がどれだけ脆いものとなりうるかをよく知っている。石油はただ、より広い基盤をもった経済への橋渡しをしてくれるにすぎないことを、プーチンは分かっているのである。

西欧全体との、そしてとくにドイツとのエネルギー関係にふれて、彼はしみじみとこう語った。「この点では私たちは幸せでした。最悪のときでさえも、ロシアはけっして絶縁状態だけは引き起こさなかったのですから」。ここで彼がほのめかしていたのは、一九八〇年代初頭の奇妙な逆説のことであった。当時ソ連は西欧に向けて、SS－20と呼ばれる核弾頭を搭載した最新中距離ミサイルを配備していたのだが、その一方でドイツ人とソ連人は、レーガン政府を大いに落胆させたことに、ガスパイプラインについて協議を進め、合意に達したのである。ヘルムート・コール首相率いるドイツ政府は、パイプラインやポンプ場と引き換えに天然ガスを手に入れることだけでなく、いつもと変わらずビジネスの信号を送ることにも関心をもっていた。このころドイツの選挙民は、核の不安にかられて世界の終わりを予期していた。これはいずれの側にとっても有利な取引であり、見事な戦略であった。

いまではロシアのガスプロムが支配権を握り、西側に天然ガスを供給するため、地上にひかれた古い二本のパイプラインにくわえて、バルト海の海底に三本目を敷設しようとしていた。プーチンは国家独占の預言者である。「ヨーロッパへの分配網を拡張するために、EUに向かってさらにパイプライン一本の敷設が着々と進行中です」。だがなぜ、今回は東欧経由ではなくて、バルト海の海底を通さなければならないのだろうか。疑問が起こるのは必定であった。バルト海に近接するサンクト・ペテルブルグから、ドイツのポメラニアを経て、さらにオランダとイギリスに向かうというのがその経路だったのである。「ウクライナの革命運動のせいですよ」とプーチンはまったくあけすけに語る。そこには他人の不幸を楽しんでいる風があった。ポーランドは資金提供を渋った。「そしてこの事業は、ともかくも政治とは別に考えねばなりませんからね」。こういって彼は皮肉な笑みを浮かべる。まるで石油とガスがたとえ一回でも政治から自由であったことがあるかのように。「私たちは誰一人排除する気はありません」と彼は述べ、懸念が高まらぬように努める。ついでプーチンは細かい話を始めて、小さい字で但し書きの入った契約書をつくる才能があることを窺わせる。「私たちはこれまでに六〇〇億立方メートル以上の契約をしてきたのですから」。さらにロシアは、地上パイプラインを徐々に減らしつつある。「LNG（液化天然ガス）を積んだ最初のタンカーがアメリカに向けて航行中です」。ロシアは世界中に顧客を開拓できるのだということを、ヨーロッパ人に警告するかのように、彼はじきにトルコにも黒海経由の一本のパイプラインを通じて天然ガスが供給されるだろうとつけ加える（二〇〇七年後半までにトルコの需要のおよそ六〇パーセントがこのようにして満たされた）。極東に向かってもあらたなパイプラインが建設中である。中国北部の工業のためか、それとも日本のためか。「中華人民共和国との関係は良好です。ソ連が崩壊した一五年前には、安全保障上の問題がありました。いまでは私たちは国境線についてしっかりとした条約を結ぶことができました」。このとき彼は、一九九一年には中国がロシアの国難に乗じる恐れだってあったのだ、とほのめかしていたのであろうか。あるいは彼は、膨大な数の中国人がシベリアの無人の地に目を向けていることについて、ロシアの懸念を示唆していたのであろうか。それとも、ソ連の崩壊によって中央アジアに生じた権力の空白を、誰がどう埋めるかについての懸念であろうか。プーチンは内心の不安を口に出しはせずに、大陸国家中国との経済関係は良好であり、軍需産業面での協力についてはとくにそうであることを聴衆に請け合った。そのことはロシアの軍需産業には利益であったが、ロシアの将校には不安材料でもあった。これまでロシアが中国に売ってきたのは、よくて二級品であった。二〇〇五年までに中国人のバイヤーは、最上の品でなければ受け取らなくなった。彼らはそれをドルで支払うのである。

極東のパズルでの日本の役割はどのようなものになるのか。「私たちにとって日本は戦略的なパートナーです。アジア太平洋地域ではバランス・オブ・パワーが機能しています」。

もちろんプーチンは、この複雑なバランスが、核爆弾を手にすることを望む北朝鮮によって深刻に乱されかねないことを分かっている。なので彼は、ここであらためて、中国およびアメリカとの共通の利害についてふれ、イギリスとフランスについても簡単に口にする。核保有国クラブには、それ自身のルールもあれば排他的な利害もある。核兵器不拡散条約の維持が必要不可欠なのは、単に安全保障のためばかりでなく、地位と特権のためでもあるのだ。

ここにいたって話題はおのずからイランのことに移った。ペルシア湾北岸のブシェールでロシア人は原子力発電所を建設中である。これはホメイニ師の再臨によって、一九七九年にジーメンスが放棄した建設現場を引き継いだものである。アメリカ人はこの発電所を憎悪し、残りの世界、とりわけイスラエルとアラブ諸国も、固唾を呑んで見つめている。

プーチンいわく、「国連安全保障理事会でイラン人を査問する意味があるのでしょうか。私たちはイランの友人と対話を重ね、片務契約を遵守するように助言してきました。これまでのところ彼らのしたことは、核兵器不拡散条約の枠内に留まっています。ですが私たちは、大中東の全域に一触即発の状況が形成されつつあることも、彼らに警告してきました。私たちはこの問題を国連安保理で取り上げる可能性も、排除していません」。ドイツ首相シュレーダーと異なり、プーチンはこの問題でいかなるアメリカ批判も差し控えている。核兵器不拡散条約に関する限り、議論の余地はないのである。「アメリカと私たちの間には問題はなく、協力があるだけです」。さらに彼は、「ついでにいえば」、とよく聞かれる懸念についても念を押した。「ロシアの核施設管理は水も漏らさぬものです」。

二〇〇五年夏のモスクワは、隣のウクライナで起こった「オレンジ革命」の話題でもちきりだった。あれと同じようなことは、国境のこちら側でも起こりうるだろうか。プーチンは気を緩めているようには見えなかった。「私の考えでは、不安定化を予期する理由はありません」。「不安定化」とは民主的変革の謂いである。しかし彼は、潜在的な騒ぎの元があることははっきりと自覚している。スーパーリッチな新ロシア人と、残りの人々との巨大な格差がとくに危なかった。「これまで行なってきた政策を、今後も継続していかねばなりません。過去数年の間に、広い範囲の国民の実収入が一〇パーセント増加しました。中産層、政党政治、それに独立したマスメディアを強化していかねばなりません」。このうちとくに最後の点については、はっきりと眉をひそめたものが何人もいたし、彼が何をいわんとしているのか、みなが怪訝に思った。「ウクライナで革命が起こった主な理由は貧困と失業、それに風土病のごとき汚職にありました。ポスト・ソ連空間に変化が起こることには、私たちは反対しません。ですが、私たちは、そうした変化がカオスに終わらぬことを望むのです」。

彼は、東欧にちょっかいを出そうとする西側の意図について話しているのか。明らかに彼の答えは、現実に対応したものというよりは、外交的なものであった。「実際私たちは、ＥＵに敵対しようなどとは考えていません。私たちは旧ソ連空間の安定を望んでいます。ウクライナの東西への分裂を回避したいのです。ウクライナにいるロシア人は、安全な将来を保障されねばなりません。私たちはロシア帝国には戻れません。仮に私たちが望んだとしても——それは不可能でしょう」。

管理された民主主義、あるいは権威主義、それが彼の求めるスタイルなのだろうか。「民主主義はあるともいえるし、ないともいえます。法治国家や民主的な選挙は、その一部です。すべての政治家は批判にさらされるものです。自由な諸制度がなければ、そんなことは実現できないでしょう。私たちは社会という布地の最大限の活用に努めています。国民の安寧と繁栄を私たちは求めているのです」。ときにプーチンも、西側流の言い回しを使わぬわけにはいかぬようである。「もちろん私たちは、この国の伝統に向きあっていかねばなりません。人まねで生きるわけにはいきません。私は批判に耳を傾けます。そしてもっともだと感じた場合、それにしたがって行動しています」。

二〇〇八年に大統領の二期目は終わるが、それから先の自分の将来のことをどのように考えているのか。「私はクレムリンを去るでしょうが、ロシアを去る気はありません」。このように彼は答え、よりはっきりした言明は控えた。だが、同じ問いがもう一度繰り返された。あなたが三期目を狙うという噂もある。あなたはどんな役を演じることになるのか。「私は自分の経験と知識がロシア国民によって活かしてもらえればと思います」。だが、問いはもう一度返ってきた。それは三期目を狙っているということではないのか、と。「それって推薦?」。プーチンは冗談で返した。それからよりまじめな口調になって、「繰り返します。私は二〇〇八年の大統領選挙には出ません。一番大事なことは安定を確保することです。だから、私たちは憲法を変えることはしません。ご自身の目でそれを確認することになりますよ」。では、石油価格についてはどうか。もし一バレルが八〇ドルに達して、濡れ手に粟の状態が続いたならば、大統領はどうするか。プーチンは答えた。「八か月前にも石油価格について、私の予測を聞きたいといってきた人がいました。私は大体八〇ドルだろうと答えました。ここ数か月の突然の高騰がなかったとしたら、四〇ドルから五〇ドルの間だったでしょう。私はそれが健全だと思っています。得られた金をどうするか。現在のところ、わが国の財政は黒字で貿易収支も好調です。金準備も十分。インフレのリスクが高いことは分かっています。なのでオイルマネーのかなりの部分は安定化基金にまわすことにしています。それとは別に、かなりの部分は対外債務の返済にあてられるでしょう。さらに別の部分は社会政策、教育、学術、それに減税に」。事実、このわずか数日前にプーチンは、薄給の公務員の境遇改善に取り組むことを決め、医者、看護士、教師といった人々の収入改善計画を公表したばかりであった。それが意味するのは、改革の負け組も、遅ればせながら何らかの支援を得ることができるというだけではなく、プーチンと彼の取り巻きが、西側民主主義の選挙必勝法から学んでいるということでもあった。モスクワの巨大な高速道路や迂回路を疾駆するポルシェやジャガーは、ニューリッチのおもちゃであったが、新生ロシアで取り残された人々もまた、見舞金を受けとり、石油高騰の生んだ巨万の富の分け前にあずかれるのであった。そしてその富は、まさにプーチンが就任して以来、ロシアが蓄積してきたものだったのである。

人口動態に変化が生じており、老年世代と若年世代のバランスは将来確実に崩れる。だがその一方で、非ロシア人の比率は上昇中である。これらはクレムリンにとって、第一級の戦略的な意義をもつ懸案であった。十九世紀のロシアはやむことのない人口増の国であったが、いまではすっかり高齢女性の国となり、しかもその大半は寡婦であった。というのは男性は、五十代の盛りには平均寿命を迎えてしまうからである。「飲みすぎと、酒盛りに起因する仕事上の事故」がその理由であると、プーチンは忌々しそうに述べた。モスクワの中心部ばかりか近郊部でさえも、子供の姿はあまり見られない。タタールスタンのようなムスリム地域を除けば、ロシアは一人っ子家族の国、早死の国となった。この点に関して何をなすべきか。プーチンは包括的な社会政策に言及した。「解決策がどこにあるのかははっきりしています。何よりもまず、わが国には包括的で実効性のある医療保健制度が存在しないのです。それを行政的につくり上げることもできますが、中央からでは駄目です。というのは中央は、国民の現実の必要事からはあまりに遠く離れているからです。地方にこそ保健医療行政を任せなければいけません。そのために必要な予算は地方行政府に配分されるでしょう。それにくわえて、私たちは若い家族を支援するためのプログラムもとくに策定してきました。経済成長もプラスに働くでしょう。ですが、私たちは魔法の杖をもっているわけではありません。そして、二五〇〇万人の在外ロシア人についていうならば、ほかのCIS〔独立国家共同体〕諸国と法律を調整して、各自の医療保健制度と年金制度を相互に適用可能なものとしていきたい。のみならず、今後はそうした人々が、列をなして帰国を求めるような国へとロシアを変えていくことを願っています」。

最後にプーチンは、ハリケーン「カトリーナ」に直撃されたアメリカ人への暖かな同情を口にした。「私はジョージ〔ブッシュ（子）〕と話して、できる限りの支援を提供しました。この災害が意味するものは何でしょうか。それは、自然の猛威と万能の神の前では私たちは無力だということです」。

先人である皇帝たちに示唆を得たのであろう。プーチンは社会的な保守主義者のポーズをとった。国外においては安定の喪失を恐れ、国内においては社会的な混乱を恐れるポーズである。若かりしころに彼は、カール・マルクスの有名な勧告を何度も繰り返したに違いない。「世界を解釈するだけでは不十分である。肝心なのは世界を変えることだ」。だが、クレムリンにいたのは、みずからを世界秩序の支柱として描き出すことに努める男であった。そしてまた、彼が描き出そうとしていたのは、現状維持の勢力、あらたに生まれつつある世界的均衡の一部であり、帝国崩壊後の憂鬱から立ち直ろうと努めるロシアだったのである。

一年後の二〇〇六年九月、プーチン氏の主催になるあらたな会合がもたれた。このときまでにこの会合は、ヴァルダイ・クラブと呼ばれるようになっていた。このとき会場となったのは、モスクワ近郊のノヴォ・オガリョヴォにある最高級のダーチャ〔別荘〕であった。よく整備された迂回路には、一〇〇メートルごとに警官が配備されていた。八車線あるその迂回路を抜け、さらに森を抜けた。一九三〇年代の広壮な邸宅や、もっとモダンな建物が目の前を通りすぎていった。そのなかにはホドルコフスキー氏がユコスのCEO時代に建てた、スタイリッシュな邸宅もあった。道路には一定の間隔を置いて広告板が立ち並び、大抵のロシア人が耳にしたこともないであろう西側の贅沢品を宣伝していた。一〇キロメートルほど進むとさらに細い道に分け入ったが、そこから先はもう特別な許可がなければ入ることができないのであった。細道の行き着いた先には白塗りの鉄扉が控えていた。鉄扉には帝国の紋章である双頭の鷲が二対。遠隔操作で扉は開き、公園への道が通じた。遠くには木製の教会と小さな池、それに黄色く塗られた建物が見えた。それは皇帝の時代以来ロシアでおなじみの、時を感じさせぬ重厚な新古典主義様式であったが、一九三〇年代に建てられたものと見てまず間違いなかった。よく維持されたあの建物にひそんでいるのは誰の幽霊なのか。それを知るのは面白いことだったに違いない。だが、そのかわりに大統領の招待客が通されたのは、一階にある大きな食堂であった。早めのぜいたくな夕食が彼らを待ち受けていた。メニューには鷲の図と金の紋様が浮き彫りにされ、料理人はイタリア人であった。

プーチンは予告なしに現われると、招待客一人一人を握手で迎えながら、丁寧に挨拶の言葉をかけた。彼は数時間前にアフリカ訪問から帰国したばかりだったのだが、いつもと変わらず元気一杯で潑剌としているように見えた。彼は簡単に開会の言葉を述べ、そのなかで先のG8サンクト・ペテルブルグ・サミットに言及した。サミットではプーチンが議長を務め、世界中にみずからの姿を誇示したのである。彼はただちにエネルギー需要と供給の問題を取り上げ、当面の間、石油、天然ガス、それに――「もちろん」と彼は述べた――原子力エネルギーの組み合わせが、成長の土台となるだろうことをはっきりとさせた。石油価格、中東、イラン、核不拡散体制の将来、これらすべてのことが、エネルギーの関数となるのであろう。「私たちは多くのことを共有しています。最優先されるべき利害があるのです。ですが、そのためには積極的な取り組みが必要です」。エネルギー安全保障が主要テーマであった。サンクト・ペテルブルグ国立鉱山大学の博士候補課程に社会人入学したとき以来、彼はこれを専門のテーマとしてきたのである。

だが、石油の時代はある日終わりを告げるであろう。石油価格が安価になってからの事態に、いや、それどころか「石油後」の時代に、ロシアはどのように備えているのか。プーチンは楽観的な展望を示す。「私たちは水素エネルギーの開発に取り組んでいます。中期的には巨額の予算をそこに注ぎ込むでしょう。それに原子力エネルギーの開発も続けるつもりです。現在、わが国の需要の一六パーセントは原子力エネルギーでまかなわれています。今後一五年から二〇年の間に、この数字は二〇から、おそらくは二五パーセントにまで上がるでしょう。再生可能エネルギー源、たとえば太陽エネルギーなどは、それほど効果的とはいえませんし、ロシアの気候だけがその理由ではありません。水力エネルギーにはいまなお巨大な可能性があります。もっとも、中国ほどの生産量は期待できませんが。私たちは多角化の重要性を確信しています」。

ロシアはエネルギー超大国になろうとしているのか。もしそうであるとすれば、エネルギー安全保障とは何を意味するのか。それはG8会合の主要議題だったのである。プーチンは超大国という言葉をはねのける。それは冷戦時代の匂いがする、と。だが、つい最近も彼のエネルギー大臣が、ロシアの戦略目標はエネルギー部門の超大国になることだと宣言したではないか。プーチンは、賢明とはいえないレトリックからは距離を置く。「私は一度だって、ロシアがエネルギー超大国であるとか、そうなるべきであるとかいったことはないですよ」。どこまでが事実であって、どこからが「政治的に正しい」つましさ、いわば、そう、マスキロフカ〔つくろい〕であるのかの判断は、聞き手にゆだねられる。彼はシベリアの膨大な資源についてふれる。石油は三〇年分以上あり、ガス田は世界で一番豊富である。だが彼は、ロシアが原料調達業者の役割にとらわれることのリスクも認めている。彼は西側が石油の呪いと呼ぶもののことを知っている。富は必定怠け者を生むのである。シベリアのエネルギー資源は、と彼は主張する、浪費のためにではなく、科学に立脚した未来の経済を創造するためにこそ使われねばならないであろう。

エネルギーは、と彼は指摘する、「国民の富です。私たちは責任あるやり方でそれを使わなければなりません」。彼が念頭に置いているのは未来の世代への責任だが、それだけではない。このとき急いでつけ加えたように、それは世界共同体への責任でもあった。エネルギー安全保障の問題に戻りつつ、そこには二つの側面がある、とプーチンは指摘する。需要と供給である。「西側は供給の安全保障を求め、ロシアは需要の安全保障を求めるのです」。G8サミットではロシアの期待は裏切られた、と彼は述べる。だが、遅かれ早かれコンセンサスができるであろう。ハイテクノロジー部門ではロシアは疎外感をもっている。とくにアメリカに対してそうだ。フランスは原子力エネルギーを売りつけたがっている。だが、「私たちは対等な基盤に立って関係を構築したいのです」。他方でロシアの成長線は、西方だけでなく東方に向かっても伸び続けている。LNGの新技術によって、パイプラインに制約されることなく、新しい市場を開拓することが可能になったのである。

一〇年後にロシアはどこにいるのか。「経済の力は、大西洋から太平洋にシフトしつつあります。世界のこの地域における成長は、強い印象を与えるもので、そう簡単には終わらないでしょう。ロシアは太平洋では沿海国家ですから、天然の優位を享受しています。私たちはいまなお存在するすべての紛争を解決したく思っています」。これは日本に胸襟を開くということであろうか。プーチンは、国境線をめぐる中国との古くからの係争を解決したと自負している。どうしてこれが、日本との領土紛争、とりわけ千島列島をめぐる紛争のためのモデルにならないことがあろうか。中国との間では、ロシアはかつてないほどの協力関係を実現することができた。「永遠の兄弟愛をともに歌ったソ連時代でさえも、深い不信の念が残っていたのです」。今日では両国は、木材生産から宇宙技術まで、重要な関心事を共有している。さらに軍事生産も協力している。だが、中心にあるのはエネルギーである。現在、中国への輸出はロシアの全輸出の三パーセントにすぎない、とプーチンは指摘する。一〇年の間にこの数字を、三〇パーセントという野心的、かつ戦略的な数字に増やさなければいけない。換言すれば西側は、これまでずっと、ほとんど西側の消費者だけを向いてきた市場において、今後は中国という競争相手の存在を感じなければならなくなるだろう。西側にとっては厳しいときがくる。値段は上がり、ロシアの取引材料は増える。とはいえ天然ガスだけが、極東での中露関係の再編を引き起こしているわけではない。現在、最初の石油パイプラインが建設中であり、バイカル湖を迂回して、まもなく中国国境に到達する。環境への配慮は、と彼は西側の心配を打ち消すために述べた、十分に払われる。並行して走る第二パイプラインのための調査も、東シベリアで開始されたばかりである。

ロシアと中国の間には秘密の協議事項のようなものが存在するのか。断じて否、とプーチンは力説する。「アジアでは諸勢力が複雑に錯綜しており、ロシアはそこで責任ある役割を果たすことを求めているのです」。核問題による国連のイラン制裁も、そうした役割に含まれることになるのか。ロシアはイランの行なっているウラン濃縮に反対するのか。またプーチンは、必要とあれば国連安保理のイラン制裁を、少なくともそれが控え目なものであるならば、支持することになるのか。プーチンは一瞬たりとためらわない。「平和利用のために許可されている低濃縮がどこで終わり、軍事利用のための兵器製造用の濃縮がどこで始まるのかを外部から監督することは、大変に難しいのです。燃え尽きた燃料棒でさえも、潜在的には軍事利用できるのですから」。総じてイランの問題は例外的なものであった。「たしかに彼らは現代テクノロジーを保有する権利をもっています。ですが、彼らは憲法のなかで、他国の殲滅を最重要目標と宣言しています。さらに、大中東では極度の慎重さと自制とが求められます。制裁については私たちは、パートナーである五か国、つまりアメリカ、イギリス、フランス、中国、ドイツと問題を協議して、イラン人に呼びかけ、ついで、おそらくは控え目な制裁を行なうことを決定するでしょう。とにかく衝突だけは回避しなければいけません……まさにそのため私たちは、パートナーであるイラン人に、ウラン濃縮をやめるように求めているのです」。彼は普段は「友人」という言葉を好むのだが、このときはイランのことを「パートナー」と呼んでいる。ついで彼は、この前の一月にロシアが行なった申し出に言及する。実際これは、プーチン・イニシャティヴとして喧伝されたもので、イランのように核開発の手前まで行った国にかわって、だが彼らの手の届かないロシア国内で、ウラン濃縮と使用済み核燃料の処理を行なうというものであった。

彼はEUについてはどのように考えているのだろうか。ソ連時代にはクレムリンは、資本主義諸国は遅かれ早かれ同士討ちを始めるだろうと信じていたから、ヨーロッパの統合にはほとんど目もくれなかった。主権の共有だって？　明らかにこれは、巨大な国土を一つに束ねようとして努力を重ねているロシア人には、無縁な話であった。欧州のぎこちない連合に対するプーチンの姿勢は、愛憎相半ばしていた。国際紛争を克服するために、ロシアは〔EU本部のある〕ブリュッセルと協調することができるのだろうか。「EUがいまのような構造であるうちは、つまり弱く曖昧なままであるうちは、EUとの政治的な対話は難しい、とプーチンは答える。プーチンはヘンリー・キッシンジャーの有名な皮肉、「ではどうかヨーロッパの電話番号を教えてください」、までは引きはしない。だが彼は、それと同じくらいにEUに批判的である。六か月ごとに変わる議長なんて、継続性と予測可能性のための勢力とはおよそいえないであろう。ロシアにとっては、と彼は思考をめぐらす、「戦術上の有利が得られるかもしれません。ですが、実際には私たちは、一度だって『分割して統治せよ』のゲームを試みたことはないんです。強いヨーロッパこそが、世界秩序を益することになるでしょう」。その一方で、ヨーロッパ人はポスト・ソ連空間での紛争には介入すべきではありません。ナゴルノ・カラバフ、南オセチア、沿ドニエストル。彼は警告する。「たしかに国連安保理の決議を無視するのは大きな過ちかもしれません」。それでも、コソボの事態は何なのでしょうか、セルビアのあの厄介な一地方は。このときプーチンは、あえて一般的な懸念を表明するだけにとどめた。ひとたびセルビアからの独立が宣言されれば、彼のいうところの「どうにも統御不能な展開」が始まるであろう。将来どのような解決策が打ち出されるにせよ、それはセルビアにとっても受け入れ可能なものでなければならないのではないでしょうか、と。もしこれが、西側への忠告であったのだとすれば、このときプーチンがいっていたのは、一方的な解決策は絶対に受け入れられないということであった。ロシアは忘れていなかった。一九九九年のコソボ戦争はNATOの手で、ロシアの忠告を無視して行なわれたのではなかったか、あの屈辱はなお晴らされていない、と。

ロシアは国連安保理で拒否権を行使するだろうか。「私たちはみずからの国益に応じて拒否権を行使するでしょう」。ぜいたくな夕食のたけなわに、ロシアの熊はこう咆哮したのである。では、ドイツとの関係はどうなるのか。ほんの一年前には、ゲルハルトとウラジーミルがすべてをうまくやっているように見えた。だが、いまやシュレーダー首相と社会民主党は下野し、キリスト教民主党のアンゲラ・メルケルが政権についた。事実、彼女のもとでは状況はかなり違って見えたのである。メルケル氏は、と彼は理屈っぽく述べた、欧州理事会の議長である間は、自身の優先順位に沿ってEUの議題を按配するでしょう。ロシアとのかかわりでは、もちろんエネルギーが主要な議題であり続けるでしょう。ロシアは、政治でも経済でも、完全な立場でヨーロッパの競争に参入することを求めたのでした。パートナーのなかには——とこれはフランスのことであるが——同意しないものもいました。「だがロシアはもう悪の帝国ではないんですから」、とプーチンはロナルド・レーガンの有名なソ連評を引いて冗談をいった。将来の北ヨーロッパ・ガスパイプラインは、誰の損にもなりませんよ、と彼はシュレーダー゠プーチン構想を強く擁護した。

ウクライナとポーランドを経由するパイプラインは、今後も必要であり続けるでしょう。追加パイプラインについては批判が出ていますが、と彼はワルシャワとバルト三国のことをほのめかした。それは「政治的なものにすぎません」。ここで彼はベルリンに会釈してつけ足した。「まじめな人たちは分かってますよ」。それどころか、一五年前にキエフがロシアと離縁してこの方、ロシア人は少なからずウクライナを援助してきたんですよ。石油も天然ガスも国際価格よりだいぶ値引いて売ってきたんですから。ここ何年もロシア人は、市場価格に合わせろというWTOの圧力もあって、合意に達しようと協議を重ねてきたんです。そこにオレンジ革命が起こったんです。「見返りはありましたよ」、とプーチンは皮肉っぽく笑ってつけ加えた。「フラストレーションは大変なものでしたが、ともかくも事態を安定させることができたんです。以前は私たちは、毎年毎年ウクライナと契約を結び直していましたし、彼らはそこに通過料金まで上乗せしていたんですから。西ヨーロッパの人々は、自分たちのエネルギー安全保障がいつ落ちてもおかしくない崖のぼりみたいだってことが、全然分かっていなかったんです。いまでは私たちは、EU向け通過輸出のために五年有効の契約を結んでいます。これは、ヨーロッパ・エネルギー安全保障にとって重要な一歩なのです」。

ロシア大統領は、繰り返しエネルギーに立ち返る。すべての物事は、エネルギーとその価格の関数なのだ、と彼はいう。ではそのことは、ロシアの経済成長、予算、インフレ率、福祉、それに人口動態にとっては、どんな意味をもっているのだろうか。プーチンは事実と数字を愛しているようだ。彼は聴衆に向かって、現在と将来のロシアのマクロ経済についての実に印象的な講義を行なうのである。何よりもまず、と彼は強調する。インフレを防止するためには、国の予算が実態経済よりも早く伸びるなどということがあってはならない。「ロシア経済は多角化を必要としています。とくにハイテク部門ではそうです」。元KGB将校プーチンは、ソ連体制が情報技術部門に致命的な弱さを抱えていたことを、感じていたに違いない。明らかにそれは、体制の構造そのものからくる欠陥であった。だが、その過ちを二度と繰り返してはならないということも、以前から意識されてきたのである。インフラ全般、とりわけ道路が大規模投資を必要としている。将来はエネルギーが主要な課税対象となるであろう。その結果、国内消費向けのエネルギー価格が上昇することも避けられない。現在のインフレ率は九パーセントであるが、この数字は到底受け入れがたい、と彼は言明した。政府も中央銀行も、数年のうちにこの数値を四〜五パーセントにまで引き下げたいと考えている。「だが、その場合、石油収入を社会福祉の全般的な改善にあてるためのチャンスは制約されてしまうでしょう。一番深刻な局面は、人口動態にあります」。ロシア人の人口は――彼は「ロシアの人口」とはいわなかった――高齢化し、減少しつつある。経済成長のためには労働力の成長が必要である。補足的な労働力は中央アジアの共和国からくるだろう。建設労働者がそうだ。「ほとんどどこでも労働力不足は深刻ですが、私はロシア全土での人口減のほうに、より大きな懸念を抱いています。私はこの問題を、下院での今年度の年次教書演説の主要テーマにしました。若い母親の特別休暇。二人以上の子供をもちたい、あるいは養子をとりたいと願っている両親への特別手当。母親が産休をとっても、何ら不都合なしに職場復帰できるようにしなければなりません。託児所と幼稚園がもっともっと必要です。政治の側からの全体的なサポートはありません。家族は社会の中核なのです」。

では、この文脈において、宗教はどのような役割を果たすことになるのか。宗教の復興は世界的な現象である。前日に見学したザゴルスクの修道院でも、新婚ほやほやの新兵たちが新しい制服に身をかためて聖なる泉に詣でていた。彼らはその水で顔を清め、その水を飲んでいた。ここにこそ未来があるのだろうか。この問いにプーチンが答えたとき、彼はほんの一度だけ、個人的な事柄を口にしたのだった。「ロシアは」、と彼はいう、「これまでずっと大変に宗教的な国でした。私の父方の先祖は十七世紀以来、モスクワからそう遠くない村に暮らしてきました。やっと最近になって、教会の簿冊の中身を知ることができて、私の先祖が常に教会に通い、懺悔も行なっていたことが分かったのです」。

未来は過去のなかにある、ということか。「正教会は常に道徳にかかわる制度でしたし、政治秩序の一要素でした。一九一七年になってイデオロギー的な文脈は変わりました。ですが、その後に生じた真空を埋めるための、あらたな道徳制度は現われなかったのです。正教会は大きな痛みを被りました。ユダヤ人やイスラム教徒と同じくらいにです。どうしてそうした傷を被らなければならなかったのかの説明は、これまでけっしてなされてきませんでした。政教分離は維持されるでしょう。信仰の自由は最も大事なことです」。

三時間がすぎ、われわれは将来のことや、彼が残した遺産についての展望を尋ねることになった。何よりもまず、とプーチンはいった、次のことが必要でしょう。「ロシア国家を強化し、道徳基準を建て直し、実効力のある制度づくりを促さなければなりません。ロシアの産業も現代化しなければなりません。実際にはこれは、もう一度つくり直して、現代化するということです。ロシアの通貨準備高は、たかだか一九〇〇億ドルしかなかったものが、二七〇〇億ドルにまで上昇しました。ハイパーインフレーションにも歯止めがかかりました。完全雇用も実現されています。経済成長率は、現時点で年間七・四パーセントを記録しています。しかしながら、ロシア人一〇人のうち四人までが、いまだに貧困線以下の生活を送っています。いっそうの大きな改善が必要です」。

どのような方策を優先すべきと考えているのか。「汚職の蔓延と戦い、多党制を安定させることです。権力も中央、地方、自治体の間でよりうまく分割されねばなりません」。これが「権力の垂直構造」を愛する男の口から出た言葉なのであった。では多党制とは？　彼は、社会各層・各集団の既得権益があまりに強すぎることを気にかけている。多党制でならば、そうした多種多様な勢力を、より統御しやすいシステムへと流し込むことが可能となるであろう。

プーチンの哲学は、彼のロシアでの実体験と、ドイツでの理想像とを合体させたものである。それはまた、ロシアの小説家ドストエフスキーと、プロイセンの思想家ヘーゲル、その両者のエッセンスでもあった。強力な国家こそが、無秩序の魔の手から社会を守るために必要なのだ。「ロシアの政治制度はいまだ発展途上なのです」。そうであれば、二期目が終わってからも仕事を続けねばならなくなるのでは？「圧倒的大多数の人々は、安定した政府を求めています。ですが、よき統治は一人の人間のみで実現できるものではないのです」。この点については、憲法ははっきりしています、と彼は何ら悔やむ様子なく言い添える。仮に憲法の条文を修正したいという誘惑にかられていたとしても、彼は質問者にそれを悟られることを望まなかった。「私だけが例外になるということはありません。何故ならそれは不安定化をもたらすからです。一国の命運を一人の人間に預けることはできません——たとえそれが私であってもね」。

これは二〇〇六年九月、モスクワ近郊でのことであった。それから一年後。ソチ。さよならをいうときが迫っていた。だが、プーチンが口にすることといったらどれもこれも、まるで俺はまだまだやるぞといわんばかりなのであった。私たちはこうするだろう、私たちはああするだろう……いったい「私たち」とは誰のことをいっているのだろうか？　彼がつくりだした「統一ロシア」のことか？　あるいは国の行政を牛耳る諜報機関のことか？　今日の大統領か？　それとも明日の大統領か？　もしかしたらプーチンは大統領をやめて別のかたちで返り咲くつもりなのか？　二〇〇七年九月中旬のあのころ、そうした憶測が激しく飛び交っていた。わずか数日前には突然フラトコフ内閣が総辞職させられていた。彼の後釜は無名の税務官僚ズプコフ氏、プーチンのサンクト・ペテルブルグ時代からの知り合いであった。ズプコフは税金警察の長官ではあったが、政界の外ではまったくの無名であったので、モスクワ、そして全世界にその名が報じられたとき、経歴はおろか写真すら見つけ出すのが難しかった。プーチンはまたもやほとんど万人を驚かせ、あらたな憶測の波を呼び起こすこととなった。はたしてこの戦術は、大統領の椅子にとって何を意味しているのだろうか。そしてまたロシアの未来にとっても。

黒海沿岸にたたずむソチは、ソ連中央政府があちこちにもっていた直轄の地所の一つを、ロシアが引き継いだものであった。小さく、そして――ソ連基準からすれば――エレガントな町では、ちょうど二〇一四年冬季オリンピックの準備が始まったばかりであった。幹道の建設、建物のお色直し、ホテルの建設、市内また郊外の山々に点在する競技場の改修、さらに大改造――色々なことがなされねばならなかった。プーチンは二〇〇七年初夏、グアテマラで開かれた国際オリンピック委員会に臨んで、よそ行きの英語とフランス語を駆使して役員たちの説得にあたった。いわく、ソチは地中海性気候かもしれないけれど、本当は冬季オリンピックにぴったりの町なのです。いわく、地球温暖化など何するものぞ、ロシアは町の北方にそびえる山々にたっぷりと雪を保証できます。いわく、金に糸目はつけません。

空港は町の端っこにあった。一方の側には鬱蒼と緑の繁る山々が茫々たる雲を冠して険しくそびえ、もう一方の側には海岸線が続く。その間にあって細く延びる入植地がソチであった。大統領の邸宅は町の別の端っこにあった。青と赤のランプを明滅させて進む大統領専用の先導車にめぐまれぬ旅行者たちは、どこまでも続く渋滞のなかで立ち往生することになるだろう。いまでもまだお気に入りの計画をご自分で監督されるおつもりなのですか、とプーチンに直接尋ねるほどの不躾さは誰ももちあわせていなかった。

ロシアは、とプーチンはいった、「多宗教国家です」。幾世紀もの間、国の命運は共存共栄の能力にかかってきた。過ちが犯されたとき――彼はボリシェヴィキのことをいっていたのだろうか――その結果は苦痛に満ち、長く尾を引くものとなった。強い政府のなかに、彼は未来を見ていた。大統領制だけが十分な権威を提供できました、と彼は指摘した。しかし、強力な諸政党も必要だし、願わくは多党制もあったほうがよいでしょう。「統一ロシア」は現在もこの先も、必要な社会的基盤を提供するための準備ができているように見える。だがプーチンは、党が大統領に依拠しているのであって、大統領が党にではないということを、疑念の余地なくはっきりとさせた。彼はまた「公正ロシア」にもふれた。これはプーチンが、クレムリン与党の左側にもう一つおまけにつくった政党であって、ロシアにおける社会民主主義の練習問題のようなものではあった。この二つの政党をいっしょにすれば、十二月の選挙で勝利する仕度は十分であり、続く四年間に下院を支配する準備も万端であった。

だが、いったい誰が（この疑問は全員の胸中にあった）大統領になるのだろうか。そして、誰がプーチンの後継者になったにせよ、その彼が――これが「彼女」であれば、ロシア社会がマッチョであることを考えれば、仰天どころではすまなかったであろう――永遠にプーチン氏の影に隠れたまま、したがってかなり弱体なままでいるとは限らないではないか。プーチンは答える。「私のあとに弱い大統領が出てくるなんて話に興味はありませんね。強い大統領なしのロシアなんてありえませんよ」。あるいはこれは、憲法上の職名はともかくとして、強い権威ということをいっていたのか。しばらくしたらクレムリンに戻ってくるかもしれない、と想像することはあるのか？　プーチンは言葉を濁す。「元気ではいたいと思いますよ。これが一つの要素になりますね」。ところでモスクワから聞こえてきた噂では、プーチンはサンクト・ペテルブルグでガスプロムの社長になって、金儲けがしたいんじゃないかという話であった。

だが、二〇〇七年晩夏にはこうしたことはすべて、憶測に留まっていた。プーチンほどの手だれの戦術家は、けっして自分の計画をばらしはしない。すべては未定であるか、あるいはもはやすべてが決せられているかの、どちらかであった。それを知っているのはクレムリン内部のごく一握りの内輪の人々だけであった。

当面は政府の刷新と、その意味するものが焦点となった。どうして新しい首相なのか。十二月には下院選、その三か月後には大統領選を控えるこの時期にやるのは何故なのか。それにどうしてズプコフ氏なのか。内閣改造のやり方が民主的ではないのでは、とのほのめかしにプーチンはむっつりと答える。フランスはどうなのです。アメリカは。ドイツは。起こったことはすべて厳密に憲法の枠内でなされています。あれは「技術的な決定」でした。一方では閣僚たちは、あまりに多くの注意を自分の友人と本人の個人的な将来のことに割いていました——これは高官たちの汚職のことをいっていたのであろうか——けれども政府とは、「スイス時計のように」動かなければならないのです。他方では彼は、「継続性」はある、ということを大いに強調した。しかし、それにしてもどうしてよりによって、無個性な官僚のなかでもおそらくは一番に無個性な人、ヴィクトル・ズプコフ氏が選ばれたのか。プーチンは、サンクト・ペテルブルグからきたこの人物は、首相をやるのに十分な経験を積んでいると答えた。最初は農業専門家として、コルホーズの模範経営を実現してみせました。ついで経済専門家となり、直近の六年間は税金警察の長官として、四二一を下らぬ有罪判決をかちとったのです。ズプコフは、選挙戦を迎える不透明な状況のなかで、国を任せるのにうってつけの人物です、とプーチンは結論した。だが、ズプコフは荒廃したロシアのインフラを近代化するのにもうってつけの人物なのだろうか。都市の美化はどうか。それに、ソ連時代でさえもロシア人の誇りであり、いまや見る影もなくなった教育システムの建て直しは。環境破壊の食い止めだってある。おそらく老練な行政官タイプの人物は、荒らぶるロシア経済にはけ口を与え、生産的な方向にもっていくのには一番適しているのだろう。それでも疑念は残る。

それゆえ、いま一度避けようのない問いが放たれる。プーチンは誰を大統領候補に推すつもりなのか。ズプコフが最初の記者会見で、自分にも大統領候補になる可能性はあるとほのめかしたことで、かえって事態は分からなくなった。ほかに誰が？「五人から六人の立派な候補がいますよ」。彼らは全員が、クレムリン与党「統一ロシア」の支持を得ていた。明らかにプーチンは、他人にカードをのぞかせぬようにしていたし、自分の手を縛られることも望まなかったのである。「いまはまだ私の任期中なんだし、〔次期大統領の任期が切れる〕二〇一二年はずっと先の話だし」。ロードマップはあるのか。「ほんの数か月で大変化が起こることだってありますよ」。彼はこう述べ、この話題はこれでおしまいにした。

次の質問は、ロシア経済の将来についてであった。プーチンは実に楽しそうにこの問題に取り組み、こちらがげんなりするのにもかまわずに、事実と数字とを容赦なく並べたてて見せた。七パーセントを上回る成長率が、一九九九年以来毎年続いている。この一九九九年という年に、石油価格は一バレル一〇ドルという破局的な落ち込みを見せたのち、回復に転じたのだった。ルーブルはいまや国際決済通貨である。一九九九年までのロシアは手も足も出ない状態にあったが、いまでは債務を返済することができた。失業率も五パーセントにまで抑えているし、インフレもこの一二か月間に、破壊的な四〇パーセントから八パーセントにまで下げることができた。「だが、ここで注意しなければいけません」。実際、彼の抱える専門家たちは、オイルマネーのあまりに多くが年金とインフラとに注ぎ込まれるならば、激しいインフレが起こるだろうと危惧していた。

「主権民主主義」についての質問をきっかけにして、彼は、東ヨーロッパにおけるアメリカのあまりに傲然たる振舞いに、怒りを露わにする。「アメリカ大使に承認されなければ大臣になれないんですよ」。一方、ロシアはロシアで独自の道を唱えていた。彼は人権については口にしない。そのかわりに彼は、民主的な諸制度の役割は高く評価する。より個別にはそれは、法と秩序、市民社会、多党制、報道の自由である。彼はうるわしい言葉をつけ加えた。「一人の人間や一つのグループの意志によっては、国をつくることはできないのです」。このように彼が述べたのは、ただ単に質問者たちを喜ばせて、安心させようとしていただけなのであろうか。それともあれは、彼が夢見るロシアの理想像だったのか。古い、西欧の「成熟した民主主義」のことを、彼は尊敬の念を込めて口にする。そこでは複雑な社会の運営が実現しているのだから。ロシアは、と彼は言い添える、いまだ道半ばである。「しかし、だからといって私たちが、自分たちだけの車輪を発明するにはおよばないでしょう」。

石油の販売量を減らして価格を吊り上げれば、ロシアの歳入をもっと増やせるのではないか？　プーチンの回答はほとんど条件反射のようだ。「まったく逆です。私たちは生産しなければならないのです。私たちは生産を拡大しさえするでしょう。需要は伸び続けています。私たちは常に責任感をもって行動してきました。私たちの利害は（これは西側の人々のことを念頭に置いていた）調和していなければなりません。私たちはOPECの一員ではありません。独占や価格の吊り上げには興味がないのです。もし私たちがそんなことをすれば、代替物や模造品を奨励することになってしまうでしょう。誰もが代替エネルギー源探しに奔走しています。このことを私たちは考慮に入れなければならないのです」。供給については、彼はさらなる販路を求めていた。ここでも彼は、極東に向けて建設中の、二つの巨大パイプラインについてふれる。さらにもう一本の巨大パイプラインが同じ方向に建設中であるが――「バイカル湖を大きく迂回して」、と彼はつけ加える。予定のルートが環境保護活動家に批判されたことが、念頭にあったのだ。くわえて、気候変動のなりゆきによっては、ある日ロシアの北岸沿いにあらたな輸送ルートを開くための可能性が生じないとも限らないであろう。

石油の僥倖は遅かれ早かれ終わる。プーチンは石油後のことを考えており、科学的に基礎づけられた経済運営のことを物語る。これは〔第一次大戦期に統制経済を主唱したドイツの実業家・政治家〕ワルター・ラーテナウ流の理想像であって、ソ連邦の未来に思いを馳せたレーニンも、その理想像に魅せられたのだった。実際のところ、彼は「石油の呪い」の怖さを十分に知っている。石油に過度に依存すれば、生産性は低下し、より裾野の広い経済の必要性も無視されてしまうであろう。「私たちが必要とするのは、経済の近代化、経済の支柱となる新しい中産層、ドイツのスタイル、所有権の保証、手頃な住宅供給です」。いまでは、と彼はつけ加える、「抵当市場がちゃんと機能しているし、専門の銀行もあります。人々はそうした新しい制度を利用しています。投資家には安全保障が必要です」。ここで彼は、身体面での安全保障について述べているのか。それとも法制面のことか。あるいは税制の予測可能性、それとも汚職の一掃か。いずれにしても彼は、明らかに大統領の権力でできることよりもずっと遠くを見つめていたのである。

プーチンは外国の証券取引所を信用していない。株式投資だけでは十分に安全とはいえない、と彼は警告する。彼はむしろ、オイルマネーを安全保障に転化したいようであった。だが、たとえそれがトップの抱く哲学であったとしても、先日〔ロシア政府系の銀行が〕独仏合弁の巨大ハイテク企業ＥＡＤＳに対して、株式の五パーセントを要求したのはどういうわけだったのだろうか。プーチンは防戦に回る。「私たちは別にほかの国に触手を伸ばしたいわけではないのです。お互いのエネルギー利害を統合することが問題なのです。西側がこちらに譲歩してくれるのであれば、こちらも投資を認めるでしょう」。これが取引の大筋ということであろうか。

二時間ののち、対話のテーマは外交と安全保障に移った。イラクからの米軍の完全撤退は、地域の安定にとって吉と出るか凶と出るか。このときの彼の答えには、テーブルを囲んでいた誰もが驚いた。それは非常にバランスの取れたものであったからである。「アメリカ人は永久にイラクを占領するために駐留しているわけではありません。私たちははじめから侵攻には反対でした。現時点で彼らが何を探しているのかは（彼は皮肉な笑みを浮かべて言い足した）私の理解を超えていますけどね」。このときたしかにプーチンは、孤立してはいなかった。それではイラク、また大中東での民主主義についてはどう思うか。「チェチェンで私たちは、戦争によって民主主義をつくることはできないと学ぶための機会を得ました。遅かれ早かれアメリカ人は、部隊を引き揚げなければなりません。ですがそれは、イラク人自身が国内の安全を保障できるようになってからでなければならないでしょう。責任ある行動をとるようイラク人に圧力をかけるには、期限をきるのが有効でしょう」。

では最悪のシナリオはどのようなものになるのか。答えに曖昧な点はなかった。「三つのミニ国家への分裂。ですが、それは戦闘の終わりではなく、もっとひどい紛争のための出発点となるでしょう」。アフガニスタンはどうか。「大変心配しています。とくに、パキスタンとアフガニスタンの国境地帯で何が起こっているのかが気がかりです。私たちは西側のパートナーがうまくいくように、やれる限りのことを行なっています。ですが、いい終わりを迎えるのはまだずっと先のことでしょう」。そこには他人の不幸を楽しむ風や、「だから見たことじゃない」といった感じは皆無だった。むしろそこにあったのは、紛争が飛び火してロシアにまた影響をおよぼさねばよいが、という懸念であった。

コソボに関しては、明らかにプーチンは態度をはっきりさせたくない様子であった。「コソボのアルバニア人が、今年の末までに独立を宣言するのであれば、すべては西側の反応にかかっています。文化面や経済面での支援であれば、認めたってかまいません。ですが、完全な政治的承認となれば話はまったく別です」。西側諸国、とりわけヨーロッパ人への彼の助言は、急ぐなということであった。だが、ロシアが別のところでどれだけの代償を求めることになり、それがどのような次元でのものになるのかは、いまのところ未定であった。二か月前のG8ハイリゲンダム・サミットでプーチンは、ポスト・ソ連の空間で凍結されたままの紛争だって見直すことができるのだ、とほのめかしていた。思うにEUは、セルビア人が拒絶しないですむような提案だって、できたんじゃないでしょうか、とプーチンはいう。不安定な現状のままでいるほうが、セルビア人に、ということはまたロシア人に、解決策を押しつけるよりはましだ。彼はこうはっきりと示したのである。

EUとの関係は？　プーチンは二〇〇六年の暮れ、フィンランドを議長国として各国首脳がラハティに集まったときの、欧州理事会の会合を思い出す。彼はそこで明らかに当惑を感じていた。というのはそれまで彼は、EUと真剣に向きあわずに、二国間交渉ばかりを優先させていると非難されていたからである。ロシアは（と彼はここで怒りをにじませた）疎外感を味わったのだった。「時代遅れのステレオタイプがあります。馬鹿げた大西洋の連帯だとか。多くのヨーロッパ諸国の立場は、信頼の置けるものではありません。ロシアはヨーロッパ国家です――数百万のイスラム教徒を抱えた。アジアでの私たちの利害は巨大なものです。中国とは数千マイルにわたって国境線を接しています。中国は工業製品をつくるのに魅力的な場所です。私たちはEUを相手にチャンスを無駄にしてばかりはいないでしょう」。まるで突然に別のプーチンが部屋に現われたかのようであった。温和な顔は影をひそめ、不機嫌な怒りに満ち溢れていた。では［ヨーロッパのエネルギー供給に対するロシアの影響力をいっそう強めるであろう］バルト海のパイプラインについてはどうか？「だってノース・ストリーム・パイプラインはヨーロッパの利益になるでしょう。私たちが他人の権利を踏みにじっているとでもいうんですか。私たちは多角経営をしなきゃならない。それが邪魔されているんです」。

ふたたび石油の話に戻ると、プーチンは不愉快な質問に先回りしてこう答える。「私たちは一五年もの間、ウクライナに補助金を払ってきたんですから。オレンジ革命を求めたのは西側なんですよ。それへの代償はしっかり払ってもらわなければ。私たちが馬鹿だとでも思ってるんですか」。

そう、たしかに流れは改善のほうに向かっている。だが、保障はどこにもない。「この流れは逆行しないとも限りません。私たちはロシアで、みなさんはヨーロッパと北アメリカで、お互いにもっと我慢して、相手のことを説教しあうようなまねは慎まなければ」。

ついで、思い返したように彼は、ドイツとロシアの十代の青年たちが協力しあって、第二次世界大戦で死んだドイツ兵とソ連兵の墓地を整備しているという話をする。「私たちは過去の価値観がもっていた歪みを乗り越えていかねばなりません」。

それでは、ロシアの未来にとって指針となるような理念とは何か。これが彼になされた最後の質問であった。汎スラヴ主義は過去の事物です、とプーチンはいう。世界革命もそうです。皇帝のもとでもコミッサール〔共産党の政治委員〕のもとでも、拡張主義的な対外政策が、国内秩序を補完し、かつ支えていました。その逆もまた然り。レーニンのロシアは、世界革命の理念に立脚してつくられたばかりでなく、すっかりその虜となってしまいました。「国民は土地をだましとられ、自分の労働の成果も人間的な生活もみな奪われてしまいました。ロシアはこの過ちを繰り返すことを拒んでいるのです。私たちが世界勢力だというつもりはありません。伝道的な理念も追求しません。私たちは諸国民の間にあって、自尊心と公正とを求めるでしょう」。

ロシアの大統領と話すことは、よそでは味わえぬ経験である。彼は自信に満ちている。かたわらに記録係も置かず、ましてアドバイザーがたびたび割って入ることもない。プーチンはみずからの競技上の達成ばかりか、自家薬籠中の事実や数字をも誇りにしている。彼は大きな絵を描く人である。また逸話めいた細かな事例にも通じている。彼は一つひとつの細かなことを、より大きな文脈のなかに位置づけることができる。石油、天然ガス、パイプラインの話ではとくにそうだ。これこそが、ふるさとの町の名高い鉱山大学で博士候補号をとったテーマにほかならないからである。だが彼は如才のない経営者でもある。「コミュニケーション」が自分の職業と、彼はかつていった。めったにないことであるが、このとき彼は元の職業について語っていたのである。まさしくコミュニケーションこそが、二十二歳の若さでソ連諜報機関の一員となった人物の、第二の天性となったものにほかならなかった。そしてそのコミュニケーション機関で用いられていたやり方は、実際価値あるものであった。そうであればこそプーチンは、ときにミスター・ナイスガイにもなれば、ミスター・タフガイにもなるのである。ビジネススタイルでの事実分析から、ロシアの未来のグランドデザイン立案まで。あからさまなお世辞から、友情の告白まで。彼の役割は広い。だが、もう一つ、時折彼には脅しや冷笑の影がちらつく。普段は皮肉な微笑でしっかりそれを隠しているのだが。誰であれ西側にいるものは、いや、ロシアにいるものでも、プーチン氏を見くびれば痛い目にあうことを覚悟しておかなければならない。

# 4 プーチン麾下の人々

「ロシア人のビザンツ政治は影のなかで動いている。それは国中のどこであっても、人々が考え、行ない、そして恐れていることを、われわれの眼から慎重に隠しているのだ。」

**キュスティーヌ侯爵『現代のための旅路』**

霧の深い冬の日々。間近には下院選が控えていた。モスクワを拠点にして出されている『コメルサント』紙は、信頼性に定評のあるビジネス紙であるが、二〇〇七年十一月三十日の紙面には、大変に内容の濃い、だがどう見ても普通ではないインタビューが掲載された。隙のないはずのクレムリン行政府で、誰かがへまをやったのである。誰がやったのかは今日でもはっきりしない。シロヴィキのうちには、不快な驚きを感じたものもきっといたことだろう。シロヴィキとは、現在権力の座にあるものを指すロシア人の隠語であり、軍、FSB、その他の治安機構のメンバーがそこには含まれていた。

普段であればクレムリンの赤レンガの壁は難攻不落。とりわけ「大きな政府」と「大きな企業」との隠微な関係についてなら、守りの堅さはウォール街やロンドン・シティーの比ではない。だが、この場合はそうではなかった。『コメルサント』紙が読者に提供したものは、今日のロシアにおける権力の仕組みを示す、貴重なレントゲン写真であった。そして、きわどい話には不吉な結果がつきものである。

## シロヴィキと掃除機

秘密をばらした人物は、オレーグ・シュヴァルツマンといった。彼がこのインタビューに応じ、あれほどのあけすけさにもかかわらず（少なくともいまのところ）無事でいるとしたら、いったい何を意味しているのだろうか。一つには、誰も彼のいったことをまじめに受け取らなかったのかもしれなかった。あれはみな悪いいたずら、ファンタジーにすぎないんだよ、きっと。しかし、こっちのほうがずっと真実味があるのだが、彼の背後には誰か有力な後援者がいて、権力の座にある人々をおとしめるような実態を暴露したがったのかもしれなかった。シュヴァルツマンはすぐに発言を撤回して、「ああいう文脈でいったのではなかった」云々と言葉を濁したのであったが、アナトーリー・チュバイスのようにモスクワの裏事情に精通した人たちは、シュヴァルツマンがいったことはすべて真実だと明言したのであった。本当のところはどうなのかと誰もがいぶかしがった。

実際にはこれは、選挙戦間近の不透明な情勢のただなかで炸裂した爆弾であった。ベンチャーキャピタル「ファイナンスグループ」代表取締役シュヴァルツマンは、インタビューのなかで「再国有化」、つまり一九九〇年代になされた私有化の取消しについて語っていた。また、クレムリンの高官たちがその過程を通してどのように儲けているのかについても。「投下資本は『ベンチャー・RU』と呼ばれる特別プロジェクトに注ぎ込まれます。これは私たち自身が所有しているのです。私たちは現在資本金を地方に流し込むために最大級のパイプラインを準備しています……このほかにも私たちは教育科学省に足場を確保しました。もちろん非公式にです。およそ四〇〇〇のプロジェクトが関係しています。市場でのどんな動きがあろうとなかろうと、私たちは『ベンチャー・RU』に流し込むように努力しています。外国の投資家を呼び込むチャンスも実際に存在します。英語版の完全なウェブサイトも準備しました」。

シュヴァルツマンは明らかに自分のやっていることを誇っていた。「私はファイナンスグループの代表取締役です。私たちは三億二〇〇〇万ドルもの資金を管理しています。私自身はオペレーション・マネージメントにはタッチしていません。戦略を構想し、社会全体を相手に政策を練る。それが私の仕事です」。ここまではまあよかった。問題はここからである。「私たちは権力構造と大変緊密に結びついています。幾人かの政治家ともです。私たちは彼らの資産を管理しているのです。私たちはまた、大統領府やその治安関係者とも結びつきをもっています。私たちが所有する石油関連の資産も莫大なものです。私はロシア石油グループ社の代表取締役でもあるんですよ。ほかにもあります。ロシア・ダイヤモンドグループ、ロシア機械工具テクノロジー。持株会社ロシア・ビジネスグループだって大企業ですよ。株主の具体的な顔ぶれということであれば、外国からの場合も多いですよ。キプロスとか……国の指導部のなかにはおりません。けれども、その家族とか、トップ官僚とか。それにFSBやSVR（ロシア対外情報庁）からも」。

政治への関与について『コメルサント』紙がさらに踏み込むと、シュヴァルツマンは何と個人名を挙げてそれに応えた。まったく危険な、およそありえない行為であった。「ロシア社会公正連盟という団体がありますけれど、私はあれの運営や資金調達に最初からかかわっています。あれをつくったのは二〇〇四年のことで、国だけではなく大企業もある程度の責任を負わねばならないとプーチンが助言してくれたのがきっかけでした。そのあとでFSBの同僚たちが、ホドルコフスキーのような輩をみな押さえつけるためにこの団体を活用しなければならないと決めたのです。治安部門の閣僚はみなパトロンですよ。国防大臣、内務大臣、非常事態担当大臣などね。ですがなかなかうまくいかないことが分かりました。それぞれのオリガルヒはそれぞれのやり方で権力者と結びついていたからです。なので私たちは別の方法を考えました。頭を押さえつけようと思っていた企業と提携関係を結ぶというのが新しい方法でした。協力のために色々な計画をたてました。たとえばロシア石油グループというのもルークオイル、TNK、ロスネフチと提携してつくったのです。私たちはこれらの企業から子会社の一部を買収しています。そうすることで彼らの収益の一部が私たちのところに入ってくるのです」。

『コメルサント』紙が今後の展望について尋ねたところ、シュヴァルツマンはいっそうあけすけに答えた。「現在私たちはソーシャル・インヴェストメントという名前の会社を準備中です。これはじきに国営企業になります。このやり方は私たちがロシア国家公務員アカデミーやロシア経済アカデミーといっしょに考えたもので、『ビロード再国有化』と呼んでもいいでしょう。これはロスアバロンエクスポルト（ロシア兵器輸出会社）の利益にもなっています」。もちろんモスクワにいる誰もが、ロシアのこの兵器輸出持株会社のことは知っている。シュヴァルツマンは説明を続けた。「これは市場経済と矛盾しないようなやり方で、地域の戦略的な資産を吸収するための方法なのです。税金逃れを許すような間違った構造に終止符を打つことがその目的です。公務員の〔給料や〕年金が地域で遅延なしに支払われるようにしなければなりません」。

だが、『コメルサント』紙は尋ねた。実際にはそれはどのように動いているのか、と。その答えは世界中に知れ渡り、「掃除機」方式として一躍名を馳せることになった。「掃除機みたいなものですよ。企業の資産を吸い込む先をつくっておいて、じきにそれを国有会社にするのです。それから資産はプロの指導者の手に渡ります。自発性に期待するときもあれば、強制のときもあります。私たちがどこのものかはみなさんご承知ですから。これは接収ではありませんよ、ユコスのときみたいな。いざこざが起こったときは上のものが処理します。でも通常は補償がなされますよ、最低市場価格ではありますが。国家が資産を握り直す、これが今日の指針です。私たちは国家の全面的な支援を得ています。諜報機関の元工作員が私たちの手足です。全国に六〇万人も散らばっているんですよ。彼らを使って反抗的な企業家を追い落としているのです。さらに、未返済の債務が生じるのを防止するための機構もあります。これは最も強力な国家機構の一つになるはずです」。では、誰がシュヴァルツマンにそうした指示を与えたのか、と記者は尋ねた。答えは単純明快であった。「党です。党といったのは、今日シロヴィキが率いているもののことで、イーゴリ・セーチンがそのリーダーです。実際大変な問題があるんですよ。六〇万の人間が何もやることなしにあぶれているんですから。私たちは彼らにやることを与えていることになります」。

セーチンだって。外の世界にとっては、これはダークホースのようなものであった。クレムリンのウェブサイトによれば、国のすべての法令と大統領令は、彼の目を通さなければいけないことになっていた。のみならず彼は、機密情報会議の全責任者でもあった。たしかに、簡単にごまかせそうな相手ではなかった。

『コメルサント』紙が示唆したように、シュヴァルツマンの活動範囲は通常のベンチャーキャピタルの域を遥かに超えていた。彼はわざわざこう答えた。「ベンチャーキャピタルは息抜きみたいなもので、そんなに本腰を入れてるわけじゃないんです。本当はずっと大きな仕事があるんです。新しい部門を発展させて、ロシアを資源輸出国から進歩的で革新的な大国へと変える。これは国家的な責務です」。セーチンには直接に報告を提出しているのか。「ほかにも人々がいるんです。たとえばヴァレンニコフとか。彼は下院議員でロシア英雄協会の議長ですね〔ロシア英雄協会は、ソ連邦英雄やロシア英雄などの全国団体。ヴァレンニコフが議長を務めたのは二〇〇五年まで〕。彼を通じてセーチンとつながることができます。ヴァレンニコフは再国有化というわれわれの考えを全面的に支持してくれています」。

シュヴァルツマンが大統領府の秘密のメカニズムに小窓を開いたあと、いったいこれは何だったんだと途方に暮れたのはひとりモスクワっ子だけではなかった。シュヴァルツマンは自殺する気か。それとも誰かの命令で動いているのか。答えは三週間後にやってきた。セーチンが突然の休暇に入り、失寵の噂が広まったのである。だが、まもなく彼は職務に返り咲いた。最もパワフルな有力者の一人、サンクト・ペテルブルグのKGB時代からプーチンのアドバイザーを長く務めたセーチンは、FSBの派閥闘争をしたたかに生き抜くまれに見る能力を誇示したのである。二〇〇八年、ホワイトハウスに移るプーチンの陰にはセーチンの姿があった。結局起こったことは何だったのか。それを一番よく言い表わしているのはアンナ・ポリトコフスカヤ、二〇〇六年十月七日に殺された彼女の、次のような言葉であった。「ロシアでは本当に大事なことは舞台裏で進む。多くの人々は良心の疚《やま》しさを抱えてさまようばかりだ」。

## 腐敗

カネと権力の聖域に新聞記者が招かれることは西側でもまれだ。ましてロシアでは。でも皆無というわけではない。シュヴァルツマンの暴露話があってからしばらくして、プーチンは国内権力の構造をめぐる懸念を記者に打ち明けた。あまたある雑誌のなかで相手に選ばれたのは、ほかでもない『タイム』誌であった。そのあとすぐに、大統領府はインタビュー全文をインターネットに掲載した。汚職をどのように抑えているのですか。このように問われたプーチンの口から出た答えは、どのような基準から見ても飾り気のないものであった。「うまくはいってません。われわれはこの問題では成功を収めることができていません……経済が移行の過程にあり、政治システムも全体が立て直しの状態では、そうした問題に取り組むことは通常よりもずっと難しいのです。どうしてかといえば、不幸なことに市民社会の側からわれわれへの応答が返ってこないからです……率直にいわねばなりませんし、隠さずに認めなければならないのですが、公共機関の活動を社会の側から監督するように促すだけのシステムを、われわれはまだつくりだしてはいないのです」。

ロシアの市民社会？　明らかにクレムリンの主人は病気の存在には気づいているようであったが、どのような薬も投与することができず、まして効果の続く解毒剤は処方できないようであった。おっしゃるとおり、莫大な資源を蔵するこのロシアにおいては、わずか一握りの人間と一握りの会社とが巨万の富を牛耳っています。しかし大統領はさして人を安心させることはできず、せいぜいのところが大企業の経営陣に政府高官を送り込んだくらいであった。彼らは、そこで政府による監督を遂行するだけでなく、将来困窮したときに備えて幾ばくかの蓄えをすることもできるだろう。「公共セクターで働いている政府の役人の給料は、彼らが下さねばならぬ決定の性格に十分に見合ったものではありません。つまり、彼らの仕事の対価として支払われる金額と、彼らが下さねばならぬ決定の重要性との間で、釣り合いがとれていないのです……数十億（ドル）を動かすような決定を下している役人の仕事には、しっかりとそれに見合うだけの報酬を与えて、悪い誘惑が起きないようにしなければなりません。明らかにこうしたことのすべてが、そこにはさらに、メディアがもっと汚職を暴露できるように環境を整えてやるといったことも含まれているのですが、こういうことのすべてが、私たちが取り組んでいかねばならない課題の一つなのです」。彼はアメリカのインタビュアーたちが聞き出したがっていたことをほのめかした。「政治体制を、それに市民社会を強化し、市場メカニズムを改善します」。だが、彼はまた、こう警告しているようでもあった。クレムリンはこれからも「政府決定や行政決定による経済管理を」続けていくし、大企業へのクレムリン代表には規定の俸給以上のものを与えていくぞ、と。実際、裕福なビジネスマンから見れば、彼らの俸給などスズメの涙みたいなものなのだから。クレムリンのスタッフの忠誠心を維持するには、権力と昇進を恵んでやるだけでは駄目で、金もまた施してやらねばならぬのだった。同時にこれは、背信の気配が感じられたまさにそのとき、誰一人自立性をもち磐石であることのないように、考え出された方策なのでもあった。

## 大統領の家来たち

モスクワとサンクト・ペテルブルグで政治の実権を握っているのは、どのような人たちなのであろうか。プーチンは誰も信用していないといわれてきた。だがそれはあまりありそうにもない。大きな国を運営するためには信頼できる指揮系統、役割分担、それに公式・非公式のネットワークの構築が必要だからである。くわえて彼は、八年後にはクレムリンを去ると明言してきたわけだが、破滅や復讐、ないし仕返しの恐れがあれば、そんなことはいえないだろう。この八年間にプーチンは、自分の周りを、みずからが支配しかつ信頼できる人間によって固めてきた。多くの場合それは、長期的な展望を視野において計画され、かつ実行されてきたことだ。面白いことを思い出してみよう。二〇〇四年にプーチンが再選されたその四週間後、ほかならぬドミートリー・メドヴェージェフ、二〇〇七年には皇位を継ぐことになるその彼が、プーチン、それに新任のフラトコフ首相（KGB出身だ）と肩を並べて、復活祭の夜にモスクワの救世主キリスト大聖堂の入り口に、つまりクレムリンに次ぐロシアで最も神聖なあの場所に、姿を現わしたのではなかっただろうか。

注意深く見ると、二つのグループがぎこちなく権力を共有しているのが分かる。それは新旧二つのサンクト・ペテルブルグ派であり、いずれもその多くはKGBかサンクト・ペテルブルグ市庁、あるいはその両方でプーチンに仕えてきた。かつて旧サンクト・ペテルブルグ派は、次のような人々によって代表されていた。アナトーリー・チュバイス、ロシア統一エネルギーシステム会長。アレクセイ・クドリン、副首相。セルゲイ・イグナチエフ、中央銀行頭取。二〇〇七年の終わりまでは自由主義経済の信奉者ゲルマン・グレフが、経済発展貿易大臣として重要な役割を果たしていた。サンクト・ペテルブルグの古い仲間にはほかに、アレクサンドル・ポチノクと財務次官アレクセイ・ウリュカーエフがいる。より最近のプーチンの取り巻きのなかにも、この派に近い人たちがいる。とくに大統領府の二人の副長官、ドミートリー・コーザクとドミートリー・メドヴェージェフがそうだ。メドヴェージェフは、サンクト・ペテルブルグのほとんど最初の日からプーチンに影のように付き従い、プーチンの二期目の終わりまでにはっきり後継者と宣言された。長年にわたってメドヴェージェフは、ただひたすら自分の師に感謝の念ばかりを示してきたようである。皇太子であると宣言されたときもメドヴェージェフは、自分が選出されたとしても、引き続きプーチンの指導が必要であるとさえ語ったのであった。もっとも、「食べるほどに食が進む」とはよくいうところである。

次が新サンクト・ペテルブルグ派である。彼らは「特別エージェント」と呼ばれるが、これはKGB出身であることによる。実際、そのような出自をもつことは、彼らの多くがソ連崩壊後のロシアに躍り出る上で、大きな役割を果たしたのだった。そこにはサンクト・ペテルブルグ時代のプーチンの同僚であるKGBのエリートが多数含まれていた。たとえばセルゲイ・イワノフは、在外勤務の経験をもつKGBの元中将である。やわらかな口調に似あわぬ強固な意志をもつイワノフは、二〇〇七年半ば〔実際は二月〕までは国防大臣を務め、ついでハイテク育成担当の〔第一〕副首相になった。彼は大統領レースで二位につけていたが、プーチンは彼がライバルとなることを恐れたようであった。メドヴェージェフが後継者に指名された日の翌日、イワノフはほとんど落胆を隠すことができなかった。ほかには大統領府の人材管理担当ヴィクトル・イワノフ（同姓なだけでセルゲイとの関係はない）や、プーチンとの近さに助けられてKGBエージェントからFSB長官にまで登りつめたニコライ・パトルシェフもいる。彼の代理を務めるユーリー・ザオストロフツェフや対外情報庁長官セルゲイ・レベジェフにも同じことがいえる。このグループにはさらに、サプチャーク時代にプーチンといっしょにサンクト・ペテルブルグ市庁に勤めていたものも幾人か含まれている。とくに有名なのは大統領府官房長官のウラジーミル・コージンと、大統領府長官のイーゴリ・セーチンである。セーチンはかつて権力の回廊の黒幕であったから、シュヴァルツマンが『コメルサント』紙で暴露を行なったときに狙い撃ちにされたのだった。さらにガスプロムの豪腕CEOアレクセイ・ミレルや、セルゲイ・プガチョフ（メジプロムバンク）やヴァギト・アレクペロフ（ルークオイル）といったビジネス界の指導者たちも重要である。

振り返ってみれば、ソ連時代にレニングラードで送った日々、またソ連崩壊後にサンクト・ペテルブルグで送った日々は、権力への長い道のりのようであった。ロンドンの『エコノミスト』誌によれば（二〇〇七年八月二十五日号）、大統領に就任する直前にプーチンは同僚に向かって、FSB工作員グループは「ロシア連邦政府で活動するためにひそかに送り込まれたんだ」と語ったという。おそらくこれは単なる冗談なのだろうが、もしかしたらこれが真実なのかもしれない。いずれにせよ、今日クレムリンを支配する心理や文化や世界観には、旧KGBの刻印がくっきりと押されている。現在のところ、治安機構、政府、経済は、多くの場合、直接また間接に、諜報機関の監督下に置かれている。現在ロシアで上級将校の地位にあるものの四人に三人までは、過去のある時点でKGBないしその関連組織に籍を置いていた。後継者に宣せられたとき、ドミートリー・メドヴェージェフにはKGB出身の過去はないように見えた。

この事実が意味しているのは、プーチンがロシアの政治と社会に対する旧ＫＧＢの影響力を弱めたがっているということなのであろうか。それとも逆に、ＫＧＢとのしがらみをもたず、非正統的な見解と民主主義や市場経済への信念で西側に知られる大統領を置くことで、クレムリンの壁の内側で繰り広げられる実際の権力ゲームを覆い隠せるということなのであろうか。国際社会はしばらく様子見ということになろう。

この間、シロヴィキは権力の座にがっちりと食い込んでいる。かまびすしく喧伝される愛国主義は、いろいろなものの混合物である。ソ連へのノスタルジー、一九九一年のクーデタ失敗への報復心、豊かな石油を政治的な威力に変えたいという思い――さらにまた、エリート集団の自己保存本能も。彼らは利権の獲得は当然の報償だと固く信じている。大統領も含む高官たちが大いに蓄えている、とはよくいわれるところである。クレムリンの内部関係者のなかには、この数年間のうちに大いに私腹を肥やしたものもいる。彼らは、何よりもまず、この不正利得を国内外のどこかでしっかりと確保することを願っているに違いない。

## ルビャンカ

ロシアを動かす人々は、いまなおロシア人が恐れと不安をもってルビャンカと呼びならわすものと多かれ少なかれ結びついているわけであるが、はたしてそれはどういった意味をもつのであろうか。ルビャンカとはただノーヴァヤ（新しい）広場にそびえたつ荘厳な建物〔正確には秘密警察の建物はルビャンカ広場にあり、ノーヴァヤ広場はそれに隣接している〕のことばかりを指すのではない。それはまた、秘密警察にまつわる一切の制度、伝統、そして不法の暴力のことをも指し示しているのである。今日クレムリンにあるものが、いかなる形成期を送ったのかということは、ロシアの内政と外交のいずれにも直接の影響をおよぼしている。ソ連崩壊後のロシアのエリートは、ビジネス界の指導者の大半を別とすれば、いまなお不信と支配、畏れと不安を基準にして権力を定義しているのである。

スパイたちにとって政治を掌握することはいわばお手の物である。だが経済となればひどい損失を出しかねない。ロシアの経済は今日もなおほとんど一辺に偏り、すべてが石油と天然ガスの高値が続くことにかかっている。ロシアの製造業は、兵器部門とハイテク産業を例外として、きわめて弱体である。権力の真髄を理解することにかけては頼もしい彼らであるが、ビジネスの現実となるとどうであろう。いったい彼らは、会社を近代化し、市場を発展させ、国外のパートナーと提携し、減ってゆく一方の人材を管理し、といったことについて何を知っているのだろうか。敵は監獄にぶち込んで資産はぶん取ればいいんだといった昔の野蛮なやり方も、シュヴァルツマンがばらしたような「掃除機」方式というずっと微妙なやり方も、ビジネスを上手に運んで世界市場での競争にうちかつために向いているとはいえないのである。中国と比べてロシアは、天然資源部門を除けば、直接外国投資を呼び込めていない。「掃除機」方式とは要するに、告発も捏造できれば、人為的に低く抑えた額で資産を横取りして、経営の才など関係なしに仲間たちに分配するのもお構いなしといった慣行のことである。

しかしながら、外交ではいばりちらし、内政では脅しに出るというのでは、西側の投資家を遠ざけるばかりである。彼らの投資こそが、消費財と固定資産いずれの部門でも、ロシア産業の質を高め、さらにいえば多くの場合、根底からのつくり直しを行なうために、どうしても必要なものであるというのに。このいずれの部門でも、ロシアはいまだ現代世界の一部ではない。主要な問題は、旧KGB階級が市場経済の基準で考えていないことにある。なるほどロシアは折あるごとに国外の航空ショーに脅威のハイテク製品を出品しているし、中国に輸出している情報技術だって最先端の、非常に高度な軍事・諜報活動に使われるものである。世界最強の真空爆弾だってある。だが、それはロシア産業全体を代表するものではないのだ。民間航空産業でさえも、西側の協力なしにはやっていけない。二〇〇七年夏には一〇〇人乗り旅客機があらたにお目見えしている。これは、元々爆撃機部隊を民需転換して使っていたのが老朽化してしまったので、それにかわるものとして大量に必要とされていたのだ。だが、そこで用いられている技術を見ると、航空電子工学と電子工学のいずれも、明らかに西側から提供されたものを使っていたのである。ところでクレムリン界隈では、軍需産業が栄えればロシア経済の元気回復の源になると期待しているようだが、それは次のことを計算に入れていない。つまり、防衛産業は特殊な市場のみを相手にしており、競争にとくに敏感というわけではなく、政治に左右され、けっして効率もよくないのである。

## シロヴィキ共和国

安定性を揺るがす最も深刻な領域があるとすれば、おそらくそれはシロヴィキ共和国の政治的な特質であろう。これまでクレムリン界隈の人々は、野党を弾圧し、住民を脅し、テレビに圧力をかけ、多くの人々の心に恐怖の種を播くためにはどうすればよいか、自分たちがよく知っているということを示してきた。だが彼らは、未来に向けて、また制度の安定や政治運営の継続性に関して、長期にわたる信頼を醸成することには失敗したのである。これこそ諜報機関の苦手とするところであった。彼らは未来のことには神経質になった。そしてプーチン氏の後継問題をめぐる諸々の不可解事は、不確かさの忌むべき予兆にほかならなかった。そうした不確かさは、ロシア人ばかりか国境を越えて全世界に影響せずにはいないのである。

プーチンと彼の率いる人々は、カネと権力とをともに用いることで、ロシア史に例を見ない新種の協同体国家をつくり上げた。ロシアの上級官僚のおよそ四人に一人はシロヴィキである。あれこれの仕方でかかわりあいになっているものも含めるならば、その比率は四人に三人となる。この上層の人々は、教育、考え方、そして物質的利害によって結びついた、新しい支配階級である。いにしえのソ連において共産党の指導者が常に恐れていたのは「ボナパルティズム」、すなわちナポレオン型の有能な軍人が栄誉と権力の座にのし上がることであった。昔日のKGBは、秘密警察、諜報機関、治安機構で働く約五〇万の工作員を抱える大所帯であったが、ソ連共産党中央委員会の注意深い監督下におかれた戦闘師団以上のものではけっしてなかった。それは国家内国家であり、あくまで党の指導者に服していた。しかしながらKGBの指導部は、常にモスクワの幹部陣のなかでより情報に恵まれた立場にあったから、一九八〇年代前半にソ連体制がゆっくりと衰弱していくのを感じており、上からの改革路線を支持し、すべてが統御不能に陥っていくのを半ば恐怖心をむき出しにして見つめていたのであった。一九九一年八月十九〜二十一日のクーデタが失敗に終わったときが、彼らの運命のどん底であった。ミハイル・ゴルバチョフの引き降ろしに加担したKGB長官は逮捕され、ルビャンカ――往年のチェカー、そしてスターリンの内務人民委員部の本部である――の前に集まった群衆は歓喜に沸いたのであった。建物に押し寄せてファイルを奪取するかわりに、人々の怒りは建物の真ん前に立つフェリックス・ジェルジンスキーの銅像にぶつけられた。「鉄のフェリックス」は巨大なクレーンによって直ちに取り除かれた。だがゴルバチョフもエリツィンも、諜報エリート自体を取り除き、改革後の体制をみずからの監督下に置くための機会は逸したのである。そのため、より民主的な監督システムを創出しようとするいかなる試みも、その内側に自己破壊装置を抱え込むこととなった。その間に諜報活動の専門家たちは危険を感じたばかりか、上司たちの無様な振舞いとモスクワの群衆のあからさまな侮蔑に深い屈辱を覚え、二度とこのようなことを起こすまいと誓ったのである。やがて「鉄のフェリックス」は復活し、その銅像はペトロフカ通り三八番の首都警察本部に据えつけられた。全チェキストの総大将をルビャンカ正面に据えつけ直すかどうかをめぐっては、いまなお議論が進行中である。

今日ロシアが経験しているのは、ソ連の支配者が恐れた軍人ボナパルティズムではなく、元KGB大佐が頂点まで登りつめるという事態である。ただし、今日の権力共有システムがプーチンをつくったのか、プーチンがそれをつくったのかは、はっきりとしない。おそらく、彼は当初はシステムの産物だったのであるが、権力の座にいるにつれてシステムのつくり手になっていったというのが本当のところであろう。何人たりと頂点に立つFSBの人々に楯突くことはできない。少なくとも彼らが事態を掌握し、仲間割れを起こさぬうちはそうである。FSBは国家そのものになったのである。政府と下院にはクレムリンの権威に挑むことなど無理であるし、そもそもその気もない。政府は大統領府の意志を執行しているだけであるし、下院はどこか別のところから降ってくる法案を機械的に承認しているだけである。あらゆるソ連時代の機関のなかで、諜報機関こそが最もよく生き残ったのであった。彼らの心理、手法、不断の猜疑心、そして意志を貫き通すやり方、すべて元の通りである。権力はシロヴィキの手にがっちりと握られているように見える。

## 権力の限界

ロシアはホッブズ的な世界〔万人の万人に対する闘争〕から浮上してきたのであるから、ジョン・ロックが考案したような社会契約へと移行しなければならない。生命、自由、財産を守るための社会契約である。ロシア人が豊かになるにつれ、彼らは何にもまして安全を求めるようになる。それはオリガルヒのピラミッドの頂点にいても、より底辺のほうにいても同じである。ここでいう安全には、殺人や強盗に対する身体の安全ばかりでなく、投資の安全や不動産所有の保障といったことも含まれている。つまり財産の保護一般である。しかし、シロヴィキはその育まれてきた環境のゆえに、透明性や開かれた議論、さらには政治批判さえもが——一言でいえば法の支配と自由な民主主義に広く備わる特性が——人々の心に安心をもたらすような力になるということは、理解できないのである。ドミートリー・メドヴェージェフは、二〇〇七年のダヴォス演説から窺う限り、クレムリンにあって例外をなすように見える。彼はそこで、市場がもつ純化能力を讃え、民主的な監督の必要性を声高に唱えたのである。だがこれが、だまされやすい西側の聴衆に向けたリップサービスにすぎないのか、それともロシアにはそうしたものが必要だと本気で確信しているのか、それが分かるためにはもう少し時間を待たねばならないであろう。

クレムリンの指導者たちは本能的に、みずからの体制を権威主義の霧で取り巻いている。縁故主義や汚職や失政への不満が、ある日玉座を傷つけることもあるだろうに、彼らは意に介していないようである。こうしたことがあるから、今日ロシアの資金は国外に流出していくし、外資も確実に利益が見込めて安全性の高い分野、すなわち天然資源分野にしか入ってこないのである。

街角一のガキ大将を気取ることでロシアは、独立国家共同体を共通の関心事、役割分担、相補的な利害によって結びつく有意義な共同体に発展させたり、エネルギー供給を土台にしてヨーロッパとの安定的な関係を構築したりするかわりに、自己実現する予言の犠牲になっているのである。二〇〇七年のミュンヘン安全保障会議でアメリカ国防長官ロバート・ゲーツは、怒りを爆発させたプーチンに向かってこう冗談を返した。「元スパイからもう一人の元スパイに告ぐ。私はしっかり再教育されましたよ」〔自分もCIA出イの大半は、いまだに実生活の再教育課程を卒業しなければならないのである。

身の元課報員だが、テキサスA&M大学学長を務めることで「再教育」されたという冗談」。不幸なことに、ロシアの元スパ

第 43 回ミュンヘン安全保障会議の基調講演者（2007 年 2 月 10 日）。アメリカ国防長官ロバート・ゲーツがメモを準備中。彼に先立って演説したプーチンは、唯一残った超大国が世界支配を目論んでいる、とアメリカを攻撃していた。ゲーツいわく「私はしっかり再教育されましたよ」。（AP 通信）

**右**：クレムリンの権力に挑戦を試みた男。ミハイル・ホドルコフスキーはかつて巨大エネルギー企業ユコスの CEO であったが、2003 年に脱税とその他の嫌疑に問われ、8 年間のシベリア送りを宣告された。ユコスは解体され、オリガルヒはみな教訓をかみしめた。（AP 通信）
**上**：追憶の日。国家の長と正教会の長がスターリンの犠牲者に哀悼の意を表する。ときは 2007 年 10 月 30 日。場所はモスクワのはずれのブートヴォ。1937 年 - 38 年、内務人民委員部の将校たちがここで、大量処刑を日々繰り返していたのである。（AP 通信）

ロシアの中心。クレムリンと赤の広場。2007年12月2日の下院選挙投票日の夕刻。青年団体「ナーシ」が、想定通りの勝利を祝福している。当局の演出になる示威行進は、ソ連時代の大衆デモを彷彿とさせる。（AP通信）

РОССИЯ

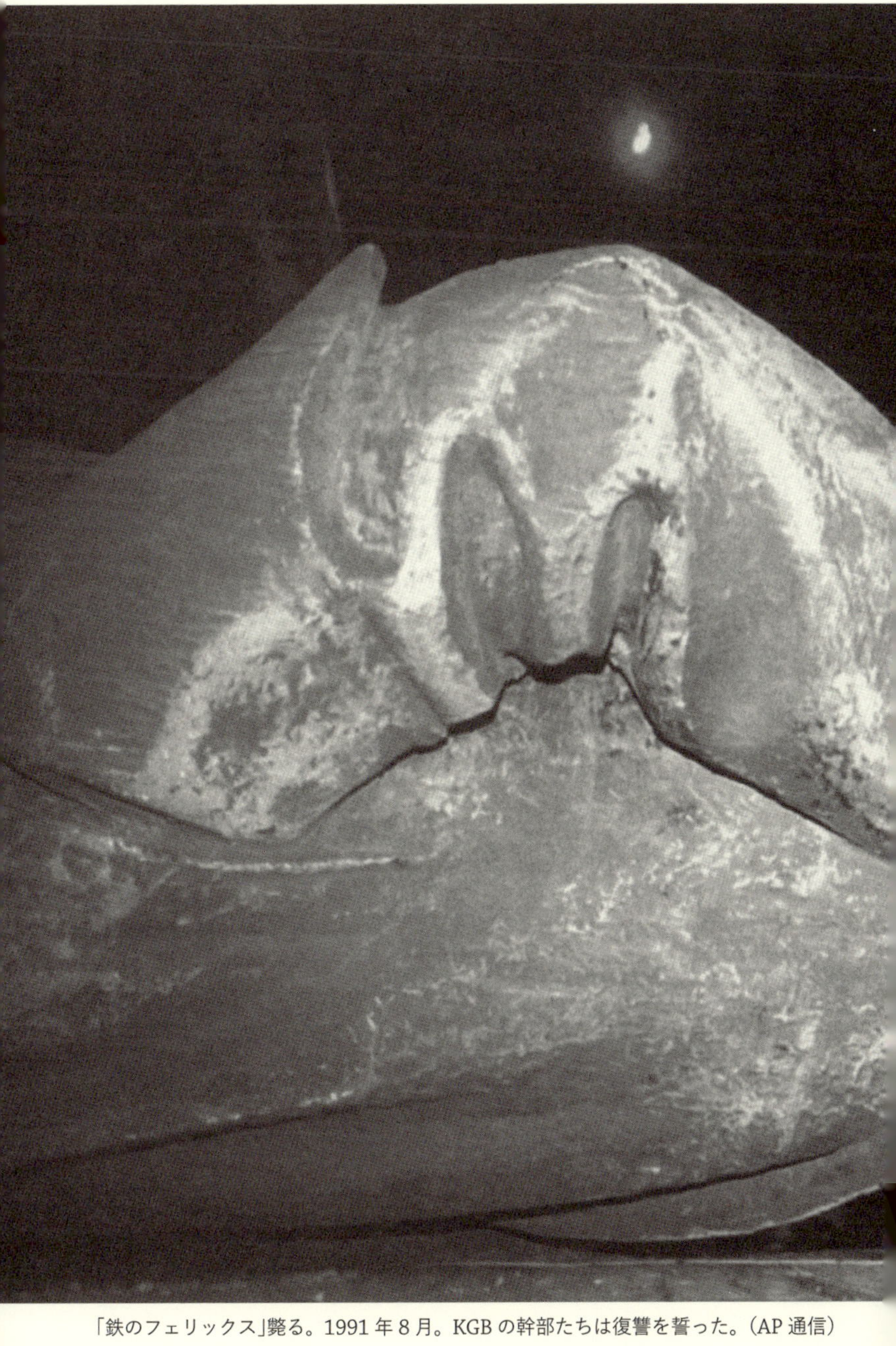

「鉄のフェリックス」斃る。1991 年 8 月。KGB の幹部たちは復讐を誓った。(AP 通信)

**上**：ルビャンカのFSB本部前に置かれたソロフキの石。スターリンのテロ体制に命を奪われた数百万の人々の記念碑である。許すこと、忘れることを拒む人々の団体「メモリアル」が、収容所群島の濫觴ソロフキ島からこの石を運んできた。今日この巨石は、政治的な抗議運動の集結点となっている。（アナスタシタ・デルガチョヴァ）
**下**：モスクワにそびえるガスプロム本社。組織、ビジネス、それに権力のための34階建ての巨大ビルである。最上階にはコントロール・ルームが鎮座し、現存のパイプライン、計画中のパイプライン、それにガスプロムが支配することを欲しているパイプラインを表示している。（エレーナ・フィロソヴァ）

# 5 ロシアの崩壊

「ロシアとは何か。ロシアとは、最も下らぬ結果のために、最も偉大なことをやり遂げる、そういう国のことである」。

キュスティーヌ侯爵『現代のための旅路』

帝国の過去の遺物は、折にふれて後続の世代に畏敬の念を引き起こしもすれば、励ましの源にもなりうるものである。ヨルダン川からジブラルタル海峡にまで広がり、北アフリカの荒地からブリテン諸島のハドリアヌスの防壁にまで達したローマ人の場合は、まさしくこれがあてはまる。イギリス帝国もまた、ヨーロッパ、アフリカ、アジア各地に陰鬱な軍人墓地を残したばかりでなく、トロントからニューデリーにいたる様々な首都の制度と都市構造にも深い影響を与えたのである。ロシア帝国でさえも、その軍事要塞、修道院、それに正教会の教会を、白雪に覆われた北部から黒海沿岸にまでわたる、ユーラシアの広い大地に残したのだった。それとは対照的に、ソヴィエト帝国は、建物の美しさや、制度がもたらす熱情によって、想起されるということにはならないであろう。労働者と農民のパラダイスという約束は、第一次大戦終盤に疲弊しきった住民を動員し、ついでインテリ同伴者や芸術家シンパを世界中で駆り立てたのであったが、結局は不可避的に悲惨と貧困、苛立ちと苦々しさのなかに終わったのである。今日、ロシアの支配者でさえも、かつて地球の未来を引き継ぐと信じられ、かつ恐れられた、あの失敗した帝国からは、わずかばかりの霊感しか引き出してはいない。

## 帝国の遺跡

モスクワっ子が北河川駅と呼ぶものが格好の事例となろう。幅広の運河がそこで、首都とその北を流れるヴォルガ河とを結んでいる。数百マイルにおよぶ水路はスターリンのもとで、一九三三年から三七年にかけて掘られたのである。男女とりまぜ、五〇万人を下らぬ人間が、そこでの作業中に命を落としたといわれている。両岸の土手は墓地として恐れられている。さもなくば、ニューリッチを相手に沸くロシア資本主義が、この郊外地帯をクラブやマリーナやゴルフ場で埋め尽くしていたに違いない。このごろは、桟橋のすぐ真向かいに黒い不気味な原子力潜水艦が、錆びついた姿で横づけされている。そのうちそこに、冷戦時代のソ連海軍の野心を後世に残すための、博物館がつくられるという。レニングラード街道の走っている側を見ると、贅沢なつくりの大きな白塗りの定期船が停泊している。乗客はアメリカからきたロータリークラブの会員らしい。年輩の夫婦づれでパックツアーに参加して、往年の悪の帝国の遺産を見物するだけでなく、ソ連崩壊後の資本主義のどたばたをも感じてみたいという人々であろう。それに、私のような会議参加者もいた。その会議の目的というのは、今日のロシアの自尊心に見合うかたちで、国際社会への自己表現を手伝うことにあった。自尊心というのはつまり、帝国規模の大国ではあるが、みずからの帝国を喪失してしまい、あらたな意味と方向性と均衡を捜し求めている、そうしたロシアの自尊心のことである。

長い列をつくって下船する人々の目の前には、いくつもの巨大なアーチをもった建物がそびえたち、隣接する公園から人々を隔てていた。この建物は、一見クリミア半島からこの北方の岸辺に移築されたのかと見紛うばかりであるが、非人間的な基礎壁の上にそそりたつ尖塔の頂に、いまなお鎌とハンマーをしたがえてソヴィエトの星が威圧的に輝いているので、そうではないと分かるのであった。スターリンとその後継者の世々、一三〇メートルを越える高みから、この星はソヴィエト権力の栄光と威力とを讃えていた。今日ではそれは、往時をしのばせるだけのガラクタになってしまったから、現代ロシアの統治者はそれを、もっぱら古文書館にうっちゃってきたのである。尖塔のまんなかの大時計が、いつから五時二〇分を指したままで止まっているのか、誰も知らない。いまではどう見てもこの建物は、そこを通り抜けようとしたり、切符や観光案内やらを売っているお店で何かを物色したりしているすべての人にとって、邪魔でしかない。滅びの跡はいたるところに目につくが、十七世紀と十八世紀、北方の旅人をかくも惹き寄せたローマやカンパーニャ・ロマーナの魅惑はどこにもない。ここにはグランド・ツアー〔近代イギリス貴族子弟の修養旅行〕もなく、ただ辛い過去と無駄に費やされた努力とが、憂愁を漂わすばかりである。仕事に精を出す人々、じゃれあっている若いカップル、せわしげに乳母車を押す母親、彼らはみな、これらの廃墟が深いところでもつ意味に、まったく無自覚であるように見える。あるいは彼らは、みずからのものであることを否認した過去のなかに、意味や指針を問うても仕方がないと考えているのかもしれない。さらにいえば、ソ連崩壊後ほぼ二〇年がすぎ、彼らはスターリン時代の恐怖について、そうまがまがしく言い立てぬことに慣れたのであろう。スターリンは彼らにとって、イワン雷帝やピョートル大帝ほどに身近ではないのである。もし彼らが、革命とその血塗られた結末との残骸に、何がしかの意味を見出すことがあるとすれば、それはトマス・ホッブズがかつて述べたように、生活は、孤独で、みじめで、不愉快で、野蛮で、そして短いものとなりうるのだから、ポスト・ソ連のよき日々をそれが続く限り楽しむに限る、ということを確認するためである。それがどれだけ続くと誰がいえるだろう。今日、一三〇〇万人のモスクワ市民を支配し、さらには広大なロシアの大地にいきわたる秩序は、プーチンの秩序であり、オリガルヒの秩序、そしてFSB――KGB、チェカー、さらには皇帝のオフラーナの後継者――の秩序なのだから。

## リヴァイアサンの魅力

新しい秩序がみずからを正当化しえているのは、混乱と激動の一世紀をへたのちに、まがりなりにもそれが秩序たりえているからである。幸福をもたらし続ける限り、その秩序は正当性を保つであろう。過去一〇年間のかなりの部分、またおそらくは今後も長期にわたって、石油と天然ガスの高騰が、プーチン大統領とその後継者の政府に浮力を与えているのである。くわえて政府は国民に向けて、このロシアの成長をもたらしているのは国際市場やグローバリゼーション、それに国外産業の需要などではなく、クレムリン、ガスプロム、国内諜報機関を動かしている人々の叡智のおかげにほかならないと、巧みに飲み込ませてきた。モスクワっ子は、より貧しい周縁地区を別とすれば、記憶に残っているこれまでの人生のなかで、いまが一番よいものを食べ、一番よい身なりをしているように見える。いまでは彼らはミハイル・ブルガーコフの『巨匠とマルガリータ』や、ボリス・パステルナークの『ドクトル・ジヴァゴ』の登場人物のように、おびえたり、飢えたり、不安に苛立ったりしているようには見えない。

規格化された必需品しか売っていないくすんだ商店の前に長く伸びる行列は、いまや過去のものとなった。そのかわりに中産層の乗る車が一日二十四時間道路一杯を埋め尽くし、渋滞や無茶な運転を引き起こしている。ポルシェや黒塗りのBMW、それにくわえていうまでもなく政府高官お好みのメルセデスの大型リムジン、オリガルヒお好みのもっと値の張る武装仕様車、それらがみな、延々と続く渋滞のただなかで立ち往生していることも珍しくない。クレムリン専用車は常に変わらぬ黒いリムジンで、隊列を組んで青と赤のランプを明滅させながら颯爽と進んでゆく。普段ならば血気盛んなドライバーたちも、このときばかりはうやうやしく車線を空けるのである。

ルーブルは現在、国際決済通貨であり、どこに行ってもドルやユーロと対等な条件で受け取ってもらえる。権力者ばかりか普通の男女の身なりにも、それなりの繁栄のあかしが窺える。そうかと思うと足のすらりと伸びた美しいブロンド娘たちが、クレムリンのすぐそばのシャネルやディオールのブティックで買った超高級品を見せびらかしながら歩いていく。新生ロシアは慎みに欠き、せっかちで、生活を満喫することに躍起である。事態はいまよりもずっと悪くだってなりうるのだということを、過去が絶えず想起させるからである。

その一方で、北河川駅ではいまなおまったく違ったロシアを目にすることができる。建物中央部の天井には、かつてのソ連構成共和国の国章がいまだに飾られている。数多くの鎌とハンマー、昇る朝日、それにたわわに実る穀物の装飾も。運河が開通したときスターリンは、自分が目にしたものを気に入ったに違いない。全体主義的な古典主義。あえてそれに異を唱えたものには同情あるのみである。すべてキリル文字で書かれていて、三つの共和国だけが例外をなしている。それはリトアニア、ラトビア、エストニアのバルト三国である。この三国は一九一七年にロシアの支配を脱したものの、一九三九年八月二十三日のヒトラー＝スターリン条約〔独ソ不可侵条約〕の秘密条項によって、ふたたび併合されたのだった。ヨーロッパの二人の暴君は、東欧をカーゾン線（今日なおポーランドの東部国境である）に沿って山分けしようと恥ずべき共謀を企て、ヒトラーは西側から、スターリンは東側からポーランドに攻め入って、ヨーロッパ全土にとっての地獄の門を開いたのである。ここ北河川駅では歴史は止まっている。建物全体を見渡す塔の中程にある時計と同じである。誰もそれをふたたび動かそうとするものはなく、控え目の改装作業を始めることすらしない。もし遠い未来に考古学者がソヴィエト帝国の遺跡を発掘することがあっても、彼らは甚だ悲惨な、あるいはほとんど消滅寸前の痕跡しか見出すことができないであろう。ほとんど無意味で無価値な、それはカフカの世界である。

## 最終失敗の理由

帝国の衰退と崩壊は、一七七六年にギボンがその三巻本の古典『ローマ帝国衰亡史』を世に問うよりもずっと以前から、君主と軍人、哲学者と歴史家の心を常にとらえていた。ソヴィエト帝国の衰退と崩壊も例外ではない。とはいえそれが最終的に失敗した理由は、たとえばローマ帝国などよりも、はるかに明白である。一九八〇年代を通じて進展したソ連国家の内破も、さらにいえば世界大国を目指すソ連の賭けも、ともにロシアの帝国的な過剰拡張の表われだったのである。他方、今日のロシアの復活は、帝国支配の重荷を振り捨て、世界国家への野心から身を引いたからだけではなく、何よりもまず、今後数十年にわたる石油と天然ガスの支配に依存するところが大きい。西側の旧来の産業経済は、これまでにましてエネルギーを必要としている。ましてインドと中国も、権力と繁栄を目指す競争に参入している。その結果、需要はほとんど際限なく伸びつつあり、価格の急上昇を招き、実際これまでなかったような世界規模での資源争奪戦を引き起こしている。

冷戦時代にペンタゴンは、ソ連の国力に関する年次報告書のなかで「ソ連の脅威」などといっていたのだが、実はその「脅威」には内的な弱さがあるなどと指摘するのは、西側のどこであれ、一般的でもなければ政治的に正しいことでもなかった。しかし、ここで注意しなければならないのだが、「封じ込め」という言葉ならびにその概念を案出したジョージ・ケナンは（『フォーリン・アフェアーズ』一九四七年七月号。「ソ連の行動の源泉」）、早くも一九四七年には、ソ連体制には欠陥があり、その「欠陥が最後にはソ連の総体的な潜在能力を弱体化させるだろう」と診断したのだった。このことから、とケナンは続けた、「アメリカは然るべき確信をもって、ゆるぎなき封じ込め政策に入ることがふさわしいと考えられる。それは、平和で安定した世界の利害にロシア人が手を伸ばす気配を見せるやいなや、それがどこであれ、不変の対抗力をもって迎えうつことを目指す政策である」。もしアメリカがみずからの約束をしっかりと果たすならば、「ロシア共産主義の目的は不毛で向こう見ずなものとなり、モスクワの支持者の希望と熱意は萎え、クレムリンの外交政策には余計な負荷がかかるに違いない」。ケナンの政策的な助言は、次のようなものであった。「アメリカはそのもてる力によって、ソ連の政策遂行にずっと多くの負荷をかけ、クレムリンが近年そうせざるをえなかったよりも、いっそう大きな節度と慎重さをもって振舞うように圧力をかけることができる。そうすることで、ソ連国家の崩壊ないし完熟に行き着くほかないような傾向に拍車をかけることができる」。

外交史上、これほどに急所を突いた分析であり、一貫した予測であり、適切な政策であるものはまれな、そのようなものを当時の国務省政策企画室長は提出したのであった。

そこにはだが、限界があった。ケナンは、アメリカがソ連との世界規模での対立に手足をとられるようになることはけっして望んでいなかったし、そもそもアメリカの統治システムに、世界規模での防衛同盟を運営するだけの能力があるのかどうか、疑問をもってさえいた。そのため悲劇的にもケナンは、最後まで態度を一貫させることができなかったのである。ケナンが目にしていたのは、次のようなことであった。第二次大戦が終わりを迎えたとき、ソ連とアメリカはどちらも、みずからの選んだ姿でのドイツを求めていた。だがそれが意味するものは、互いに相容れぬ二つのヨーロッパ地図、さらには二つの世界地図なのであった。彼は、中央ヨーロッパ全体をめぐる、そしてとくにドイツをめぐる長期的な戦略的対立として「封じ込め」をデザインすることには成功したが、アメリカの軍事力をその対立にかかわらせないようにすることには失敗した。彼のプランBは、ドイツの中立を目指すものであったが、不幸にもそれは、ソ連の拡張の「封じ込め」を目指す彼のプランAとは両立できないことが明らかとなったのである。対立する二つの世界大国による「ドイツ全体」――この表現は一九四五年夏のポツダム会談ですでに見られた――の競いあいは、第二次大戦の意図されざる結果となった。いずれの側も、ヨーロッパと世界についての理想像をもっていた。だがそれは相互に相容れぬものだったのである。ベルリンがドイツの鍵であり、ドイツがヨーロッパ大陸支配の鍵である以上、いずれの側も譲ることはできなかった。その結果が、ウォルター・リップマンがケナンへの批判的な応答のなかでこう呼んだもの、すなわち「冷戦」であった。

## 封じ込め

ソヴィエト帝国がスターリンのもとで絶頂を迎えていたちょうどそのころ、ディーン・アチソン(一九四九年四月四日に北大西洋条約が調印されたときのアメリカ国務長官)の回想録の題をかりるならば「創世に立ち会って」いた人々は、「封じ込め」の効力を確信していたばかりか、いずれはソ連国家が弱体化し、最後はケナンがいうところの「完熟」が起こるだろうことも確信していた。「封じ込め」は政治・財政面と軍事・政治面からなる、それ自体が二股の政策であった。このうち経済面のほうは、早くも終戦前からブレトン・ウッズ体制として開始されていた。これは強いドルと自由貿易を基盤として、戦後の世界経済をアメリカ後援のもとに立て直すための体制であった。必要とされていたのはヨーロッパと、何よりも西ドイツへの経済的な輸血であった。この戦略を担っていたのがマーシャル・プラン、より正確な呼び名ではヨーロッパ復興計画（ERP）である。

だが、健全な経済学だけでは赤軍を食い止めるのには十分ではなかった。軍事的な枠組は、ブリュッセル条約を核にして構築された。この条約は一九四八年に結ばれた西欧防衛同盟であり、ソ連という現在の脅威と、ドイツという過去の脅威とに対抗することを狙いとしていた。このブリュッセル条約加盟国と、さらにカナダに向けてアメリカが呼びかけることで、一九四九年前半に北大西洋条約が調印されたのである。トルーマン政府は当面の間、ソ連の食欲は満たされているだろうと確信していた。その要因は何といっても、アメリカのみが核兵器をもち、ソ連はそうではないということにあった。もっともソ連もまた核兵器を製造しようと必死になっており、研究を重ねもすれば、スパイ活動やドイツ科学者の誘拐にも精を出していた。アメリカは当初核を独占していたおかげで、のちに「拡大抑止」と呼ばれるようになるものを実現することができた。アメリカ本土に始まって、遠く離れたヨーロッパ沿岸部にまでおよぶ「拡大抑止」である。ワシントンは、開かれたシーレーンと自由貿易というみずからの基本的な哲学に忠実であったから、大西洋の向こう岸において自由経済体制を強化することこそが、アメリカの死活問題であると考えていた。ワシントンの「賢人たち」、つまり、ケナン、ジョン・マクロイ、チップ・ボーレン、ルシアス・D・クレイ将軍といった人々が、彼らについての名著のなかでそう呼ばれたのであるが、彼らは共産主義がさらに陣地を広げ、最後にはヨーロッパ全体がソ連の支配下に落ちるなどということがないようにするために、ダムを築きにかかった。その際、ユーラシアの大地と、海洋のただなかの島々や諸半島からなる西ヨーロッパの間に位置するという地政学上の運命のせいで、それに分割都市ベルリンの不安定な同盟状態のせいもあって、ほかのどこよりもドイツが重心となった。ライン川とエルベ川の間の地帯

〔西ドイツを指す〕がなかったとすれば、西ヨーロッパの防衛は「大西洋沿岸部での後衛戦でしかなかったであろう」、とトルーマンは回想録に記している。

本質的にいってアメリカは、ヨーロッパ人に二重の「封じ込め」を呼びかけたのであった。「封じ込め」の相手は、ソ連と、ドイツである。取引の一部として、トルーマン大統領がはっきりと示したのは、ヨーロッパ人がみずからの経済を一つのものとして、ドイツをクラブに入れてやるということであった。これはNATOの起源となったばかりでなく、アメリカの発案でOECD（欧州協力開発機構）〔正しくは経済協力開発機構〕ができた後には、欧州経済共同体、すなわち今日のEUの起源となった、ともいえるのである。二十世紀後半におけるソ連の国力の隆盛と衰退とを基準にして考えるならば、アメリカのこの戦略は、経済的な手段と軍事的な手段、ソフト・パワーとハード・パワーを結合することに見事に成功し、世界支配を目指すソ連の野心を封じ込め、挫いたのであった。このすべてにおいて、分割されたドイツは、ドイツ人が好むか否かにかかわらず、鍵となる役割を果したのであり、競争を刺激もすれば、その一番の褒賞ともなったのであった。

「封じ込め」は、だが、困難な時期を経なければならなかった。一九五六年のスエズ危機によってロンドンとパリは、誰もが認めるNATOの領土を超えたところでは、アメリカの核は帝国支配後の小旅行のための保険にはならないことを悟ったのであった。アメリカ人が東地中海、スエズ運河、石油、それを取り巻く基地、そうしたものの死活的な戦略上の意義を理解したのは、もっとずっと後になってからのことであった。ひとたびロシアの科学者がスパイとドイツ人専門家の助けを借りて、一九四九年には核兵器、一九五三年には水爆の実験を行ない、さらに大陸間弾道弾を打ち上げてからは、力のバランスはソ連の有利へと動いたのである。

だが、どこまでそうなのか。この問いへの答えが、一九六〇年代の大半を支配することになった。はじめに一九五八～六一年のベルリン危機があった。悪名高きベルリンの壁の建設は、紛争の終わりなのか、それとも過酷な競争の途中の小休止にすぎないのか、不確かなままに終わった。あるいは、わずか一年後に起こったキューバ・ミサイル危機は、核の潜在力を地理上・政治上の獲得物へと転化することを、いま一度試みたのであろうか。はたまたキューバ危機は、中央ヨーロッパでのソ連の地位に影響を与えるための試みであったのだろうか。

## ソ連、グローバル勢力になる

ソ連の拡張はなかなか限界に達しなかった。エジプトとシリアはまだまだ終わりではなかった。当時エジプトの辣腕ガマル・アブデル・ナセルは、ロシア人をアスワン・ダムの建設に招聘し、世紀の大半にわたってイギリスの保護国であった地に、ソ連部隊を駐留させることを許したのであった。エチオピア、アンゴラ、モザンビークは軍事植民地と化したが、これはほとんどキューバからの代理人がやってくれた。一九七九年のアフガニスタンは、解放の大義を推し進めることを旗印とした、これらの軍事介入のうちの最後のものとなったばかりではない。負傷者の数が増え、ロシアの母たちが息子たちの無意味な犠牲に抗議の声を上げ始めるとともに、それは最も破滅的なものとなったのである。

この期間を通してソ連は、イデオロギー的な教義と軍事占領とを結合させて拡張を続けたのだった。一九五六年十月のハンガリー革命は、西側にソ連支配のむき出しの暴力をまざまざと示し、西側にあって共産主義に共感を抱く人々に疑念の種を播いた。ソ連の内側ではそれは、もはやソ連体制の自己変革能力を信じることを拒否した人々の間に異論派運動を引き起こした。ちょうど一〇年後の一九六八年、プラハの春はワルシャワ条約機構諸国の若干の兄弟的援助のもとにソ連軍の戦車によってふたたび粉砕され、ソヴィエト権力がむき出しの力でしかないことを公然と見せつけたのであった。東ヨーロッパでは一部の権力エリートの間ですらも疑念が高まっていった。

一九七〇年代を通して異論派は迫害を受けた。一九七五年に各国首脳がヘルシンキで高邁な抱負に署名したことなどお構いなしであった。だがそのとき以来、知識人の間にはヘルシンキ委員会が広まっていった。ソ連ではサミズダート〔自家出版物〕とタミズダート〔国外出版物〕がこっそりと広められた。全衛星国中でドイツ民主共和国の指導部のみが、掛け値なしに大義に忠実であり続けた。ドイツ西側四分の三の自由と繁栄を突きつけられ、昼夜分かたず西ドイツのテレビにためつすがめつ眺められ、ウルブリヒトとホーネッカーにはモスクワのほかにどこにも行き場などなかった。一九八〇年代半ばに風向きの変化が感じられるようになると、彼らは取り残された。もはやソ連の保護者を当てにすることもできず、彼らはただ大詰めを待つしかなかった。一九八九年夏の天安門広場を繰り返すか、さもなくば十一月の壁の崩壊であった。

## 長き核の平和

これらすべてのことは、核兵器の不気味な影のもとで起こったことであった。だが核兵器は、ソ連の指導者たちに最も厳格な規律を強いることともなった。それにまた、核兵器は、どちらの側にいるのかにかかわらず、すべての政治指導者に、一種メッテルニヒ的な保守主義の精神を吹き込むことともなった。口にこそ出さぬが彼らは、非公式の戦争回避カルテルを結成していた。フランスを代表する知性のレイモン・アロンは、この状況を「ありえない平和、ありそうにない戦争」と呼んだ。

国際情勢を慎重に扱わねばならぬだけの理由はたしかに存在した。ベルリンとキューバは二つの超大国に、お互いの間での核戦争がどういうことを意味するかを想像するための、十二分の機会を提供したのである。それは世界の破滅であった。まったく突然に彼らは、自分たちが予期した以上に多くのものを共有していることを発見したのである。その結果、彼らはお互いの関係の制度化に着手し、いわゆる赤い電話あるいはホットラインをひき、モスクワとワシントンという二つの中心を結び、偶発的な戦争を避けるとともに、核実験禁止条約を継続しようとした。これによって大気圏内での核実験は禁止されたのである。さらに、彼らはまた、ほとんどいかなる代償を払ってでも、さらなる直接の軍事衝突を避けねばならないということを理解したのだった。

超大国はまた、次のようなことをも学んだ。軍人が政治家に何をいおうとも、核兵器は戦争を戦うのには向いておらず、ひとたび小国がそれを手にしたならば、諸国間の力をきわめて乱暴に均等化するものとなるのであった。ここからNPT（核兵器不拡散条約）の二層システムが生まれたのである。これは、核を「持てる者」を、国連安保理の五つの常任理事国に限定しようとするものであった。これらの国は、一九六〇年代の終わりまでにともかくも核大国の地位を確立していたのである。一〇〇を超える国が明らかに不当な条約に署名した。五つの「持てる者」と残りの「持たざる者」というのであるから。ただしイスラエル、パキスタン、インドは加わらなかった。この条約の強さは、IAEA（国際原子力機関）の査察にある。その明らかな弱さは、署名国がある日条約破りを思いたったとしても、制裁や矯正行為をくわえることができないところにあった。南アフリカ、ブラジル、リビアはやってみようとして、あきらめた。北朝鮮はいまなお駆け引きを続けている。現在の世界ではイランが最も目立った造反者のように見える。ロシアはあまり気乗りせぬままにこれを支持し、アメリカは徹頭徹尾これに反対している。

一九六〇年代の終わりまでに、内心ではいずれの超大国も、世界規模の現状維持に甘んじるつもりになっていた。アメリカは世界を民主主義にとって安全なものに変えていこうとは考えていなかったし（レトリックを除けば）、アメリカ最初の日に約束された「新世界秩序」をつくろうとする熱意もなかった。ソ連ももはや、「百姓小屋には平和、宮殿には戦争を」というレーニン主義的な主題によって、世界規模の「生きるか死ぬか」キャンペーンをはろうとはしていなかった。東西対立を特徴づけた戦争すれすれの政策が朝鮮戦争（一九五〇〜五四年）からインドシナまで、スエズからベルリンとキューバまで続いたそのかわりに、核で武装された世界大国は苦悶に満ちた学習プロセスをたどって、ある種の核の長き平和にたどりついたのである。

もちろん、核兵器であれ通常兵器であれ、兵器管理をめぐる話しあいが続くなかで、両陣営とも戦略上の取引を大いに活用した。そのなかで、相手側の動きを封じ、戦略上の情報を手に入れ、別の手段による戦争の継続として兵器管理を用いるための、十分な機会を得たのである。それでも一九七〇年代初頭にSALT（戦略兵器制限条約）が同意されたのは、無意味なことではなかったし、一九七三年〔正しくは一九七二年〕のABM条約（弾道弾迎撃ミサイル制限条約）にいたっては、両陣営が、戦略と政策についてよりよく理解し、のちになってからは、信頼醸成と平和構築に向けてあらゆる措置を考案し、発展させ、実践するのを助けたのであった。基本のところでは両陣営は、レイモン・アロンが最初に看破したように、核戦争であれ、通常戦争であれ、戦争回避のためのカルテルを連合してつくっていたのである。さらに、両陣営とも進歩を信じ、自分たちの体制こそが世界を相続すると確信していた。無論、相互に相容れない仕方ででではあったが。

信頼醸成と平和構築のための諸措置を伴いながら、兵器管理の大伽藍が築かれた。その大伽藍は、戦略的共存のための、奇妙で予期せぬ条件となったのである。とはいえ、力のバランスはけっして安定しなかった。両陣営とも世界規模のチェス盤の上に新しい将校を配し、様々な技術を駆使して優位を確保しようとした。ソ連側はミサイルをMIRV（多弾頭独立目標再突入ミサイル）化した。アメリカ側は中性子爆弾を盤上に置いた。だが、中性子爆弾は将来の兵器管理の全方程式をひっくり返しかねないことが分かったので、結局はそれを引っ込めることになった。

## 石油の呪い

実際にはソ連は、石油価格の高騰によって戦略的な優位を得たのだった。それは一九七四年、アラブの石油ボイコットによって生産量が減少し、価格が吊り上げられたときのことである。だが、天の恵みと見えたシベリアの豊かな石油と天然ガスは、一〇年以上もたってから、呪いの種子を宿していたことが明らかになったのである。ゆうに一〇年以上もの間、クレムリンの指導部はオイルマネーで物資を輸入して、国内経済の大きな穴を埋めることができた。そこにはドイツからのハイテク専門技術、たとえば公海漁業機材のようなものも含まれていたし、モスクワのシェレメチェヴォ空港ですらも、デュッセルドルフ空港をそのままコピーしたものでしかなかったのである。しかしながら、クレムリンの帳簿に入ってくる数十億ドルは、ソ連の指導者たちをして外国への拡張へとのめりこませる元ともなった。シリア（ロシアは今日なおそこで基地を維持し、拡張している）からエジプトへ。エチオピア、アンゴラ、モザンビークでは、よく訓練されソ連の武器で身を固めたキューバ部隊が、南アフリカに対して低次の戦争行為を繰り広げた。だが、外部世界にとってイデオロギー的な理由での戦争と見えたものは、実際には相手国の豊富な天然資源と港湾施設を、ソ連に確保することをも狙いとしていたのだった。

一九七三〜七四年の第一次オイルショックによって、たなぼた式に利益が得られると、早くもソ連指導部は拡張主義的な対外政策の誘惑に駆られた。一九七九年には石油価格の二度目の引上げが行なわれた。これはホメイニ師が故郷のイランに帰還し、イスラム聖職者革命が起こったその直後のことであったが、まるで永遠に上がり続ける石油歳入の一時代を宣するかのように見えた。実際、この展望があったからこそクレムリンの指導者たちは、日頃は見せるに違いない老人特有の慎重さをかなぐり捨てて、外国の情勢にずるずると深入りしていったのに相違なかった。一九七九年のアフガニスタン侵攻は、はじめのうちこそ都市部の制圧と共産主義体制の確立に成功したものの、じきに泥沼へと転じた。人命と資金とが失われ、国内ではソ連体制への合意が動揺し、軍の弱さも露呈した。技術面ではロシアの将軍たちは深刻な警告を受けた。レジスタンスはパキスタンの三軍統合情報部経由で、CIAから「撃ちっ放し」型スティンガー・ミサイルを提供されていたのである。これによってムジャヒディン〔聖戦士〕は——そのなかにはサウジアラビア市民オサマ・ビン・ラディンなるものもいた——空、渓谷、そしてついには起伏の激しい国全体で、ロシア人の侵攻をはね返したのであった。

もしアフガニスタンが戦略上の警告であったとすれば、一九八二年に中東で起こったレバノン戦争は分水嶺となった。そこで起こったのはごまかしようのない大惨事、実際のところそれは、軍指導部とモスクワの諜報員集団の両方にとって、真実の瞬間であった。ある夏の朝、シリア人パイロットが操縦する七〇機を下らぬミグ戦闘機が、アメリカ製のサイドワインダー空対空ミサイルを搭載したイスラエルのF-16I戦闘機（Iはイスラエル仕様を指す）によって、陽光溢れる大気のなかを撃墜されたのである。このニュースはモスクワの国防省に恐るべき衝撃を与えたはずである。それどころか事態はなお悪かった。というのはロシアの分析官は、自分たちが衛星国の軍隊に対してやっているのと同様に、アメリカ人もまた、けっして同盟国に第一級の装備を渡したりはせず、せいぜい二級品か三級品しか渡さないだろうと踏んでいたのである。ロシアの分析官は、切羽詰ったイスラエルが核兵器に手を出したりなどせぬように、ペンタゴンが彼らに最新テクノロジーを提供していたのだということを、ほとんど理解していなかった。これはヨム・キプール戦争〔一九七三年の第四次中東戦争〕の教訓であった。このときイスラエルは核に手を出そうとしたのであり、アメリカの偵察衛星はそれをしっかり察知していたのである。

## 戦略的敗北

一九八二年のあの夏にベカー渓谷で起こったことは、戦術上の敗北以上のものであった。現代の軍事技術でも未来の軍事技術でも、はたまた情報技術、より特殊には小型データ処理機でも、ソ連は遅れをとっているというのが恐るべき真実であった。ソ連にとってはこれは、国際市場やよく整ったスパイ回路によって、容易に調達できるものではなかった。求められているのは、高度に複雑な生産過程をしっかりと管理することであった。その一部分だけを手直しする方法などありえず、ましてC4Iシステム全体(「指揮 command、統制 control、通信 communication、〔コンピューター computer、〕情報 information」)となればなおさらであった。部外秘のソ連軍事雑誌に掲載された論文の中身から、西側の諜報機関は、KGBと軍の大物たち、なかでも当時ワルシャワ条約軍総司令官であったオガルコフを含むソ連指導者が、二十一世紀までソ連体制が生き残るためには、上からの革命に等しいものが必要であると認識していることを察知した。まさにこのときソ連共産党書記長ユーリー・アンドロポフは、レオニード・ブレジネフの葬儀のためにモスクワを訪れていたコール首相に向かって、最近政治局に互選されたばかりのまだ若き党指導者、ミハイル・ゴルバチョフこそが、未来の担い手であることをほのめかしたのである。

ソ連体制は危機にあった。情報時代への参入が必要だったのだが、そのためには秘密主義と猜疑主義に覆われた管理システムの開放が、どうしても避けられなかったのである。だが情報危機は、一九八〇年代のソ連に降りかかっていた唯一の災厄ではなかった。赤軍がアフガニスタンの負け戦に突入して間もないころ、イラクの独裁者サダム・フセインがイランに戦争を仕掛けた。旧イラン国王の将校団が一掃された以上、イラン、とりわけペルシア湾北岸の石油基地をたやすく手に入れることができるだろうと踏んでいたのである。大量虐殺が起り、さらにイラン都市部、とくにテヘランへのミサイル戦争が開始された。予期せぬことにイランのパスダラン〔イスラム革命防衛隊〕、すなわち革命のエリート部隊は頑強な抵抗を示し、旧ペルシア軍もまたアラブの侵略に抗して忠誠を維持したのである。膠着状態を打破するためにテヘラン当局は、殉難の苦痛は一瞬だが彼岸では永遠の悦楽が待っていると若き信仰者たちに約束し、大量の若者をイラクの地雷原に突撃させせた。これらすべてのことはソ連の運命をどのように左右したのであろうか。

サウジアラビアと西側諸国、とりわけアメリカの支援にもかかわらず、一九八五年までにイラクの敗色は濃厚であるように思われた。だが突如として、あらゆる合理的な予想に反して、石油価格が下がり始めたのである。事実それは一バレル一〇ドルという惨めな価格にまで落ち込んだのであった。何が起こったのか。サウジアラビアが、アメリカの戦略的な、そして利己的でないとは言いがたい助言を受けて、製油所をフル稼働させ始めたのである。その結果イランは国際決済通過の主要な源泉を失い、凶暴きわまりない隣人との手打ちを余儀なくされたのであった。ペルシア湾での力比べと石油価格の低下は、だが世界中で起こる革命的変化の前触れにすぎなかった。そしてそのことはどこにもまして、ソ連においてあてはまったのである。西側のＩＴ革命に追いつくことは、それなりに改革されたソ連体制の枠内でも可能であっただろう。ゴルバチョフのグラスノスチとペレストロイカは、伝統的なソ連の価値観となお両立可能であった。だが、石油価格の突然の下落は地殻変動に等しきものとなり、事実、それは終わりの始まりとなり、今日、さらには将来にいたるまで、クレムリンの指導者にトラウマを残した。このとき以降、クレムリンの改革者たちは、統制を超えた出来事の波に流され始めた。一九八六年五月〔四月二十六日に発生〕にチェルノブイリで起きた原子炉の火災は、病める帝国の統御不可能状態の恐るべき象徴となった。

世界的な力のバランスは急激に変わり始めた。ソ連にとっての災いは、西側諸国にとっての天祐であった。二次にわたるオイルショックの苦しみと、それがもたらした西側全体におよぶ大規模な変容――いくつもの政府が倒れ、新しい政党が生まれ、人々の考え方も変わった――ののちに突然、マーガレット・サッチャーやヘルムート・コールやロナルド・レーガンのような人々にとっては、潮目の変わるときが訪れたのである。苦しみよさようなら、希望よこんにちは。国際情勢の地殻変動が誰の目にも感じられ始めた。その地殻変動は、七〇年のソ連体制に終わりをもたらすばかりでなく、新世界秩序、あるいは、実際にはそうなったのであるが、新世界無秩序をも生み出すこととなるであろう。

## 上からの革命――ただし脱線した

はじめに帝国外延部、ついで帝国本土におけるソ連の衰退と崩壊の物語は、これまで何度も語られてきたし、今後も繰り返し語られるであろう。何といってもそこには、明らかな失敗や無策ばかりでなく、謎と奇跡もまた数多く含まれているのだから。少なからず厄介な問題の一つは、多くの人が驚きをもってそれを迎えたことであり、多くの人が、とりわけ西側ではそうであったのだが、明らかな恐怖をもってそれを迎えたことである。数十年にわたって入念に築かれてきた核の大伽藍が突然崩壊したら、いったい何が起こるのであろうか。

一九八〇年代は下からの変革によって、そしてまた上からの変革によっても特徴づけられた時代であった。管理された革命こそが、アンドロポフが念頭に置いていたことであり、ゴルバチョフもまたそのために選ばれたのであった。KGBと軍の指揮官たちは、もはや鋼鉄と石炭の大量生産が技術競争を決めるのではなく、指揮、統制、通信、さらに複雑な過程を操作するための電子工学技術こそが大事なのだということを理解し始めていた。彼らはまた、死に物狂いの変革によって教育、産業、軍事の各界を刷新しないことには、自分たちの受け継いだ体制は破滅するしかないということも理解していた。軍の最高指導者たちはさらに歩を進め、ロシア国内でしか読めぬ秘密雑誌において、ソ連体制は現代情報技術に対応するために、公開性と透明性を旨に根底的な変革を経なければならないと主張するまでになっていた。

まさにこうしたことを求めてゴルバチョフは、よく知られるようにグラスノスチとペレストロイカを唱え、社会主義の「再活性化」を訴えたのであったが、結局のところ彼は、いまや社会主義が死体でしかないことを発見しただけであった。仮に一九八〇年代半ばの段階でゴルバチョフにマスタープランがあったとしても、それは戦略兵器と通常兵器の両方で兵器管理を加速するといった程度のものでしかなかった。それ以外はすべて、じきに軌道を外れてしまったのである。主な理由は石油価格の下落、さらに同時に起こったチェルノブイリ原発の火災であった。このうち後者は、ソ連指導体制が抱える破滅的な弱さを露わにした。生活条件の急速な悪化も不利に働くばかりであった。一方で国の最高レベルの政治局では、抑圧的なソ連国家からのロシアの解放をエリツィンが求めていた。ゴルバチョフのほうは、社会主義の土台と、ソ連帝国のいずれをも保持することを求めた。バルト三国の市民による抗議運動が独立を要求し（一九八九年にエストニアでモロトフ＝リッベントロープ協定の秘密議定書が公表されたことは、ソ連統治の正当性を見る影も無く失わせた）、軍の強硬派が内務省所属の精鋭部隊オモン〔警察特務部隊〕を撤退させることを拒んだとき、すべては白日のもとにさらされた。バルト三国は、一九三九年の併合は紛れもない国際法違反であったと明言し、ソ連からの独立を宣言した。一九九一年十二月、ウクライナ、ベラルーシ、ロシアがベロベジの森に参集し、七〇年以上におよぶソ連体制に終止符を打った。

## 灰のなかから立ち上がる

一つか二つの革命を経たのちの今日、ロシアの万華鏡を覗いてみれば、まったく違った模様を目にすることができるだろう。レニングラード街道には高価な西側の消費物資で一杯のスーパーマーケットが立ち並び、林立する広告板は富と贅沢と快楽の幻想を振りまいている。訪れるものはみな、神経質なエネルギーに満ち、ビジネスで沸きたつ都市の実生活に引きずり込まれる。そうしたビジネスのうちのあるものは胡散臭く、あるものは投機的であり、多くのものはその中間といったところである。この都市はまた、ジャーナリストがひとたび意を決して、大企業やこわもて政府の探られたくないことを探ろうとすれば、あやうい生活を送らざるをえない都市でもある。彼らのうちのあるものは生命を捨てねばならなかった。『フォーブス』誌ロシア語版編集長のパーヴェル・フレーブニコフは、外出しようとした矢先に射殺された。アンナ・ポリトコフスカヤはビジネス上のある不正を追っており、それは政府高官にまでつながっているような、あるいはまた、当局が発表したようにチェチェンのギャングにつながっていたのかもしれないのだが、彼女もまた射殺された。

もし民主主義が、複数の政党候補者の一人に時折票を投じることを意味するのであれば、ロシアはその条件を満たすであろう。だが、もし民主主義が、正当な法の手続き、予測可能な一連の規則、信頼できる憲法、そしてチェック・アンド・バランスの制度によって限定される統治システムとして考えられ、かつ実践されるのであれば、ロシアが歩まねばならぬ道のりはまだまだ遠い。プーチンは、「権力の垂直構造」が優位を占めねばならず、政府はスイス時計のように動くべきであり、ありとあらゆるものは「法の独裁」のもとにあらねばならぬと考えているが、これはまだ粗いスケッチの域を出ない。すべては誰が細かな点を描き込むかにかかっているのである。その一方で、ロシア人ばかりかすべての隣人たちにとっても大きな問題が残っている。ユーラシアの巨大国家は、最終的にはテクノクラシー的で民主主義的な混合福祉体制という、西側の提供する道を歩むのか。それとも中央集権的な一党管理、国家計画、万人自由経済の結合という、中国の提供する道を歩むのか。答えは権力と富の上層部、クレムリンとガスプロム本社の間のどこかだけでは決められないであろう。多分にそれは、ロシアの文化的な基盤、その住民の隠された不安、それに富・権力・私生活をめぐる彼らの口にされぬ希求によって、決められることになるのである。

# 6 面目を失った軍

「……エカテリーナ女帝のクリミア巡幸。通りに沿って間隔を置いてしつらえられた村々の前面。木と、彩色されたカンバスでできたこの前面は、巡幸路から四分の一リーグ〔約一・二キロメートル〕も離れたところに据えつけられていた。彼女の御世になって、不毛の地が民で満つるようになったと、勝ち誇る君主に信じ込ませるためである。ロシア人の心はいまもなお、このような考えにとらわれている。誰もが主人の目から悪いものを隠し、よいものを差し出そうとするのである。」

**キュスティーヌ侯爵『現代のための旅路』**

二〇〇〇年八月十二日。中央ヨーロッパ時間午前一一時二八分、西側の地震観測点の計測器が、バレンツ海のムルマンスク沖で起こった大きな爆発を記録した。わずか一三五秒後には、一〇倍も大きい別の爆発が続いた。ロシアの最新鋭潜水艦クルスク、NATOのコードネームではオスカーII級、一九九四年に就航、二二基の核弾頭搭載巡航ミサイルを装備、船殻はすべてチタンとゴム。それが全乗員一一八人とともに海中で消息を絶ったことをロシア海軍司令部が認めたのは、二日以上も経ってからのことであった。

真相が明らかになるまでには何日も、何週間もがかかった。対応のまずさ、秘密主義の慣行、あからさまな嘘が悲劇を覆っていた。提督たちは恐ろしい真実を最初はクレムリンから隠そうとし、それが駄目だとなると今度は家族と世論から、そして最後は全世界から隠そうとした。クルスクの悲劇の原因については諸説乱れ飛んだ。第二次大戦中のドイツ軍の機雷にぶつかったというものもあれば、NATOのスパイ原潜と衝突したというものもあった。そうこうしているうちに広報活動は行き詰まり、大統領にとっては深刻なテストとなった。これらのうちのどれも一切真実を含んでいなかったのであるが、穏健派で情報通の下院議員、ヤブロコのアレクセイ・アルバトフでさえ（彼は国防委員会の委員であった）、ロシアは「西側との緊張の高まりを覚悟しなければならない」と怒鳴ったのであった。

プーチン大統領は当初、原潜の引上げを援助したいという外国からの申し出をすべて断っていた。沈没した船体に機密の軍事情報が満載されているのはもちろんのこと、人間同士の悲劇や政治上の失策がそこから分かるかもしれないからであった。屈辱的な無策と失敗の数日間がすぎた。そのなかには、乗員がまだ生存しておりロシアの救援隊が彼らの救助に向かっている、という虚偽の公式発表までもが含まれていた。ようやくノルウェーの申し出が受け入れられて、同国の救助会社が派遣された。だが、機密情報が隠されているとロシア海軍司令部に分かっている辺りには、ダイバーは一切近づくことを許されなかった。

当初プーチンは、黒海での休暇を切り上げる必要があるとは考えなかった。だが、六日間にわたって遠方から危機に対処したのち、彼はこのような無関心な態度では、一般世論も、乗員の妻たちも、軍人たちも彼を許さないであろうことを悟った。それで彼は行動を起こして、当局は冷酷で下々のことにはうといとか、海軍司令部は自分の身を守ることにのみ関心があるのだとか、ソ連体制であろうとなかろうと人命が軽視されているのだとかいった印象を払拭することに努めた。提督たちがクルスクを、そしてまた真実を、海底に眠らせたままにしておくことを望んだにもかかわらず、ノルウェー人を招請することを最後になって決断したのは、プーチンの功績ではあった。もちろんプーチンは、ロシア海軍の誇りに早すぎる死をもたらした本当の理由が何であったのかを、ロシア艦隊の技術者たちが解明することも望んでいた。最後に彼は、遺族の生活再建を助けるために相当額の見舞金を出すことを決めた。この日遅く、ようやく彼は、十分な能力と、心遣いとを、せめて外見だけでも保つことができたのだった。

陰謀理論の世界を別にすれば、クルスクは次のような憶測を呼んだ。いわく、液体燃料の詰まった超最新型の魚雷の搭載の仕方を間違ったのだ。いわく、艦長は危機が迫りつつあるのを認識していたし、潜水艦が航行可能だとも考えていなかったのだ。いわく、最初の爆風を生き延びた若干の乗員にしても、荒れ狂うバレンツ海の水深一二〇メートルの墓場を脱出することはけっしてできなかったはずだ。

高さ二〇メートルもある怪物潜水艦の喪失は、多くの点で示唆的であった。それが明らかにしたのは、クルスクのような最新鋭のハイテク技術と、その危険な搭載物を扱うには、乗員は十分な訓練を受けていなかった、ということだけではない。惨劇が引き起こした焦燥感や疑念、それに公然たる不満を前にして、クレムリンがその対処に劇的な失敗を遂げたのだということも、露わにされた。何にもまして、ロシア参謀本部と国防大臣は、将来の核抑止に関して真剣な再検討を余儀なくされたのだった。ともかくも効果的に海軍を近代化するためには、核弾頭搭載ミサイルを誘導するための衛星システムの一新などもいるわけであるが、そのためには当時の国防予算である一六〇億ドルというつましい額を遥かに上回る支出が、必要となるであろう。したがってクルスクの惨事は、政府、提督たち、それに大統領をテストしたばかりでなく、ロシアの将来の核戦略にも疑問符を突きつけたのである。

さらにまた、ピョートル大帝の時代以来、ロシアはずっと、陸地に囲まれた勢力であるという制約を打破するために、艦隊への野心をもち続け、比類なき能力の艦隊を構築しようとしてきたのであった。クルスクもまた、航空母艦に随伴するための船団の一隻になるはずであった。プーチンはそれを地中海に送り込んで、無敵のアメリカ第六艦隊に手の届くようなロシア海軍のプレゼンスを誇示しようとしていたのである。海軍こそが、NATOの軍事力、それにきわめて野心的な中国の海軍計画に遅れずについていくためのチャンスを、ロシアに約束しているように見えたのだった。この夢はムルマンスク沖でついえ、今後長いこと戻ってはこないであろう。かくして海軍の優劣をめぐるハイテク競争でロシアは敗北したわけであるが、そのことをきちんと認めるのを拒んだことが、あの危機の際に初動の不手際が生じた理由でもあれば、長期にわたって手をこまねいたまま、海軍の未来、ひいては核のバランスの微調整のために、一貫性のある戦略を構築できないでいることの理由なのでもあった。

この惨劇が与えた戦略上の示唆も、広範なものであった。政治的な衝撃波は、クレムリンの赤い壁の内側でさえも感じ取れた。危機管理は明らかに不適当でもあれば貧弱でもあった。クルスクの大惨事はロシア人ばかりか残りの世界にも、ふたたびあの問いを発せしめたのであった。いったいプーチンとは何者か。強くて決断力に満ちた指導者という、慎重に構築された外見は輝きを失った。ある海軍士官はムルマンスクであけすけに不満を述べ立てた。「われわれには大統領がいるんだ、と思っていた。でも、いままでは彼は国家官僚の一人にすぎないことが分かったよ」。ところが、プーチンが再選に臨んだ二〇〇四年までには、一一八人の乗員の悲惨な死はほとんど忘却されていたのである。

## 世界大国を自任する

ロシアがみずからを世界大国と主張するのには、三つの前提がある。国連安保理の常任理事国の議席と、それに付随する大小の問題での拒否権。豊かな天然資源。強大な軍事力、とりわけ核保有。しかしながら国連安保理での拒否権は、一九九九年にNATOがコソボで戦争を行なうのを止められなかったし、二〇〇三年にアメリカがイラクを攻撃するのも止められなかった。それはまた、二〇〇八年にプリシュティナの政府がコソボの独立を宣言することも止められなかったし、このときにはロシアがきわめてまっとうな疑義を呈していたにもかかわらず、アメリカも大抵の西側諸国も、直ちにそれを承認したのだった。レバノンではUNIFIL（国連レバノン暫定駐留軍）が平和維持活動を行なっているが、ロシアからはただ四〇〇人の技師団が参加しているにすぎない。イタリアからは三〇〇〇人、フランスからは二〇〇〇人、ドイツからは海軍の人員が一二〇〇人、スペインからは一二〇〇人、ポーランドからは五〇〇人、ベルギーからは四〇〇人である。はたしてこれが、世界大国を自任する国家の役割であるのか。国連カードを切ることは、大国の地位を誇示するどころか、公然と侮辱を受け、国内での苛立ちを強めることにもなりかねない。その一方で核保有は、今日また明日の世界における、大半の地域紛争や非対称紛争にとって、かなり不適当でもあれば、釣合いもとれていないように見える。それは大きい子供のための大きい玩具なのであって、輸出振興のためにもならなければ、ロシアが直面している厄介な小規模戦争のためにも、まったく役に立たないのである。

冷戦終結後、ロシア参謀本部とモスクワの国防省の思考法は、革命と呼んでもよいほどの変化を遂げた。過去のソ連時代にあっては、いつだってより多いに越したことはない、というのが基本哲学であった。もっともそれは、核軍拡競争のなかで、次のような明白な問いが発せられるまでのことであった。十分というのは、いったいいつのことをいうのだろうか？　答えもまた明白であった。核兵器の生産と配備は、軍事上のどんな合理的説明をも遥かに超えてしまっており、乏しくなる一方の資源をむさぼるだけの自走プロセスになってしまったのである。核軍拡競争のなかで、両陣営ともがこうした冷静な評価を行なうことになったのであるが、まさしくこれこそが、一九七〇年代と八〇年代を通じて兵器管理プロセスを推進し、形成するための土台となった。それはまた、冷戦終了後にも両陣営が兵器削減を継続し、事実その加速さえも促したのである。

## 限界を超えた軍事拡張はもはやない

現代ロシアの軍事政策は、国家安全保障政策の一部をなしている。「ロシア国家安全保障概念」と「ロシア外交政策概念」という二つの長い文書が、その基盤をなす。大統領が議長である安全保障会議は二〇〇〇年一月、「国家安全保障概念」の新しい版（一九九三年の第一回改定版に次ぐ）を公式に採択した。その少し前にはNATOもまた、一九九一年以来初めて「戦略ガイドライン」を改定していた。すぐそのあとで、ロシアの安全保障会議は軍事ドクトリンを採択した。だが、すべては依然、人員・物資・組織面でのリソース不足に条件づけられていた。一言でいえば、軍事上の備えを固めることは、さほど優先順位が高くなかったのである。

二〇〇四年にヘルシンキで開かれたロシア＝フィンランド軍事セミナーにおいて、ロシアの戦略思想と軍事ドクトリンの背後にある思考過程を垣間見ることができた。モスクワからきた参謀本部の高官たちは、会議の席上で陰鬱な分析を明らかにした。彼らによれば、多くの希望的観測にもかかわらず、ポスト二極化世界においても軍事力の意義はけっして減少してはいなかった。その反対に、彼らによれば、超大国間の核の均衡という厳格な規律から解放されたことによって、ますます多くの国々が、軍事力を通じて自分たちの経済的・政治的利害を押し通そうとしていることが看取されるのであった。その一方で、超国家的な政治組織は明らかに退潮しつつあった。名指しこそされなかったものの、明らかにアメリカのことがほのめかされていた。ロシア人は、国際安全保障に関するみずからの考えを根底から見直す必要があると述べたが、あたかもそれは、その過程を助けてほしい、新しい紛争など起こさないでほしいと、西側に向けて呼びかけているように聞こえた。

このヘルシンキ・セミナーで表明されたロシア人の軍事上の見方は、偏狭なアプローチではなく、世界的なアプローチを反映していた。「冷戦の終結によって、大規模戦争には展望がないという見方があらたな力を得ました。ですが、現象としての戦争それ自体はそう簡単にはなくならないでしょう。人類の発達の現段階においては、それは単に姿を変えただけだといえます。ほとんど三世紀にわたって、それこそが国民国家のあり方を規定するのだと考えられてきました。そうであれば、非国家的な勢力が国内的にも国際的にも登場している現在、半ば私的な軍隊や予測不能な戦闘組織が急速に増加したという事実には、何ら驚くべき点はありません。彼らは軍事紛争を合法ビジネスと考えているのです。これらすべてのことが意味しているのは、まさに軍事的な次元において、あらたな脅威が現われたのだということです」(セルゲイ・エルマコフ)。

軍の専門家は、財政難やリソースの逼迫について暗い情景を描くのであるが、クレムリンのほうは、機会さえあれば力と栄光を誇示することを望みがちである。それはもっぱら国内向けだ。クレムリンの壮大なレセプションでは、帝政期の美しい制服に身を固めた若き士官候補生が、気をつけの姿勢で回廊に整列している。プーチン本人も、軍人であったことはないのだが、チェチェンに飛ぶにせよ、海軍の正装で現われるにせよ、軍服を着ることを好んでいる。だが、ロシアは見かけが強いわりには実態はそれほどではないのであり、軍もまた例外ではない。実際クルスクの大惨事は、不幸にも以下のようなことを想起させる。すなわち、他に並ぶもののない海軍をもちたいというロシアの野心は、一度ならず敗北を喫してきたのであった。十九世紀のクリミア戦争もそうであったし、二十世紀初頭に日本がロシアの軍艦を対馬沖で撃沈したのもそうであったし、冷戦末期に地中海「大艦隊」がその意に反して撤退したのもそうであった。

軍全体が、ソ連衰退の歳月に大きな打撃を受けた。財政不足、弱い指導部、目的意識の喪失といったことがその理由である。現在、軍の実情は当局が認めているよりもいっそう悪いようである。大半の観察者によれば、ロシアの軍事能力は世界大国であるとの主張を担保できるようなものではない。たしかにパレードには目を見張るような新型兵器システムが堂々と登場し、外国のバイヤーの目を引こうとしたり、ロシア国内におけるクレムリンの威信を高めようとしたりしているのではあるが。

冷戦後の移行は緩慢であり、資金・創意・想像力の欠如によって足を引っ張られた。東ドイツからの帰還後、なすすべもなくなった将校のために、ドイツ政府の資金によって家屋が提供されたのだが、そうした家屋でさえも、よりよいコネをもった軍外部の人たちに大半が引き渡されてしまった。かくして変革が避けられなかったし、それは、多かれ少なかれ西側全体においてと同様の、戦略的な分析に導かれていたのである。

## 変革

二〇〇六～二〇〇七年のロシアの軍事力は、ロンドンに拠点を置く国際戦略研究所の数字によれば、全部で一〇二万七〇〇〇人の男女（陸軍三九万五〇〇〇人、海軍一四万二〇〇〇人、空軍一六万人、戦略抑止軍八万人、指揮支援二五万人）と、準軍事組織の四八万人からなる。理論上は二〇〇〇万人の予備役がいるが、過去五年間に服務したことがあるのはそのうち一〇人に一人のみである。予備役の身分は五十歳までは義務的である。アメリカと比べるならば国防予算は僅少であり、実際の購買能力を計算に入れても小規模である。だが、GDPのパーセンテージで考えるならば、両国は大体同じくらい軍事に支出していることになる。プーチンのもとで国防大臣を務めていたとき、セルゲイ・イワノフは、外国からの訪問者との会合において、こう述べたことがある。ロシアはソ連の致命的な過ちを繰り返しはしない。つまり、みずからを破滅させるまで武装することはない。

軍の民族構成を見ると、圧倒的にロシア人が多い。それ以外では、タタール人の四パーセントとウクライナ人の三パーセントが目立つ程度である。他のすべての民族は、バシキール人であれ、ベラルーシ人であれ、モルドバ人〔ヴォルガ河中流域のモルドヴィン人にあらず〕であれ、一パーセントかそれ以下である。

西側はロシアの核抑止力のことを、戦略スパイを通じてだけではなく、むしろ様々な兵器管理協定を通じて、あるいはまた、核弾頭の偶発的な発射を防止するための数多くの協力を通じて知ってきた。そうした核抑止力は、軍備に関する限り、いまなお世界大国であるとロシアが主張することを可能にする、唯一の要素である。クルスクを失ってからも、核武装した戦略原子力潜水艦一五隻が保有されている。そのうちのいくつかは、おそらくどんな敵にとってよりも、乗員にとってより危険であろうし、航行にも向いていないであろう。デルタⅢ級潜水艦六隻は太平洋沿岸に配備されており、デルタⅣ級潜水艦五隻は北方艦隊に配属されている。地上発射システムは、ミサイルサイロと移動式ミサイル発射装置を擁する三つのロケット軍からなる。さらに大陸間弾道弾五〇六基と、第三七空軍と呼ばれる長距離爆撃機軍団がある。NATOのコードネームで「ブラックジャック」や「ベアー」と呼ばれるいくつかの航空機は、二〇〇七年夏にプーチンが現役に復帰させ、旗を翻して公海パトロールについた。これは、ロシアはいまなお、少なくとも軍の象徴においては世界大国であるとの主張を捨てていないのだ、ということを世界に分からせるためのジェスチャーであった。およそ二二基のABM（弾道弾迎撃ミサイル）レーダーが三六〇度監視を行ない、西と南西、北東と南東、さらに部分的には南からの接近物をとらえている。宇宙軍は総員四万人からなり、戦略ロケット軍と防空軍から移管された様々な編隊と部隊に配属されている。その目的は、ロシアとその同盟国に対するミサイル攻撃の発見、弾道ミサイル防衛、軍用および軍民両用の宇宙船の打ち上げと管理にある。

海軍の全般的な能力は低いと一般にみなされている。四つの主要な艦隊がある。航空隊と陸戦部隊を擁する北方艦隊、太平洋艦隊、黒海艦隊、バルト艦隊である。さらにカスピ小艦隊もある。

国外での展開は非常に限定されたものである。西側が異議を唱えているのは、グルジアの係争地域、南オセチアとアブハジアにいる三〇〇〇人の兵士、それにモルドバにいる一四〇〇人（うち三六五人は平和維持部隊とされている）のいわゆる第一四軍である。西側はその撤退を求めているが、ロシアはこれらの部隊を現在のまま留めておくことにこだわっている。このことが理由になって、ロシアは先日、双方の側に信頼・安全醸成措置を提供してきたCFE（欧州通常戦略）条約の履行停止に踏み切ったのだった。さらに、アルメニアに三五〇〇人のロシア兵、ベラルーシにいくつかの対空部隊、シリアに小規模な派遣艦隊、キルギスに五〇〇人の兵士、タジキスタンにもそれを少し上回る兵士が駐留している。ウクライナではロシア艦隊が、黒海沿岸セヴァストーポリの停泊・港湾施設を賃借りしている。ロシアはそこに水兵の一連隊、小艦隊、艦隊司令部を置いている。残りは国連の青いヘルメットをかぶった小部隊であるか、レバノンのUNIFILの任務がそうであるように、双務的な協定のもと、技師団が配備されている。

核の分野を除けば、ロシアはもはや五〇〇万の戦闘員を抱える巨大軍事国家ではない。その絶頂期をすぎてしまってからでも、ソ連はそのようなものであったのだが。二〇〇六年五月十日、プーチンは上院への年次教書演説のなかで、軍の状態にふれた。経済面で多くの弱さを抱えているにもかかわらず、軍は今日もなおみずからの使命を果たしうるし、国の防衛と安全を保障することができるだろう、と彼は力説した。一九九九～二〇〇〇年のNATOによるコソボ戦争とロシアのチェチェン戦争を振り返りながら、彼は述べた。ロシアは、よく訓練され戦闘準備のできた、必要最低限の兵士六万五〇〇〇人を編成して、チェチェンの叛徒との戦いに送り出すことができなかった。大統領によれば、あのときロシアが有していた出征可能な兵士は五万五〇〇〇人を下回り、しかも国中に散らばっていたのであった。プーチンは、当時のNATO事務総長ジョージ・ロバートソン卿よろしく、軍服を着た一四〇〇万人のロシア男女のうち、実戦に向かう準備ができているのはほんのわずかにすぎないとこぼした。

## 仕事に戻る

軍の状態に関する二〇〇六年の演説のなかで、プーチンは状況はかなり改善されたことを伝えた。軍には現代化されたハイテク兵器が導入された。だが、それはもっぱら戦略兵器においてであって、北カフカースの丘陵地にひそむチェチェンの叛徒を攻撃するのにはまったく役に立たないのであった。プーチンは、トーポリMとブラワー30という二つの大陸間ミサイルが導入され、一九九〇年以来初となる二隻の原子力潜水艦の建造がなされたと讃えた。通常兵器に関しては、プーチンのいえることは少なかった。彼は訓練の改善を讃え、将兵の戦闘精神も向上し、部隊の士気も高まったと述べた。だが、ハード面に関しては多くのことがなされる見込みはなかった。プーチンは高い成果を挙げることを求めたのではあるが。「われわれは国際紛争、地域紛争、さらに必要とあらば複数の極地紛争を戦えるような、しかも同時に戦えるような軍をもたねばならない」。このときプーチンは、一九九〇年代半ばのペンタゴンのいったことを繰り返していたようなものであった。二つ半の戦争を同時に戦うことができるし、しかも勝つことができる、と当時喧伝されたものであった。ここでもまた、アメリカは鏡であり、ロシア人の基準となっていたのである。

プーチンはとくに、次の一〇年に向けて六つの目標を取り上げた。あるものはハード面に、あるものはソフト面にかかわり、あるものは厳密に軍事的なものであり、あるものはより広い内容をもっていた。そしてそのすべてが、おそらくは野心的すぎるものであった。

・ロシア軍は、競合する外国の軍の計画と発展とを学び、理解しなければいけない。そして、それを質的に上回るような答を見つけなければならない。この外的脅威の査定において、アジアでの支配的立場を固めつつある中国の軍事力は、どの程度まで暗黙裡に考慮されているのであろうか?
・軍の三分の二は完全志願制に移行しなければならず、徴兵制の期間は一二か月に短縮されねばならない。これは伝統的なロシアの大規模軍隊ではなく、ハイテク兵器により依拠した戦略を示すものである。
・赤軍が中央ヨーロッパと中央アジアの大半から撤退して以来、解決されていない一つの問題に取り組まねばならない。つまり、将兵の住宅基準をずっと引き上げなければならない。
・軍事支出の半分は、訓練の改善、武器の効率向上、技術発展に投じられねばならない。
・部隊の規律が高められねばならない。とはいえ、軍内の規範と、さらには軍のいたるところで見られる粗野な慣行とを、現代的なハイテク組織に見合うように変えていくにはどうすればよいのか。この点についての処方箋は与えられなかった。
・軍に服務しているものの地位が回復されねばならない。祖国の守り手には高い社会的・財政的な地位が与えられねばならない、とプーチンはいった。とはいえ、法令を出すことを除けば、この高邁な目標をどうやって達成していくつもりなのか、兵士には何も語られなかった。はたして一般兵士はどのような反応を示すのであろうか。最もありそうな答えはロシアの伝統的な考え方、すなわち「神は高みに、皇帝は遠くに」である。

クレムリンは諸々の欠点を痛感していたのであり、二〇〇六年のこのプーチンの宣言は、二〇〇〇年に掲げられた五か年計画がどれだけ達成できたか、あるいは達成できなかったかについての、全面的な、そして必ずしも良好とは言いがたい評価としても読むことができた。二〇〇〇年の計画というのは、元々セルゲイ・イワノフ国防大臣に手渡されたものであった。イワノフは元KGBではあったが、軍人ではなかった。それは改革のためのロードマップであった。だが、それが導く先はどこであったのだろうか。何よりもまず、そしてそれは不可避であったのだが、将軍たちとの深刻な衝突が起こった。というのは、少なくとも三〇〇の将校のポストが取り潰しをくらい、伝統的な軍事計画は中断され、冷戦時代の巨大軍事機構が削減されたからである。

それでもともかくことは進み、イワノフはまず軍全体の人員を、一一〇万人強という現在の規模にまで減らすことに努めてきた。ついで彼は予算配分に手をつけた。それはつまり、軍の構造自体を変えることを意味していた。以前は予算の七〇パーセントは人件費と維持費とに使われ、三〇パーセントのみが調査と改善のために割かれていた。二〇〇六年の公式数字は、六〇対四〇というずっと改善された比率を示している。この傾向は、二〇一〇年に五〇対五〇の比率となるまで続けられるであろう。

これにくわえて、二〇一〇年と二〇一五年の間に軍の行政は、もはや軍管区ごとではなくなり、陸海空のすべてを含む地域組織に統合されるであろう。極東地域司令部は極東、シベリア、沿ヴォルガ＝ウラルの各軍管区と、太平洋艦隊を含む。中央アジア地域司令部は北カフカース軍管区と黒海艦隊からなる。西部ヨーロッパ地域司令部はレニングラード、モスクワの各軍管区と北方艦隊、それにバルト艦隊を含むであろう。

## 軍産複合体

アメリカのやり方を手本にしてプーチンは、政府内に軍需産業委員会を設けた。これは軍産複合体の監督を目的にした強力な委員会であった。一九九〇年代を通じて軍産複合体は、クレムリンの統制をはずれ、イランやシリアのような不吉な顧客に武器を販売することで、戦略上の混乱を生じさせたのである。この新しい組織は、参謀本部、国営兵器会社、国防省、その他の従来の諸組織を統合し、関連する全省庁、さらには国防予算や軍をも監督することになった。そのため二〇〇七年初夏〔正しくは二月〕にセルゲイ・イワノフは、国防大臣からこの委員会を担当する〔第一〕副首相に昇格した。その権限はきわめて強力であった。少なくとも名目上は。このときから当該部門での政府の全活動はこの委員会によって組織され、監督されることになった。兵器生産、調達、外国市場での販売についても同様である。

軍には無駄と非効率が溢れていたが、それでも大きなスケールで考えれば、ロシア軍はおそらく勝者である。ロシア側の統計と西側の計算を合わせて考えると、二〇〇六年の軍事支出はGDPの二・七四パーセントであった（六六七〇億ルーブル、あるいは二四〇億ドルに相当。一年前には五五〇〇億ルーブル、あるいは二〇〇億ドルだけであった）。二〇〇六年の調達費用は二三六〇億ルーブルに上る。二〇〇七年に向けてロシア政府は、三〇〇〇億ルーブルの支出増を計画した。セルゲイ・イワノフは大規模な軍備計画を発表した。大規模というのはロシア基準でということであって、アメリカの努力と比べれば小さなものである。だが、相対的にいえば、おそらくロシア人は、購買力の大きな違いを考慮するならば、支出に比してより多くのものを手にしているのである。

ソ連時代、ロシアは影響力や忠誠心、それに依存状態を金で買うために、兵器輸出を活用した。したがって、多くの武器は長期融資に基づいて外国政府に引き渡され、けっして支払いなどなされなかった。今日、兵器輸出はなお盛んであるが——実際、天然ガスと石油についで、武器はロシアの第三の輸出品である——軍産複合体は、国内での乏しい収入を兵器輸出で補うことや、規模の経済によって生産をより効率化することだけではなく、期日通りの支払いを求めることにも、非常に敏感になっている。販売される武器の質も変わった。ソ連時代には輸出されるのはよくて二級品であったが、いまでは工場は最新テクノロジーを売り込むことが可能である。もちろん核とミサイル技術は除いてであるが。

過去、大陸国家中国は長きにわたって、極東での主導権争いにおける隆盛著しい強力なライバルであると見られてきた。中国は戦略上の脅威であり、あまつさえ高度な武器の再開発能力ももっていた。したがって中国には、二級・三級の兵器輸出で我慢してもらわねばならなかった。だが、しばらくの間、上海協力機構の枠内で、中国は海軍戦闘管理のための最先端の技術と、質量を問わず好きなだけの戦闘機を購入できることになった。一番危険なライバルへのこの技術移転に、ロシア軍の参謀がためらいを感じていることはほぼ間違いがない。だが軍需産業界は生き残りを欲しているし、それどころかかつての有力な立場を回復することすら狙っているのである。それゆえ、現金払いでさえあれば、潜在的な顧客のショッピングリストにあるどんなものでも、相手がその先どうするかなどお構いなしに輸出するというのが、そう遠くない昔に崩壊を経験した一産業のライフラインとなったのである。二〇〇〇年には輸出高は二七億ドルを上回ったにすぎなかったが、二〇〇四年にはすでに四七億ドルとなった。上昇曲線はまだ続いている。二〇〇七年には、セルゲイ・イワノフによれば、七〇億ドル規模の輸出が計画されていた。そのほかに二二〇億ドル相当の軍事物資が外国との間ですでに契約済みであると、イワノフは胸を張った。

## 取扱注意

ロシアはいまでも軍の内外で、ポチョムキン公爵が健在である〔本章のエピグラフにある偽りの村をつくったのがポチョムキンである〕。モスクワ河に沿ってモスクワ市内をドライブすれば、美しく歳を経たかつての宮殿の外観が目を楽しませてくれる。とりわけクレムリン周辺ではそうだ。だがじっくりと見てみると、それが改修中の無残な建物を隠す大きなカンバスにすぎないことが分かるだろう。軍の現状に関する公式発表もまた、遥かにつましい現実を覆い隠す、きらびやかなカンバスにすぎなかったのであろうか。空軍の保有する航空機のうち、実際に使われているものは半分のみである。兵器の大半は五年以上前のものであり、しばしば操縦席のパイロットよりも航空機のほうが年上だったりする。ロシア空軍が保有する航空機で就航五年未満のものは、二〇以下だともいわれている。二〇〇九年以降、老朽化し、型の古くなったジェットを交換する必要のある航空機は三二〇〇機、ヘリコプターは一五〇〇機を越える。過去一〇年の間、最新型への変更もつぎはぎ的なものでしかなかった。ロシア空軍を時代に見合ったものにするためには、膨大な時間と金額とを必要とするであろう。そして空軍にあてはまることは、軍のほかの部分についてもきっとそうであろう。

戦略兵器の状態ですら——これがロシアにいまなお残された、世界勢力を主張するためのよりどころであるのだが——公式にいわれているよりも遥かに威力も能力も下回っている。主要な計画は慢性的に資金不足に陥っている。西側が心配しなければならないのは、未来の幻想的な新兵器のことよりは、むしろ過去のミサイルと核兵器の状態のほうである。セルゲイ・イワノフは国際社会に対して、ロシアの戦略兵器システムは完璧に守られており、内務省とその特別部隊の完全な監督下にあると請け合っている。だがソ連時代にさえも、西側で兵器管理の交渉にあたったリチャード・バート元〔駐西独アメリカ〕大使のような人たちは、ロシア人がすべての核兵器を完全に管理できているかどうか、常に確信をもてたわけではなかったのである。二〇年後の今日、西側の専門家の大半はロシアの戦略兵器の置かれた状況に懸念を抱いている。ロシアの移動式ICBM（大陸間弾道弾）の八〇パーセントは使用期限が切れている。アメリカについていくためにはロシアは年間平均で二〇基から三〇基の移動式ICBMを生産しなければならないのだが、現在は年間七基しか生産できていない。二〇〇二年の「戦略核兵器の削減に関する条約」は、二〇一二年十二月三十一日までにロシアとアメリカのそれぞれが、核弾頭の数を一七〇〇から二二〇〇の間を超えないようにすべきと定めている。ロシアの専門家は、そのときまでにロシアが一〇〇〇発以上の核弾頭を配備できるようになるということはないだろうと述べている。外部の観察者には、これはまったくどうでもいいことのように見える。だがロシア国民と、とりわけ軍の心理は依然として冷戦時代の思考法にとらわれているので、アメリカとの戦略的なバランスの優先順位は高いのである。

ペンタゴンは将来のイランの脅威に備えて、チェコ（レーダー基地）とポーランド（ミサイル一〇基）に迎撃ミサイル・システムを配備したいと早まっているのであるが、これに対する抗議もまた、軍事上の必要性ではなくて、威信や切望を基準にしなければ、説明のつかないものなのである。このシステムがロシアを脅かすことはないのであり、プーチンにしても、それを非難する一方で、その重要性が低いことをほとんど認めている。というのは彼は、アゼルバイジャンのレーダー基地の提供を申し出ることで、イランのミサイルに対してアメリカが空に目を光らせるのを助けようともすれば、最新のミサイル防衛について何かしら学ぼうともしているからである。だが、そのシステムはトラウマや恐怖心を呼び起こすのであり、実は政治の本質とはそういうものにこそあるのである。なるほど二〇〇七年の選挙は「自由と公正」からはほど遠かったかもしれぬが、それでも過去からのメッセージはやはり強力に響いたのだった。他方、現実の世界においては、羽を切られ、資金も最低水準にまで切り詰められたロシア軍は、いまだ根底からの変革の途上にあるのであって、かつての無敵の赤軍から遠く遠くへと歩んでいくであろう。この変革を導くための軍事ドクトリンはなかなか形成されなかったし、劇的な資金不足によっても長く束縛された。軍事政策は伝統的に軍事ドクトリンの従属変数である。国の軍事上の優先順位はそれによって決められ、軍事過程全般も、とりわけ軍の発展も、それによって方向づけられる。それはまた、軍の調子、能力、必要を決めるのであるが、限界もまたそれによって決められる。そしてまた軍事ドクトリンは、軍の政治上の主人に対して、軍を用いるための形式と方法とを与えるとも考えられている。

## 冷戦はもうない

他のすべてのものにとってそうであるように、ロシアにとってもまた、冷戦時代に典型的であったような紛争は防衛構想から姿を消した。二十一世紀の最初の数十年におけるロシアの軍事政策は、軍参謀によれば、「最も複雑な問題や矛盾に対するバランスのとれた建設的なアプローチと、諸外国との軍事・政治的協力の過程における積極的な結果の追求によって、特徴づけられる」（ヴァレリー・レオニドヴィチ・マニコ少将、二〇〇四年のヘルシンキのセミナーにて。[Russian Military Policy and Strategy, National Defence College Helsinki] 2004, pp.45-55)。

仮にこれを上品な人々向けのよそゆきの説明であるとして――北カフカースのムスリム叛徒と戦わねば

ならぬことからくる、軍事的な混乱、残虐行為、そして苛立ちに関しては例外として――本当に強調したい点は抑止力のほうにあった。「戦略兵器による抑止こそが、ロシア連邦の軍事政策における最優先事項である。それは通常戦争と核戦争の両方を阻止するためでもあれば、同盟国に対する義務を実現するためでもある。この点に関して原則的な意義をもつのは、みずからのもてる力、方法、リソースのすべてによって、ロシア連邦に軍事的な安全を保障することである。そのためロシア連邦は、いかなる条件のもと、いかなる侵略者に対しても（一国家であれ、国家連合であれ）、然るべき損害を与えることを確実に保障するような核武装能力を保有しなければならない」。

ロシア軍の指導者は、冷戦時代の身構えがほとんど意味を失ったことを知ってはいるのだが、それでも核ドクトリンに依拠することを好んでいる。核兵器の管理でならば、アメリカと対等な立場に立つことができるし、実力以上の力で勝負することもできるからである。とはいえ彼らはまた、核に頼ることは、アメリカ人いうところの「見返りが大きい」ということも知っている。まさにこのため、今日のロシアの核ドクトリンにおいては、核兵器の「戦術的」利用が冷戦時代よりも遥かに頻繁に出てくるのである。これは選択の結果というよりも、必要に迫られてこうなっているのだ。

公式のドクトリンによれば、「ロシアとその同盟国に対して核兵器ならびにその他の大量破壊兵器が使用された場合、ロシアは核兵器を使用する権利を保持している」。とくに重要性をもつのは、「ロシアとその同盟国の安全保障にとって危機的な状況下では、通常兵器による大規模攻撃に対しても」核兵器の先制使用が可能である、というドクトリン上の規定である。

もちろんこれらすべてのことは、核兵器不拡散条約、およびそれに付随するウィーンのＩＡＥＡの監視体制が、維持されるかどうかにかかっている。一九六一年にベルリン、一九六二年にキューバで核対立が行き詰まったのち、ロシアはアメリカ、中国、イギリス、フランスとともに、核兵器不拡散条約を成立させたのである。その狙いは、核保有の野心をもつ国を排除するとともに（そうした国はいくつもあった）、総務的な軍備管理に向けた交渉と、本格的な協定のための土台を準備することにあった。そうした協定として、最初は制限に関して、二つのＳＡＬＴ（戦略兵器制限交渉）合意が結ばれた。のちには削減に関して、ＳＴＡＲＴ（戦略兵器削減条約）が結ばれた。二つの超大国の間で結ばれた最も重要な合意は、ＡＢＭ条約（弾道弾迎撃ミサイル制限条約）と呼ばれるようになったもので、これにより両国は事実上迎撃ミサイルの配備を放棄し、ただ一箇所のみに基地を限定することになった。一九七三年当時にあってはこのことは、ロシア人とアメリカ人のいずれも、効果的なシステムをもつにはほど遠いということを認めることを意味した。その後、両陣営とも研究に精を出したのであるが、ロナルド・レーガン大統領の戦略防衛構想（ＳＤＩ）のおかげでアメリカ人が一歩先んじ、ジョージ・Ｗ・ブッシュ（子）大統領にいたって実際にＡＢＭ体制を脱退することになった。ロシア人はこれに大層落胆し、怒りを露わにしたものであった。

これらすべてのことから、核不拡散体制の維持が、なおのこと重要となった。ロシア参謀本部は禁止、査察、それに考えられる限りの技術的手段を用いてこの体制の有効性を高めることを求めている。ロシア人はさらに核実験の停止をも求めている。核保有国家はいまや十分な経験を積んだから、コンピューターによるシミュレーションで十分実験できるだろうというのである。また包括的核実験禁止条約の発効をも求めている。この点は、上院が異議を唱えて批准を阻止したアメリカとの大きな違いとなった。

保有する核兵器の急速な劣化に鑑みて、ロシア人はまた、核兵器の数と能力との一層の縮小を進め、二国間（アメリカと）あるいは多国間（その他の合法的な核保有諸国と）ベースで、「戦略的安定性のために必要とされる最低水準にまで達すること」をも求めている。

混乱する現代世界においては、より見通しのよかった冷戦後期と同様に、全体としての戦略的安定性を維持することが、ロシアの軍事的思考の要であり続けている。これこそがロシア人が、かつての二極化構造から持ち越したいと思っている一要素であり、アメリカ人にもそれを押しつけたいと願っているのである。さもなくばアメリカ人は、ずっと多くの予算をハイテク兵器に投入して、ロシア人を遥か後方に置き去りにしてしまうであろう。戦略的安定性とはロシア人にとってマントラであり、勢力均衡と同じ意味なのである。参謀本部の高級幹部が様々な会合で指摘しているように、それこそが「過去三〇年以上、アメリカが代表するNATOとソ連・ロシアとの対話からも、またその対話の成果からも、切り離しようのないものであった」。

ロシアの将校はまた、運搬手段、とくにミサイル技術の管理をも重視している。この点では彼らは無論、自分たちと同じように考えているアメリカ人とではなく、長年の資金不足と外国市場の喪失によって苦しんでいる、ロシアの強力な軍産複合体と衝突している。軍参謀が次のようにいったのは、希望的観測であるにすぎない。「ロシアは大量破壊兵器とその運搬手段が拡散せぬようあらゆる手段を尽くしているし、その過程を阻止するためのあらたな方法も探求している」。

過去においてはロシアの軍事輸出は、必ずとはいわぬまでも大抵の場合は二級品であって、ソ連の衛星国であれ、第三世界の顧客であれ、どんなユーザーに対しても常に優位に立てるようになっていた。それが近年ではロシアの工場は、数あるなかでもインド（ロシアの軍事輸出の四〇パーセントを占める）と中国に最新技術を売却するようになった。先日、シリアとイランに対空システムが売却されたことは、アメリカ、イスラエルとその他すべての中東諸国を苛立たせたが、あれがどの程度まで高級品であったのかは、大半の観察者にとっては憶測をたくましくするしかないのである。

## ロシアを脅かす幽霊

とはいえロシア人が怯えている怪物とは、通常兵器による攻撃でもなければ核攻撃ですらない。それはあらゆる種類のテロリズムである。彼らは非対称戦争の幽霊に怯えている。トラウマとなったアフガン戦争、それに北カフカースで彼らはそうしたものを体験したのだった。さらに、ロシア参謀本部の将校は、西側の同僚と同様に、現代社会の複雑な性格が、重要インフラとテクノロジー網の中枢に対するテロリスト攻撃を誘発していることを理解している。九・一一事件に関する限り、ロシア軍の指導者は、アメリカ人や残りの現代世界と同じ側に身を置いていたのである。テロは、と彼らは大きな声ではっきりと述べている、「世界社会全体を攻撃したのである」。そしてロシアはもはや、残りの世界から孤立しているわけにはいかない。「近年ではテロリズムは、一国の安全に対する脅威という枠をはみ出し、国際的な安全に対する脅威へと成長してしまった。それゆえこの挑戦は、ロシアの軍事政策において重要な場所を占めている。ましてロシアは長年にわたり北カフカースで国際テロリズムの手下どもと戦っているのだから、なおさらのことである」。

灰緑色の軍服に身を包んだ人々のほうが、彼らの主人である細縞のスーツに身を固めた政治家たちよりも、軍事活動の限界を痛感しているというのは興味深いことだ。彼らのほうが、独力では勝ち目のないような戦闘に兵士を送り込むことを嫌がっているのである。「軍事力だけでテロリズムを一掃できないことは明白である。テロリズムの発生と成長の土壌を根絶するような、非軍事的な方法を探究することが必要なのだ」。これは疑いなくモスクワの政治家へのアドバイスである。「社会経済的な激変、貧困、大量失業、武力紛争、国際組織犯罪、麻薬取引、武器の不法販売、こうしたものがテロ組織が生まれる土壌となっているのである。包括的な手段をもって、一致団結して臨まなければ、この悪とは戦うことができない」。これはモスクワの政治家への警告であったかもしれないが、同時にまた西側諸国への協力、おそらく世界規模での協力の申し出でもあった。チャンスをつかまない手はないであろう。

ヘルシンキのセミナーでロシア参謀本部の将校たちは、テロリズムの問題に何度も何度も立ち返り、それを共通の取組みにしようと力説した。「いかなる国民といえども単独では祖国の安全を保障できないし、現代の国際テロリズムの脅威に立ち向かうこともできない。一致団結してのみわれわれは、自分たちの国民を守り、自分たちの社会を防衛し、未来の世代に自分たちの理想と原理とを引き継ぐことができるのである。まさにそれゆえロシアと、ヨーロッパ規模ないし大西洋規模の安全保障機構、すなわちNATOやEUは、この危険なポスト冷戦時代の現象に立ち向かうために力を合わせねばならない」。ロシア人は、この種の対テロ行動が、国家の安全保障に関する従来の見方を超越した、新しい協力モデルをなすものであることを十分に理解している。彼らが念頭に置いているのは「対テロ軍事作戦への直接的な関与、包括的な領空通過権、港湾・基地の利用、燃料補給支援と諜報活動の拡大、そしてもちろん大事なことに広報外交支援」である。

このような文脈を踏まえてみると、一九八六年にレイキャビクで、軍備管理協定のためにレーガン大統領とゴルバチョフ書記長が会談したときのことが、皮肉な気持ちで想起される。あのとき二人は、いまよりもずっと理論上の問題として、いったいいつになれば東西対立は終わるのだろうと考えた。二人の出した答えは、火星人が地球を侵略したとき、というものであった。いまや火星人が、今回の場合、それはもっぱら大中東からやってきたのだが、すぐ門の前まで迫っており、なかにはすでに壁の内部に入り込んだものもいる。新しい敵は新しい同盟を生み出すのだ。

## NATO――緊張関係

NATO拡大に対するロシア軍幹部の不快感は、けっして過小評価できないものである。それは一九九〇年代を通して成長した。ロシア連邦とNATOとの関係は、少なくともロシア人にとっては、国際関係と安全保障問題における最重要事項の一つなのだ。大量破壊兵器の拡散やテロリズムといった、両者共通の懸念もある。ロシア人は、共同の取組みを着実に行なうための安定した枠組を求めてきたといえる。NATO・ロシア理事会は、彼らを失望させるものでしかなかった。とくに国連でのロシアの反対を押し切って、NATOがコソボを空爆してからはそうだ。

とはいえ軍の幹部陣は結果を求めており、対テロ共同闘争に欠陥があることをひどく気にしている。NATOに内部分裂を持ち込もうとしたことを、ロシア人ははっきりと自己批判した。「NATOの拡大を阻止するとか、反NATOブロックをつくるとかいった試みは、すべて失敗した」。もちろんこれは、イラク戦争前夜のことを指しているのである。「ロシアは安全保障の分野におけるNATO諸国の対立を過大評価していた」。アメリカとNATOをロシアの敵、ヨーロッパとEUをロシアの友とみなして分裂を図るというやり方は、まったく的外れであった。「環大西洋関係の現状は、分裂よりも統一のほうにずっと向かっている」。こうした認識は、翻ってロシアの政策決定者をより現実的かつ実利的にした。ロシア参謀本部の将校は一度ならず繰り返した。「ロシアの対NATO政策は、国際テロリズムのような、一国の安全に対する現代的な脅威を理解することにその基礎を置かねばならない。ロシア＝NATO関係にいまだに見られるような、冷戦時代のステレオタイプに基づいていてはならない」。彼らが意識しつつも、あえて口に出さないでいたのは、長期的に見れば戦略上の競争相手は東は中国であり、南は様々な姿のイスラム勢力である、ということであった。ロシア軍のエリートは冷戦終結以来ずっと、軍対軍関係の構築に努め、NATO・ロシア基本文書、NATO・ロシア理事会、それに様々なかたちでのロシア＝NATOの協力関係を、ハーバードでも、エーベンハウゼンのドイツ国際政治・安全保障問題研究所でも、戦略レベルでも、存分に活用してきた。

ロシアとNATOの間では、いくつかの作業グループが活発に活動しており、領空コントロール、後方支援、物資技術供給、それにこれが一番大事なのだが、弾道ミサイル防衛について、情報を交換しあっている。このうち最後のものは、南から飛来するミサイルからの祖国防衛と言い換えてもよい。長年にわたってロシアとアメリカの作業チームは、とくにTMD（戦域ミサイル防衛）について、協力の方法を検討してきた。たしかに、アメリカはABM条約を脱退してしまったし、より最近では、イランの核弾頭ミサイルがアメリカやヨーロッパに飛んでくるかもしれないからといって、チェコにレーダー基地を、ポーランドに迎撃ミサイル一〇基を配備したいとアメリカが提案したことに、ロシアは猛抗議したのであるが、そうしたことのすべてにかかわらずである。

二〇〇七年のミュンヘン安全保障会議でプーチンがこの問題を取り上げたとき、ロシアの怒りはおよそ宥めがたいものであるように見えた。ところがその一方でロシア軍は、アメリカの迎撃ミサイル体制構築に協力すべく、使用されていないアゼルバイジャンのレーダー基地の提供を申し出たのであった。西側内部の反米機運に乗じて政治的な点数を稼ぐことと、アメリカの迎撃ミサイル技術を窺い知るための機会をつかむこととは、まったく別のことなのである。

それどころか、多国間緊急部隊の枠組で、合同演習や合同活動をやろうという話すらあったのである。

九・一一事件後、そのような取組みはより活発になった。二〇〇二年のミュンヘン安全保障会議で、当時ロシア国防大臣であったセルゲイ・イワノフは「地位協定」に関する作業に言及し、合同訓練と合同演習をやることだってあると述べた。合同演習は指揮所演習と野戦演習のどちらもである。潜水艦事故の際の乗員の脱出と救助に関する枠組も――ムルマンスク沖でのクルスクの惨事に応えて――合意された。「これは純粋に技術的なものに見えるかもしれませんが、実際にはNATO・ロシアの共同行動をすぐれて実践的な新しいレベルに引き上げることになったのです」(セルゲイ・イワノフ、第四〇回安全保障会議にて)。

## 何はなくとも不拡散

これら共通の懸念のうちでも、大量破壊兵器の拡散を封じ続けることこそが最優先事項であった。そしてロシア人もアメリカ人も、それをいっしょにやるしかないし、さもなくばあきらめるしかないということを、よく理解している。まさにそのため、両者は非常に緊密に協力して、核の道を歩み続けるのはやめろと北朝鮮に説得しているのである。ロシアとイランの複雑な関係もまた、この点を頭に入れれば理解しやすくなる。ロシアはブシェールの原発建設を助ける一方で、核燃料をイラン人の手に渡すことは避けたいのである。不拡散の思想は冷戦時代に遡る。あのときアメリカ人とロシア人は、核の独占を維持するために一致協力したのであった。イギリス、フランス、中国の野心はお構いなし。第三世界諸国の野心もまた抑えられた。これまでこの状態は根本的には変わらなかったし、これからも変わるようには見えない。ロシア人ばかりか、リチャード・ニクソン以来のすべてのアメリカ政府もまた、核の魔人をびんのなかに閉じ込めておくことこそが何よりも国益にかなうのだと、常に理解してきたのである。

今日、ロシアの安全保障ばかりでなくその国際的な地位もまた、アメリカと、そしてまたより重要度は劣るが中国、イギリス、フランスと、核のカルテルを維持することにかかっている。ロシアの政治家がテロこそが最大の懸念だというとき、それはもちろんチェチェンの叛徒と国境近辺のイスラム戦士のことを指している。だが、ロシアにとっての悪夢中の悪夢は核兵器によるテロである。この点でロシアはひとりではない。NATOの指導者は、ロシアの恐怖を自己実現する予言に変えてしまうのではなしに、過去の影を克服して、迫りつつある現実の危険に集中することができるし、またそうしなければいけない。ロシア軍の現状からいっても、またロシアの全般的な戦略構想から見ても、冷戦時代特有の条件反射や政策への回帰はありえない。顧客を見込んで新兵器のお披露目がなされるときなど、モスクワから軍事的なレトリックや大言壮語が響いてくることもあるが、気にするにはおよばない。ロシアの軍事支出はもう何年も予算を大きく下回っている。それにそうした予算自体が、軍が不満をもらしているように、どのような基準からいってもつましかったのである。ロシアは疲弊しきった帝国である。戦車やマルクス主義イデオロギーは過去の通貨になった。それは、新しい権力を得るために、石油、天然ガス、パイプライン、それにオイルダラーを頼りにしているのである。現代世界にようこそ。

# 7 カザンの空に昇る三日月

「ひとはロシアに足を運ぶしかない。ヨーロッパの知性と静謐と、アジアの天分との恐るべき交わりの果実を見たければ。」

**キュスティーヌ侯爵『現代のための旅路』**

カザンに夜の帳が下りる。カザンカ川がヴォルガの大河に流れ込む、いにしえのタタールの都。イワン雷帝のクレムリンが遠き過去から幽霊のようによみがえり、古都とその現代的な高層建築に影を落とす。壁も、銃眼も、塔も、圧し寄せる白い光を一面に浴びている。この古代の城砦は、モスクワからヨーロッパ、そしてアジアへと広がるロシアの膨張の記念碑でもあれば、数世紀におよぶ帝国の栄光と、それに続く落魄との記念碑でもあった。

だが、ごく最近になってつけ加わった建築物は、別の物語を伝えている。真新しい、白大理石のモスクは、トルコの企業によって建てられたもので、古いロシアの建物を足下に見下ろしている。それが伝えるものは、一九九〇年代初頭の政治的、宗教的な高揚の物語であり、サウジマネーの物語である。そしてまた、イスラムとロシア正教、過去と未来、多産のムスリム女性と少産のロシア女性の、座りの悪い平和についての物語でもある。モスクの巨大な丸天井はインクブルーの空を突き、四つの高い塔がその周りを取り巻いている。夜になると青と緑の光が塔を照らし出す。征服者ロシアを圧倒するイスラムの象徴は、誰の目にも明らかだ。それは八〇〇キロメートル西方のモスクワに強力なメッセージを放っている。苦しかった過去は誰のものか、ではなく、誰が未来を手にするのか、が大事なのだと。

## イワン雷帝を打ち倒す

いまから四世紀前、獰猛かつ戦闘心に満ちた六万の軍勢を率いて、イワン雷帝がモスクワから襲来した。その目的は、今日にいたるまでロシア人が、恐怖、自己不信、畏敬の念をもって「タタールのくびき」と呼ぶものを打破することにあった。すなわちユーラシア草原の人々による三〇〇年の支配である。ひとたび町を蹂躙し、略奪し尽くしてしまうと、雷帝はカザンの城砦をよりいっそう強力に打ち固めた。かくしてそれは、困難な時代を朽ちることなく耐え抜いた。アジアからの侵略を永遠に防ぐ強力な防波堤として。そしてソ連時代でさえも、ロシア人がみずからに与えた使命「征服し、文明化し、そこに留まれ」を強く想起させるためのしるしとして。だが、いまや雷帝の鐘楼の先端に黄金の三日月が掲げられ、遥か南のメッカを指し示しているだろうとは、かの無慈悲な征服者のおよそ想像できなかったところであろうし、まして彼がそれを歓迎することはないであろう。太古の昔からカザンは、アジアの遊牧民がヨーロッパに進出する際の入り口であったが、まさにそのカザンにおいてロシア人に対して、だがよくよく注意して聞くならばさらに西方の人々に対しても、ムスリムの再征服が宣言されているのである。この歴史の逆転は、数年ではなく数世代を単位にして考えねばならないし、それはたったいま始まったばかりなのである。外国人旅行者のために毎晩馬乗りが荒々しい武人の舞を演じているが、それは明らかにロシア起源というよりはタタール起源であろう。そこに込められたメッセージは、ただの民謡がそうであるよりは、ずっと深刻であるのかもしれない。

ソ連時代からの傑出した生き残りで、高い人気、それに掛け値なしの民主主義者の額面を誇っているのが、タタールスタン共和国大統領のミンチメル・シャイミエフである。アーモンド形の目と、黒い瞳からは、彼のタタールの血統が窺える。かつては彼は仕事熱心なソヴィエト農業官僚だったに違いない。というのは弱冠二十九歳で、ソ連でいうところの農工コンプレックスの所長に任命されているからである。彼は中年になって政治に足を踏み入れ、勲章と役職、それに影響力を増した。ソ連崩壊後に彼は見事な変身を遂げ、タタールスタンの安寧を極力維持し、四度のうち三度まで再選を果たした。シャイミエフは最近クレムリンの命令によって、ふたたび指導者の地位につけられたのであるが、そうした事態に当惑を感じていると遠慮なく口にした。人民はみずからの指導者を自分たちの手で選ばねばならない、と彼は主張するのである。だが、このように留保するからといって、彼がウラジーミル・プーチンとの友情をひけらかさないというわけではない。小冊子でも、市外に伸びる短い高速道路沿いに立ち並ぶけっして小さくはない広告板でも、南のクレムリンの主人が北のクレムリンの主人と握手している姿を目にすることができる。シャイミエフはまた、「統一ロシア」の指導者の一人でもある。彼の人気のほどは、その黒塗りのメルセデス・ベンツSクラスが武装仕様でないことからも分かるだろう。彼には同型の車で周囲を固めて暗殺者の目をくらます必要もない。彼はボスであり、そして彼は本気なのである。

シャイミエフはタタールの祖国の父、また開明的な統治者として振舞っているが、それにはたしかに説得力がある。モスクワではシャイミエフといえば、ソ連崩壊後にチェチェンで最初の反乱が起こったときに、大流血の惨事を食い止めたことが忘れられていない。おそらくは、石油の豊かな共和国を分離独立から引き止めたことだって、彼の功績であろう。それを実現するために彼は、カネ、見事な説得力、それに強権を組み合わせたのだった。それゆえ彼は今後も長い間、かけがえのない人物であり続けるだろう。タタールスタンがロシアの石油の正味一八パーセントを生産していることも、彼の力になっている。その埋蔵量は少なくともあと三〇年はもつと見込まれている。その収入のほとんど九〇パーセントまでもをモスクワの宗主が要求していることは、無論地元のプライドと自尊心を傷つけている。

カフカース、それにチェチェンの首都グロズヌイ――イワン・グロズヌイ（雷帝）からつけられた――は遥か南方、およそ一〇〇〇キロメートルの彼方にある。これは西方にあるモスクワまでの距離よりも遠い。だが理念はすばやく旅をするものである。正教の年老いた総主教と、メディナで学んだ若いムフティー〔イスラムの高位法学者。この場合はタタールスタン共和国ムスリム宗務局議長〕は、先述のモスクで開かれた合同会議に集まった人々に、すべてはうまくいっている、人々は互いの声に耳を傾けている、イスラム原理主義が伝染する危険性はない、誰もが幸福である、と請け合った。だが、地元の高僧たちを多いに悔しがらせたことには、アフガニスタンで何人かのタタール青年が、アメリカによって捕らえられたのだった。彼らは悪名高きアメリカのグアンタナモ・ベイ収容所に送られた。そこではイスラム戦士が合法的な地獄の辺土につながれているのである。要警戒というわけであった。

ソ連時代には一ダースもなかったタタールスタンのモスクは、数百にまで増えた。トルコ語に大変近い言語であるタタール語も隠れているのをやめ、いまでは共和国の第二公用語になった。

## もっとモスクを

カザンからモスクワのカザン駅までは、緑色の夜行列車で八時間の旅だ。ぎしぎしと軋む線路の上を、列車はゆっくりがたがたと進む。車中では緑の制服を着た女性車掌が、紅茶とウォッカをふんだんに振舞ってくれる。モスクワからは東方と南方に向けて、半ば公然と不安のまなざしが投げかけられている。

ソ連が消滅してその大きさは縮まったとはいえ、ロシアはなおも約二〇〇〇万のムスリムを抱えている。国内ムスリム人口の比率は、三〇〇万人のトルコ人を抱えるドイツよりもずっと高く、大部分がアラブからきた推計七〇〇万人のムスリムを抱えるフランスに迫る勢いである。

チェチェンは現在平和状態にあるが、それはぎこちなく予測のつかないものである。現地の大統領はラムザン・カディロフといって、その性格は（そもそも彼にそうしたものがあるとして）大変につかみづらい。いまのところ彼は、ロシア人の特殊部隊や行政官と協力しているが、他方では女性にベールの着用を求め、巨大なモスクの建設にとりかかり、モスクワの過度の介入を退けようともしている。明日はともかく明後日に彼が何を考えているか、誰にも分かりはしない。ロシアのムスリムは今後数年、あるいは数十年先の自分たちの運命について、何を夢見ているのだろうか。このような問いに思いを馳せてみることを、モスクワの人々は好まない。ムスリムの未来は、モスクワの十字架と鷲のもとでは決まりはすまい。それはむしろ、昇りゆく三日月が支配する地の帰趨にかかっている。もっともカザンはいまのところ静謐である。

プーチンは、いまは亡きソヴィエト連邦の衰退と崩壊とは、紛うかたなき二十世紀の悲劇であったと考えており、そのことをけっして隠そうともしない。そして、ロシア人五人のうち四人までも、彼と同意見のようである。だが、よく考えるならば、広大なソ連の終焉は、ロシアとロシア人にとって一種の解放としても見ることができるのである。フランスが、いまから振返ってみれば、一九六二年にアルジェリアとのへその緒を断ち切ってくれたことでド・ゴール将軍に感謝しなければならないように、ロシア人もまた、大きな反乱も蜂起もなしに、アゼルバイジャン、カザフスタン、トルクメニスタン、タジキスタン、ウズベキスタンといった南部の共和国に暮らす、数百万のムスリムと手を切ることができたのである。

一九九一年、沈みゆく船から脱出するときにこれらの共和国は、膨大な天然資源や帝国の栄光やカザフスタンのバイコヌール宇宙基地のような軍事施設もいっしょにもっていったのだが、同時にまた、多民族・多宗教の平和な帝国という、幸福かつ安らかなソ連的な幻影にも終止符を打ったのである。あらたにつくられたこれらの国家の内部、また国家同士では、激しい継承戦争が戦われた。とりわけアゼルバイジャンとアルメニアの間ではひどかった。グルジア共和国からの南オセチアとアブハジアの分離手術は——隣接するロシアの支援なしにとはいわない——幸いにも短くて済んだ。それはロシアとグルジアの国境地帯に残った「凍結された紛争」となったが、二〇〇八年八月の短くも凄惨な戦争において解凍された。

ラドヤード・キップリングがイギリス帝国主義のたけなわに「白人の責務」と呼んだものは、一皮むけば膨張した母国への祝福の言葉にほかならなかった。ソ連が歴史から退場したとき、大方の予期に反して起こったことは、お祭り騒ぎではなくてすすり泣きであった。チェチェンとカフカースでの戦争は典型的な事例になりかねなかった。実際にはそれはこれまでのところ例外であるのだが。あらたな惨事が起こる可能性はある。たとえば隣接するイングーシや民族が混住するダゲスタンで。ただこれまでのところ、それは起こっていない。

実際、事態がずっと悪くなることだってありえたのである。当時はアジア全域でイスラムの復興が目覚ましかったし、ロシア南部の国境地帯ではとくにそうであった。その境界線はロシア皇帝の将軍たちによって行き当たりばったりに引かれたもので、一九二〇年以後に赤軍のコミッサールの手で再征服がなされたのちは、ソヴィエトの新しい統治者によって同じことがなされた。彼らが征服した相手に押しつけたものは、共産主義イデオロギーとロシア拡張主義によって引かれた心象地図であった。

「私の住所は通りや番地じゃないの。私の住所はソ連邦」。これは一九六〇年代の流行り歌で、いまも人気がある。だが、「ソヴィエト人」をもって普通の人間と置き換えることはできなかったし、ソヴィエト・イデオロギーによって国民国家への憧れや、部族、氏族といったものを消し去ることもできなかったのである。事実、中央アジアのどの共和国も、ウクライナも、最初に犠牲となった民族は自分たちだということを、ソ連終焉にいたるまでけっして忘れることはなかった。内戦の蛮行はその後もコレニザーツィヤ、すなわち伝統的なエリートの抑圧と地元の赤色コミッサールを基にしたエリート創出として続けられた。当然の帰結として、遊牧民の伝統も破壊された。この文明化の「使命」は数世紀、いや、実際には数千年におよぶ、民族の伝統に終止符を打ったのである。

## ソ連の遺産

皇帝たちの時代、ステップの民は中央の統制からおおむね自由にされていたが、カフカース山脈のほうはあまりに重要な地であったので、何もせずに現地部族に任せておくというわけにはいかなかった。ロシア支配が始まるとともに抵抗もまた始まり、怨恨と反乱の遺産はソ連に引き継がれた。チェチェンの人々は、三世紀にわたって攻撃され続けた終わりなき戦争のことをけっして忘れなかった。一九四二年にドイツ国防軍が接近したとき、彼らはついにソ連の支配から解放されると期待した。そのため一九四四年になって恐ろしい代償を支払わなければならなかった。無蓋車に詰め込まれてカザフの草原に送られたのである。生き残ったものが戻ってこられたのは、フルシチョフ時代の一九五〇年代になってからであった。グルジア人も多くの点で彼らと運命を分かちあっていた。グルジアには社会主義政党があったが、そのことですらもロシアとの懸隔に橋を渡すことにはならなかった。むしろグルジアの社会主義者はナショナリズムの煽り役であったし、あるいはスターリンやベリアのような人々、すなわちグルジアのボリシェヴィキにして最悪の処刑者たちであった。

七〇年にわたるソ連の支配は、それでもなお、民族間の緊張を少なくとも鉄製のふたの下に抑え込んでいたのであった。ソ連が最終的に解体する以前から、カフカースの諸民族は、終わりが近づきつつあるのを感じて、離脱を待つことなしに自分たちのソ連継承戦争を始めた。一九八九年以降にユーゴスラビアの大部分で起こったことは、ソ連支配が崩壊したときの南部の状況に非常に似ていた。広大な土地が再分割され、「民族浄化」が恐怖と虐殺をきわだたせた。今日にいたるまで紛争の大半は、長続きするような解答を得ていない。グルジア、アゼルバイジャン、アルメニア、アブハジア、オセチア、さらに多くの現地の人々が各自の建国神話を想起して、記憶にあるすべての土地が自分たちのものであると主張している。最悪の場合、大量殺戮が解答であったし、最良の場合でも、紛争の凍結であった。

ロシア人は、スターリンからゴルバチョフにいたるまで、伝統的エリートやイスラムとその師に対する野蛮な抑圧政策を、新しい指導者を抜擢するための長期的な試みと組み合わせてきた。どの程度までそれは成功したのだろうか。「われわれは七世紀にここにいた。そして私はみなさんに請け合っていうのだが、明後日にはわれわれの数はさらに増えているだろう」。これは、公式機関である中央アジア・カザフスタン・ムスリム宗務局の副議長、アブドゥッラー師〔アブドゥルガニ・アブドゥラ〕が、一九八九年一月に述べた言葉である（Erffa, Wolfgang von, *Das Vermächtnis des Eisernen Emirs*, 1989）。

このような覚醒は、アフガニスタンにおけるロシアの壊滅的な敗北の後では、単に伝統や追想の結果というだけではすまなかった。一九八七年は、ロシア正教一〇〇〇年〔一九八八年にロシア正教会一〇〇〇年祭〕、カザンを首都とするヴォルガ流域のイスラム受容一一〇〇年〔一九八九年に記念行事〕、オレンブルグのムスリム宗務局設置二〇〇年〔正確には一九八九年〕が重なった年であったが、まさに当時、宗教ルネサンスが始まろうとしていたのであった。はじめゴルバチョフ、ついでボリス・エリツィンのもとでいっそう精力的に進められた正教会の復権は、伝統を重んじるロシア人や、ひそかにキリスト教を奉じてきた人ばかりでなく、ソ連全土のムスリムの間にも強い反響を引き起こしたのである。まったく突然にソ連帝国のムスリムは、彼ら自身の歴史、アイデンティティ、それに潜在力を発見することになった。このころ、自由アフガニスタン作家同盟の会員で、長年中央アジアに暮らしてきたシャファク・スターニザイは、ソ連領には七〇〇〇万人のムスリムが居住しているが、彼らは将来のイマーム〔指導者〕を教育・養成するために、中央アジア・カザフスタン・ムスリム宗務局の管理するわずか二つの施設しかもっていないことに注意を向けた。いずれの施設もきゅうくつなイデオロギーの縛りを受け、教育内容も多かれ少なかれソ連イデオロギーの教義にしたがっており、反資本主義と反宗教の決まり文句を相当含んでいた。登録された学生数は全部で八〇人を超えなかった。卒業生はイスラム教徒同胞のためにではなく、ソ連と新興イスラム諸国の関係確立であるとか、国際機関でのソ連平和プロパガンダであるとかのために働くことになっていた。

スターリンのもとではイスラム教は、キリスト教と大体同様に、反動そのもの、反ソ的、「民衆の阿片」といった、マルクス主義の王道に恥じぬ扱いを受けてきたのであった。それが一九六〇年代になると、アルジェリアがフランスに反旗を翻して立ち上がったことや、その他にも様々な反西欧の解放運動がイスラム諸国で沸き起こったことへの反応として、さらにはまた非同盟運動に応えるためにも、親ソ的なイスラム教というのがあれば便利ではなかろうかとモスクワは考えるようになった。さらに、一九七〇年代に入るとソ連の支配者たちは、イスラム教は社会改善の一要素ではないかと、緩慢にではあるが認め始めた。スターニザイの見積もりによれば、九五パーセントから九九パーセントのウズベク人、トルクメン人、カザフ人、タジク人、キルギス人は、家庭や地元の生活においてイスラム教の儀礼を守り続けており、ソ連の支配にはほとんど共感を覚えていなかった。彼らの外国人嫌いはほとんどの場合、ロシア人支配者に対して向けられていた。アフガニスタン戦争は一九八〇年代を通して憎しみを強めた。ソ連軍の最高指導部は、主にイスラム系共和国の兵士を砲弾のえじきとしてアフガニスタンに送り込むという、戦略的な大失策を犯した。ロシア人の主人に対する彼らの恨み、苛立ち、そして軽蔑は、ソ連を解体するための重要な力になったのである。

ソ連の一五共和国のうち六つの共和国では、ムスリムが住民の多数を占めた。最重要拠点は、タシュケント、カザン、バシキリアの首都ウファー、ブイナクスク、カスピ海沿岸のバクー、それにチェチェンと隣接するダゲスタンであった。ホメイニ師が一九七九年に帰国してイラン革命が起こると、国際的に大きな衝撃が広がったが、ソ連南部の諸共和国ではその影響はどこにもまして大きかった。まさにイラン国王の劇的なまでの運命の反転と、アメリカが被った恥辱こそが、イスラムの覚醒を引き起こしたのである。宗教的な目的と政治的な目的はそこでは渾然一体としていた。カフカース地方のムスリム住民にとって、イランのイスラム革命はぞくぞくするような出来事であり、模倣するに足るものであった。ホメイニの憎悪に満ちた説教をイラン全土と近隣諸国とに届けたあの小さなカセットテープが、イランの北部国境を越えてソ連の支配するイスラム系共和国に密輸入された。他方でイランでは共産主義者が地下活動から姿を現しムッラー〔聖職者〕体制に協力を申し出たが、拒絶されて弾圧された。国境の北側では数多くの青年ムスリムがイランに亡命する許可を願い出た。豊富な石油に恵まれ戦略上も重要なカスピ海沿岸のバクーは、もう一つのアゼルバイジャンから三〇〇キロメートルしか離れていなかった。もう一つといったのは、アゼルバイジャンと呼ばれる地域はソ連・イラン国境をまたがって広がっているからである。ソ連時代、この町の人口一五〇万人のうち、半分はムスリムであり、その大半はシーア派に属していた。

一九二八年以降、一種の鉄のカーテンがソ連の占領者によって南部国境にひかれ、四〇年にわたって維持された。ようやく一九六〇年代にその状態は終わったが、それはモスクワが第三世界に世界革命のチャンスを認め、将来の同盟者を思い描くとともに、社会主義の達成を彼らに誇示することを望んだからであった。だがこれは、KGBがプロデュースした蜃気楼のようなものであって、消え去るのも早かった。イラン革命、アフガニスタンにおけるイスラム抵抗戦士によるソ連軍の敗退（アメリカがスポンサーになってハイテク電子機器を援助していた）、それにロシア正教の復活のほうが、強力で長く続く影響を有していた。ソ連崩壊よりもずっと前から、モスクワの統御するメディアは「イスラム問題」について言及するようになっていた。そこで含意されていたのは、南部国境の両側で起こっている地殻変動であった。突然、とはいえ実はまったく予告なしにではなく宗教が——おおやけに中傷され、ソ連時代を通じて迫害されていたにもかかわらず——真剣に考慮すべき勢力として立ち現われた。その一方でソ連イデオロギーは、精神的な約束もなければ経済的な成功も軍事的な抑止力もない、あらゆる点で枯渇した勢力に成り果てていた。それにくわえて、ソ連帝国のイスラム系共和国のどこにおいても、共産主義イデオロギーは、外国人の・白人の・北方の抑圧を隠すベニヤ板にすぎないという非難を克服することができなかった。アフガニスタンでのソ連の敗北は、イスラムの土地に対するモスクワの権力はけっして永続的なものではないという見込みを与えるものであった。ソ連支配の最後の時期、当局は、アフガニスタンの中心的なレジスタンス組織が彼らのプロパガンダをロシア語に翻訳さえしており、南部の諸共和国、とりわけキルギスに、だがまたサマルカンドやタシュケントやブハラにも流通させていることに気づいていた。

ソ連当局のほうもまた、一九八〇年代初頭に反イスラム・キャンペーンを始動させ、かつては皇帝の軍隊がカフカースを征服し、二十世紀には赤軍がバスマチを粉砕したのだということを、誤解の余地のない言葉ではっきりと現地人に思い起こさせた。バスマチというのは南部の叛乱者あるいは「匪賊」であり、白軍と赤軍の内戦にまぎれて自分たちの小国家をつくり上げた人々である。他国の外交官たちはこのキャンペーンのなかに、独立を夢見るムスリムに対する紛れのない警告を見てとった。

今日ではカスピ海から中国国境にいたる広範な地において、モスクの修復や新築が進んでいる。革命前にはロシアのこの地域には二万五〇〇〇に上るモスクがあったと計算されており、さらにブハラ汗国とヒヴァ汗国に一〇〇のモスクがあった。一九四二年には総計は二〇〇〇にまで落ちており、一九六六年にはわずか四〇〇のモスクのみが、ソ連の語法を使えば「稼動していた」。明らかにKGBは、過酷な抑圧の結果であるものを、ソヴィエト教への自発的な改宗の兆しと取り違えていた。一九七六年五月にソ連閣僚会議付属宗教問題評議会議長の同志ヴェ・フーロフは、「登録された」モスクは三〇〇あるが、「登録されていない」モスクは七〇〇あるとの数字を挙げている。外交官たちの伝えるところによれば、同じ時期にタシュケントの一官僚は、ソ連領中央アジア全体で一四三のモスクが「稼動中」である、と述べたとされる。平均すればモスク一つにつき二五万人のムスリムという計算であった。ソ連末期、イスラム問題の一番の権威として知られるイーゴリ・ベリャーエフは、『文学新聞』に「三六五のモスクが礼拝者で満たされている」と書いた。今日では中央アジアの諸共和国ばかりかロシアのムスリム諸州、さらにいえば旧ユーゴスラビアのムスリム地域でも、地元の資金とサウジアラビアのような産油国の寛大な支援によって、いたるところに数多くのモスクが建設されている。

## どうやってイスラムと共存するか

ロシア人の態度は曖昧であり、プーチンもまた例外ではない。中央アジアの宝物殿をなくしたのは悲しいことかもしれないが、以下の事実に彼が気づいていないということもありえない。すなわち、ロシア人の間での人口爆縮は長く尾をひくものであり、その一方でムスリムの間では人口爆発が起こっていることを考えるならば、まさに帝国の終焉のおかげで大問題——長期的に見れば解決不能な大問題が、ロシアから取り除かれたのである。ソ連末期に七〇〇〇万人であったムスリムは、いずれ一億人に迫っていたであろう。平均すれば彼らはロシアのロシア人に比べてずっと若く、より機敏でもあれば精力的でもある。もし人口動態が運命であるとすれば、ソ連崩壊後のロシアは従来よりもずっと、みずからの——人口上の——運命の主人である。

だが帝国の終焉はまた、生活環境のより穏和な西方を目指して、数百万人のロシア人がシベリアの不毛の大地を去ることをも意味した。強制労働はブレジネフこのかた時代遅れになっていたし、どちらにしても過酷な地で油井を管理したりパイプラインを建設・維持したりするのにはあまり役に立たぬであろう。

ロシアはその歴史を通じて人間の数にはことかかなかったので、権力の座にあるものは大衆をただ人のかたまりとしてしか取り扱わずに、戦時であれ平時であれ、人間の命だとか尊厳だとかにはさしてこだわらず、ただそれを配分しさえすればよいのだと考えてきた。どれだけの人がグラーグ〔収容所〕で息絶えたのか、またどれだけの人が血みどろの戦闘に送られたのか、誰も知らない。こうした状況に変化が訪れたのは、別の哲学への宗旨替えがなされたからではなく、十分な教育を受けた若い人々の多くが、ロシアに留まることを望まなかったからであり、仮に留まるにしても子供を生んで育てることは望まなかったからである。今日のロシアは資源に恵まれているが、ただ一つ、最も重要な資源だけは例外である。それは人々であり、彼らによる幸福の探求である。

二〇〇七年にプーチン大統領のお墨付きで、あるレポートが公刊された。それはロシアの困難な人口動態に関するもので、趨勢を押し止めるための政策提言も含まれていた。ノーボスチ・ロシア通信社によれば、その内容は以下の通り。ロシア連邦では平均して二一秒ごとに一人が生まれ、一五秒ごとに一人が死んでいる。一時間ごとにロシアの人口はおよそ一〇〇人ずつ減少しており、毎年総人口は八〇万人から九〇万人の減少を示している。国際連合は相対的に楽観的な観点に立ち、二十一世紀半ばのロシアの総人口を一億一三〇〇万人と予想している。それに対してモスクワの悲観論者は、趨勢がいまのまま変わらなければ、九六〇〇万人にまで減ると考えている。もしこちらのほうが当たっているとすれば、その結果は単に総人口の面でばかりでなく、ロシア人と非ロシア人のバランス、とりわけムスリムとのバランスの面でも厳しいものとなるであろう。現在の割合で進めば、五〇年以内にイスラム教がロシアの地における支配的な宗教となるであろう。イスラム諸国会議機構への大統領特使であるヴェニヤミン・ポポフが、二〇〇七年十月の記者会見で未来への窓を開いてくれた。それは大抵のロシア人にとって目にしたくないものであった。「今日ロシアには、ほぼ二〇〇〇万人のムスリムが暮らしている。今後二〇年の間に彼らは人口の三分の一を上回り、世紀半ばまでにはムスリムが他のいかなる宗派の人口をも凌駕することになろう」。その理由は明快であった。ムスリムにはロシア人よりも多くの子供をもつ傾向が見られるのである。ヨーロッパの残りの部分についての概況を問われたポポフは、これもまた明快に答えた。ヨーロッパのどこでも土着住民の低落が「不可避である」。「二、三世代のうちに、ヨーロッパ人はヨーロッパにおける少数派となるであろう」。ロシア人はよき悪夢を好む。なのでポポフが、国際政治では今後五年から一〇年の間にムスリム世界と西洋との鋭い衝突が起こるだろう、と予言したのも意外なことではなかった。いきなりロシアが「西洋」に数えられていることにも注意しよう。中東やソマリアでの紛争、さらにはイラクでの戦争でさえも、さらなる危機や衝突の前触れにすぎないのであった。

こうした展望の裏をかき、人口競争で先んずるというのが、クレムリンが「国民計画1」と呼ぶものの中身である。プーチンは死にゆくロシアという暗澹たる展望に、一度ならず立ち返っている。ソ連が解体したとき、それまではしずくのようであったイスラエルへのユダヤ人の出国は、一〇〇万人を超える大量脱出へと膨れ上がった。彼らは聖地を目指して旅立つか、あるいはそれをアメリカへの中継ぎ駅として利用したのであった。今日では元ロシア人はイスラエルで顕著な存在感を示しており、ビジネスでも、軍でも、政界でも、その他の職業でも活躍している。

同様の大脱出は、ドイツの方角にも起こった。ほとんど二〇〇万人におよぶドイツ人が、西側へと逃れた。くわえて一〇〇万人近くのユダヤ人も同じ方角に逃げる決意を固め、ドイツとさらにその向こうで成功を追い求めた。ロシア人もまた群れをなして祖国を捨て、とりわけベルリンやロンドンへと逃げ去った。こうしてロシアは、自国で供給できるよりも遥かに多くの数の学校教員、大学教授、医者を失ったのである。ロシア人は「頭脳流出」について語りながら、彼らの技術エリートのほとんど、あるいはすべてを失ったことを悔やんでいる。その最も顕著な結果は、基幹産業を動かすのに十分な人材がいなくなったことである。まして西側の基準に合わせてそれを近代化することは、何をかいわんやである。

## 人口減

同時にまた、ムスリム居住地域を除くロシア全域の人口減は、生活条件の深刻な悪化と、住宅問題の高まりにも起因していた。さらに、西側諸国全体で見受けられる文化規範、振舞い、アイデンティティの複合的な力もまた、ロシア人に影響を与えていた。今日では人口危機は、経済成長、技術革新、さらには研究開発における進歩のための、最も深刻な障害となっている。ロシアの巨大電話会社AFKシステマの

CEOアレクサンドル・ゴンチャルクは、最近のインタビューのなかで高度熟練人員の不足について尋ねられた。彼の回答は、専門家と専門家養成の不足に悩む多くの企業を代表するようなものであった。「本年（二〇〇七年）われわれは、ヨーロッパで最高級の設備と比べても遜色のないようなスーパークリーンルームをモスクワ郊外に開設します。われわれの必要とするすべての専門家を、われわれは外国で養成しなければなりません。頭の切れるもの、あるいは高いIQをもつものは誰でも、さらなる教育のために外国に派遣されます。わが社の人間は、特定のノウハウだけではなく技術文化の総体を体得し、実践しつつあります」。

長期的には人口流出に関するゴンチャルクの展望は楽観的なものであった。「出て行ったものは帰ってきますよ。彼らはまさにここで、アメリカ人がチャレンジと呼んでいるものを見つけるのです。ただし私どもに関していえば、中間管理職は崩壊してしまいましたし、技術者もあまりに少ないのです。われわれは会計士や法律家、それにマーケティングやピーアールの専門家は生み出しています。ですが技術者はどこにいるのでしょう」。

ゴンチャルクは専門家不足がロシアの発展を深刻に遅らせることになるかもしれないと警告した。「市場をもつことはできますよ。ですが専門家なしでは長期的な成長などうまくいきっこありません」。外国人の経営者がトップにつくのはどうか。この点についてプーチンはおおやけに懸念を表明していたが、ゴンチャルクはそのメッセージに補足した。「プーチンがいわんとしていたのは別のことです。今後どれだけの間、ロシアは西側の人的資源に頼り続けることができるでしょう。もしわれわれがAFKシステマを外国人立ち入り禁止にしたら、何百人もの成功者がかえって打撃を受けることになるでしょう」。

プーチンはハイテク部門で攻勢に出ることを、政府の義務と考えている。だが、ロシアは世界中で活躍しているトップ企業に追いつくことができるであろうか。企業経営者は国家による指令を複雑な感情で受け止めている。「われわれは、国家による支援が日々増大する一方であるのを感じています。出資者としても消費者としても、また民生部門でも軍事部門でもです。維持されねばならないのは、国営企業と私企業の間のバランスです。私企業にとっては究極的には、その事業がどれだけ収益を上げられるかが問題なのです」（インタビュー完全版は『ヴェルト』紙、二〇〇七年十月三十日）。

## 求人募集中

他方において、労働市場の上層部にとっての真実は、中間層、さらには下層部にとっても真実である。ロシアの経済ブームは西側からの人々を次々と招き寄せたばかりでなく、遥かに多くの人間を中央アジアから引き寄せたのだった。そのなかには居心地のよくない貧しい土地から祖国に引き揚げてきた、多くのロシア人も含まれていた。だがそれよりもずっと多かったのは、中央アジア諸国の土着の人々である。彼らはつましい生活を送れればそれでよく、いまではロシア人がやりたがらないような仕事にもっぱら就いた。ロシアでの一人あたりの収入は、たとえばウズベキスタンの六倍にもなったのである。

石油や天然ガス、それにロシアがふんだんに蔵しているその他の資源の高騰に煽られて、経済ブームは邁進した。だが、労働市場の縮小によって事態は複雑になった。モスクワとサンクト・ペテルブルグは、オフィス、ホテル、住宅、それにショッピングモールを必要としていただけではない。それらを建てる人々もまた必要としていたのである。労働力不足は日々深刻さを増した。二〇〇七年末の移民労働者の数は、モスクワのロシア経済研究所の発表では、四九〇万人であった。彼らは皿洗いや掘削やその他の肉体労働に従事していた。だが実際の数字は、ゆうにその二倍はあったであろう。彼らの大半は南部の旧ソ連

# 白水 図書案内

No.768／2009-8月　平成21年8月1日発

白水社 101-0052 東京都千代田区神田小川町 3-24／振替 00190-5-33228／tel. 03-3291-78
http://www.hakusuisha.co.jp ●表示価格には5％の消費税が加算されています。

報道されそ。
戦慄のプロセス。
【ピュリツァー賞受賞】

（8月上旬刊）
四六判■上・下巻各2520円

ビンラディン、ザワヒリ、FBI捜査官の軌跡を丹念に追い、等身大の姿を描く。徐々に惨劇に向かって収斂していく様は、まさに戦慄！

手嶋龍一氏推薦

## 倒壊する巨塔
アルカイダと「9・11」への道
（上・下）

ローレンス・ライト　平賀秀明訳

## メールマガジン『月刊白水社』配信中

登録手続きは小社ホームページ http://www.hakusuisha.co.jp の登録フォームでお願いします。

新刊情報やトピックスから、著者・編集者の言葉、さまざまな読み物ま
白水社の本に興味をお持ちの方には必ず役立つ楽しい情報をお届けし
す。（「まぐまぐ」の配信システムを使った無料のメールマガジンです。）

## プーチンと甦るロシア

ミヒャエル・シュテュルマー［池田嘉郎／訳］

軍事、エネルギー、ビジネス……００年代のロシアを牽引したプーチンの「政治手腕」を完全検証！　啓蒙絶対主義のもと世界大国として復活した国家の諸相を活写する。佐藤優氏推薦！（８月下旬刊）四六判■２９４０円

白水Ｕブックス

## オペラ・ノート

吉田秀和

オペラの名作をとりあげて聴きどころを滋味溢れる文章で綴る。印象深い公演や名盤の解説も併せ、オペラを聴く悦び、見る愉しみをより深めるエッセイ。新たな構成でＵブックス化！（９月上旬刊）新書判■１３６５円

白水Ｕブックス

## 布の歳時記

黒田杏子

モンペスタイルの人気俳人が、着物の素材としてだけで

**新刊**

## ミスター・ピップ

【エクス・リブリス】

ロイド・ジョーンズ［大友りお／訳］

島の少女マティルダは、白人の先生に導かれ、ディケンズの『大いなる遺産』を読み、その世界に魅せられる。忍び寄る独立抗争の影……最高潮に息をのむ展開と結末が！　英連邦作家賞受賞作品。（８月上旬刊）四六判■２４１５円

## イタリア広場

アントニオ・タブッキ［村松真理子／訳］

舞台は中部イタリアの小さな村。三十歳で死ぬことが宿命づけられている一家の主の三代にわたる物語。ファシズム期をはさむ、激動のイタリア現代史をある家族の叙事詩として描く。（９月上旬刊）四六判■２３１０円

## ポジャギ　韓国の包む文化

中島　恵

伝統的なパッチワークとしての色鮮やかな布。その歴史

共和国からやってきていた。なかには一〇年前にロシアを去り、ふたたび戻ってこようとしているものすらあった。

外国人労働者の大量流入――彼らの多くは肌の色がより濃く、アジア系の相貌をしているのですぐに見分けがつく――は、経済問題を解決するのには役立ったが、別の問題を生み出すこととなった。「黒い人々」と呼ばれ、ときにはもっと不快な呼び方をされているこれらの人々は、大半の主要都市で目だった存在となっている。彼らの大多数は懸命に働いているが、あるものは軽犯罪にかかわっている。多くのものが市場で果物売り場や野菜売り場を席捲しているが、彼らは新鮮な農産物を早朝に市場に届けるために、時間を惜しんで働いている。だがそれは誰からも感謝されない仕事である。ロシアは多民族社会であり、一〇〇以上の非スラヴ系民族を擁しているのだが、ロシア人はこうした忙しげな外国人の存在を憎んでいるのである。

二〇〇六年の夏、北部にあるコラ半島のコンドポガでは、南部から来た見た目の異なる人々を攻撃対象にして、暴動が起こった。地元民は移民に搾取され、だまされていると感じていた。後者は現地ビジネスの大半を手中に収め、そこそこの暮らしを送っているように見えたのである。そんなことさえなければカレリアは、ロシアのなかでも寛容な地で通っていたのだが、まさにそこにおいて人種間の憎悪、妬み、暴力といったパンドラの箱が突然に開いてしまったのだった。プーチンは、ロシア人は多かれ少なかれ、ソ連時代に他の諸民族との共存に慣れてきたはずである、との確信を表明したが、これは希望的観測にすぎなかったようである。二〇〇七年四月には、外国人がロシアの市場で売り子となることを禁じる法令が出されたのであったが、そこでは、招かれざる存在ではあるが、さりとて必要不可欠でもある隣人に対する軽蔑心が、ロシア人の間に深く根を下ろしていることが露わにされていた。サミュエル・ハンチントンの

「文明の衝突」は、ロシアのどこにおいてもけっして異質とはいえない思想である。わざわざチェチェンやダゲスタンに行かなくとも、日常的な経験としてそれを味わうことができるのだから。

SOVAとはモスクワを拠点にして人種差別犯罪を追跡している、勇敢ではあるがかなり孤立したグループの名前である。二〇〇五年に彼らは、人種差別を理由とする襲撃によって四三五人が犠牲になったと報告している。二〇〇六年にはその数は急激に増加した。それが報告状況の改善によるのか、敵意の増大によるのかは明らかではない。二〇〇七年初めにはその数はさらに増え続けていた。

ロシアは一九九九年以来、平均して年七~八パーセントの経済成長率を示してきた。その間にロシアの人口は、一九九九年の一億四八七〇万人から二〇〇六年の一億四三八〇万人へと減少し、さらに減り続けている。これはロシア以外のヨーロッパでも、いたるところで見受けられることである。赤ん坊の数が減少しており、若い女性により多くの子供をもってもらうための政府プログラムも、これまでのところ芳しい反応を得ていない。その背景は明らかである。よい住宅も不足しているし、家族の絆も脆く、一世帯につき二人の稼ぎ手も必要であり、さらには永遠普遍のロシアのおばあさん、バーブシュカが徐々に消えつつあるからでもある。

ロシア人と非ロシア人のバランスは、後者に有利なほうに絶えず傾きつつある。全般的な減少は労働力においてとりわけ劇的であり、厚生・社会発展省の発表によれば、二〇〇七年に七四五〇万人いる労働力は、二〇一〇年までに六五五〇万人という哀れな数字となるであろう。男性の間でウォッカに起因する死亡数が多いこと——プーチンによるその数字の解釈は、「彼らは飲みすぎる。そして事故を起こす」というものだった——、それに女性の間で出産率が低いことが、こうした展開の主動輪をなしている。すでに今日でさえ、農業・建設労働者の一〇人に四人は外国人であり、その多くはムスリムである。いまやロシア人男性の平均余命は五十七歳と五十九歳の間といったところであるが、西ヨーロッパではその数字はゆうに七十歳を超えている。

今日のロシアはアメリカについで、世界第二の数の移民を「歓迎」している――仮にこの言葉がそれほど牧歌的ではないとしての話であるが。ソ連崩壊時、多くのロシア人が居心地の悪い植民地からロシアに帰還した。ついで彼らの後を追って、正式な書類をもたない数百万のタジク人、ウズベク人、カザフ人、ウクライナ人、モルドバ人、その他の無数の人々が続いた。ロシアに入国するのは難しくはない。少なくとも最初の三か月はそうである。その後は移民は労働許可を取らねばならない。最近まで、より正確には二〇〇七年初頭まで、大半の移民は経済のグレーゾーンで生きてきた。雇用主に搾取され、惨めな額の賃金しか払われず、ロシア警察の嫌がらせに怯えながら、彼ら移民は、きわめて必要な存在であるにもかかわらず、社会の底辺に暮らしてきたのである。アメリカ議会がメキシコからの移民に合法化された地位を与えたのと同じように、ロシア下院も二〇〇七年一月、国籍・地域ごとの割当てを定める法令を可決した。世界銀行の数字によれば、二〇〇七年、労働を許可される外国人労働者の割当て総数は六一〇万人であり、うちモスクワだけで一〇分の一以上の七〇万人が割当てられていた。

だからといって移民手続きが迅速かつ容易というわけではない。連邦移民局の待機リストに載せられてから、手続きを終えるまでに、移民は数週間は待たねばならず、その間の法的な地位も曖昧なままである。実際にはプロピスカ、すなわち特別許可証を高い料金を払って手に入れなければ、彼らは合法的に働くことも住むこともできない。役人への賄賂はそうした障害を迂回するための通常手段であるが、それが裏目に出ることもある。外国人労働者の不法雇用の罰金は、八〇万ルーブルに上ることもある。法律は粗略かつ不親切である。外国人労働者がいなければロシア経済は人口爆縮に直面するだけだというのに。ロシアはゆっくりと限界点に向かいつつある。そして、西シベリアのハンティ・マンシースクやタタールスタン、その他諸々の地においてどれだけオイルマネーを得ようとも、何の助けにもならないのである。

## 未来の鍵は人口動態にあり

未来の鍵は人口動態にあり。これはロシアにとっても、西ヨーロッパおよび残りの世界にとっても真実である。逃れようのない事実は、以下の点にある。往年の労働者のパラダイスは、人間の労力を浪費し、個々の人間に敬意を払わなかったのであるが、いまや様々な資源のうちでもまさに労働こそが——それを最上級の資源と考えるにせよ、最下級と考えるにせよ——ロシアの興隆に制約をくわえるであろうものなのである。

戦略的な観点からすれば、ロシア人は南方や東方に対して不安を覚えないわけにはいかない。たしかに高性能兵器の面では、ロシアはいかなる伝統的な脅威をも恐れる必要はない。だが、人口に関しては、そしてまた非対称戦争に関しては、ロシア人は自分たちが脅かされていると感じるだけのあらゆる権利をもっている。なるほど石油とドルが経済と政治を吊り上げてくれてはいるものの、心の奥底ではロシア人は、中国とムスリム世界の大群衆がいつでも悪夢となりうるということを、はっきりと認めているのである。

何をなすべきか。ロシア当局はなかなか問題を認識しなかったし、具体的な手を打つのはさらに遅れた。二〇〇七年現在、国家は人口低下を食い止めるために大規模プログラムに支出しているが、それはひとえにプーチンが、ロシアの発展戦略について全方位的な視野をもっていたからにほかならない。いくら国際舞台でロシアの威力を建て直すといっても、国内基盤の再建が伴わなければそれは空虚なジェスチャーにすぎない。そして、十分にバランスのとれた人口構成をもつこと以上に重要なことはないのである。とはいえ、バランスといい安定といい、今日のロシアの状況からはかけ離れた話である。それに、人口増加という大きな課題の背後に隠れているが、ロシア人と非ロシア人のバランスを保つという、より地味で目立たない課題にも取り組んでいかねばならない。細かい点がどうなるにせよ、宗教紛争と地域紛争は増加していくであろう。

二〇〇七年十月、プーチンはロシア連邦社会院――これは立法機関ではなく諮問会議である――の評議会に対する演説のなかで、新しい政策を明らかにした。彼は三つの段階について語った。最初の三年ないし四年間は、死亡率の確実な引き下げを目指す。次に、二〇一五年までに総人口を一億四〇〇〇万人で安定させる（二〇〇七年末の人口は一億四二〇〇万人）。ついで、総人口を一億四五〇〇万人にまで引き上げる。そこには二つの目標があった。第一の目標は、若い家族に対して、より多くの子供をもつように働きかけることである。第二の目標は、住民により健康な生活を保障できるような生活水準をつくりだし、男女の平均余命を現在の六十六歳から少なくとも七十歳にまで伸ばすことである。

この計画には、すでに進行中のプログラムも含まれていた。たとえば優先的国民計画「健康」や、連邦プログラム「ロシアの子供」がある。ソ連崩壊後のロシアは、医療保健制度全般で遅れがひどいが、周産期医療はとくにそうである。少なくとも二三の特別病院を開設し、多かれ少なかれイギリスの国営医療制度と同様の方法で運営することが予定されている。

ロシアが潰れないのは女性のおかげ、とは言い古された言葉である。プーチンもまたこの由緒ある見方に署名するであろう。そうであれば、二〇〇六年五月に彼がみずから音頭を取って、第二子出生の折には九五〇〇ドル相当のお祝い金を支給すると若い母親に約束したのも、そう不思議なことではなかった。それにくわえて、育児中の母親を対象とした新しい助成金も導入された。下院も大統領の圧力のもとで、毎月の出産手当を二万三四〇〇ルーブル（約一〇〇〇ドルに相当）に増額した。官僚制のジャングルのなかでプーチンが押し通そうとしているのは、新しい福祉国家のための包括的なコンセプトである。その焦点は、長きにわたって確立されてきた趨勢を逆転させることにあった。

プーチンと彼の麾下の人々は、ロシアのような大きな国は、アメリカ人の言い方を借りるならば「急には曲がれない」ことをよく知っている。四つの偉大な「国民計画」を達成するためには、時間と、金と、膨大な労力が必要となるだろう。だがそれは、人口減を人口増に変えようとする戦略の不可欠の要素なのだ。これらのプログラムは人気があるし、石油とガスが金を生み出せば生み出すほど、それはいよいよ画餅であるようには見えなくなる。ロシアの長期的な人口減を反転させることを目指すこれらのプログラムは、ドミートリー・メドヴェージェフがしっかりと統括していた。実際それが、クレムリンでの彼の主要な責任事項であった。プーチンによって未来の大統領に名指しされてから一月もしないうちに、彼の支持率は八〇パーセントという驚くべき数字に跳ね上がった。振り返ってみればメドヴェージェフは、サンクト・ペテルブルグ時代からずっと、ロシア人によき知らせをもたらすような男になれ、そして大統領になってからはそれを実現できるようになれと、師プーチンから教育されてきたかのようである。

より高い生活水準と、より豊かで健康な暮らしという約束の地にロシア国民を導くために、クレムリンは四つの道を指し示した。それは、適正価格の住居、現代的な医療保健制度、職業教育、効率的な農業である。

これまでのところ、この豊穣の地はいまだ未来の物語であり、そもそもそれが現実のものとなるかどうかという疑念も晴らされてはいない。一八〇〇億ルーブル（七二億ドル）という当初の予算は、二〇〇七年末には四三〇〇億ルーブル（一七二億ドル）にまで引き上げられた。だがコストもまたより高くつくものとなり、運営組織も非効率である。

## 国民計画

住宅市場から始めよう。最初の理念は、国家が住宅ローンを助成し、家族に直接に金を渡すというものであった。これは価格の急速な上昇を招いただけに終わり、住宅建設のための土地市場を自由化したり、地方自治体（それが賃借人に住居を割当てている）の腐敗した慣行を監督したりするためには、何一つなされなかった。その結果、大都市、とくにモスクワとサンクト・ペテルブルグで住宅価格が八五～一〇〇パーセント上昇した。二〇〇五年にこの国民計画が始まったとき、平均五四平方メートルのアパートメント一戸の頭金を支払うためには、平均的な家族の四・三年分の貯金が必要であった。その後、我慢して貯蓄しなければならない年月は、五年以上に伸びた。モーゲージバンク（住宅金融専門会社）を整備するための法制度は強化されたが、住宅金融組合はロシアにはなかなか現われない。法制度・裁判制度に対する信頼も不十分である。

二〇〇六年末までに、計画の失敗が危惧されるようになった。より多くのアパートメントを住宅市場に供給するために、ロシアの一一の地域でパイロット計画が展開された。だが、ふたたび予期せぬ結果が生じた。建設資材の供給不足が発生し、セメントの価格が一四〇パーセントも上昇したのである。その間にインフレのせいで抵当価格は一二・五パーセントという驚くべき数字になった（計画では一一パーセントだった）。「実践のなかで学ぶ」というのがここでの不愉快な原則であった。

国民医療保健制度の改革は、無能と無駄とにさいなまれた。医療器具の調達においてばかりか医療行政機関の内部でも、製薬会社が大量注文の「見返り」を要求されるというように、腐敗が猖獗をきわめた。二〇〇六年には有力な医療保険会社がリベートを取ったとして訴えられた。教育は、ソ連支配のもとでさえもロシア文化の強力な一部をなしていたが、一九九〇年代を通じて財政難と有能な教員の大量流出に苦しめられ、現在なお緩慢な回復の途上にある。コンピューターはどこでも学校に導入されつつある。それはよいのだが、問題はソフトウェアにある。ライセンスを購入するための資金が不足しているのである。そのため海賊版がインストールされるが、不良品であることのほうが多い。

農業部門の国民計画には、予算はあまり投入されていない。大規模農業生産は商業銀行と提携しつつブームを迎えているが、小規模供給者にとっては市場へのアクセスが依然大きな問題である。これらすべての根幹には、ロシアにおけるインフラ整備の遅れ、市場志向の流通機構の欠如、そして際限のない官僚主義の弊害が横たわっている。

人口動態の悪夢は、クレムリンの指導者と普通のロシア人の両方を脅かしており、そう簡単に去る気配はない。事実その悪夢は目の前に立ちはだかっており、より恐ろしさを増す一方なのである。今日のクレムリンでは、行政の実態は戦略理論よりも遥かに遅れをとっている。そのような状態は、国内基盤を強化し、普通のロシア人によりましな暮らしを与え、将来への信頼をもっと促し、かつ維持し、人口の減少を反転させ、ロシア人の住民数がそう遠くない未来にムスリム住民に凌駕されないようにする、これらすべての課題にはね返ってこざるをえない。

プーチンと彼の麾下の人々は、一つのことについてはよく分かっている。この世にどれだけオイルマネーがあろうとも、最後にはそれが、数千万の普通のロシア人の暮らしの改善につながらないのであれば、ロシアの未来を益することにはならないのである。彼らは「石油の呪い」について知っている。あまりに多くの金が、あまりに少数の手に集中すれば、退廃は避けられないのである。そして彼らは、実践ではともかく、理屈においては次のことを理解している。国民計画が失敗し、ロシア人の過半数がプーチンとその体制への信頼をなくし、シニシズムが未来を規定する危険がぼんやりと現われつつある、ということを。

# 8 ガスプロム——新しい権力通貨

「山のような黄金、山のようなダイヤ……そして山のようなごみ。」
**キュスティーヌ侯爵『現代のための旅路』**

ガスプロムにとってよいことは、ロシアにとってもよい。これは、ゼネラルモーターズとアメリカの関係を指し示すための言い回しであるが、いま、すぐれて特殊な一企業のためにこれを用いたとしても、まったくの場違いということにはならない。ガスプロムは国家のなかの国家であり、ロシアの大半のガス田と、シベリアから欧露部を経て西ヨーロッパへといたるすべてのガスパイプラインの所有者である。ガスプロムはまた、中央アジアのパイプラインの確保と管理にも努めており、失われた帝国のより効率的であった側面の再構築に取り組んでいるといえる。新しいLNGの技術を活用することで、ガスプロムはグローバル企業になる可能性をも見据えている。

ガスプロムの戦略は即ロシアの戦略である。あるいはまた逆かもしれない。二〇〇六年七月、サンクト・ペテルブルグでG8サミットが開かれ、すべての参加国首脳がさらなる誠意、透明性、競争を求める書類に署名したそのほんの二日後に、プーチン大統領は、ロシアのガスの唯一の輸出者としてのガスプロムの独占的な地位を、法にまで高めたのだった。二〇〇七年の終わりまでにガスプロムの時価総額は、二三〇〇億ドルをゆうに超えていた。これはエネルギー業界において、いや、そもそもいかなる業界においても、並ぶところのない額であった。アナリストは「強気の買い」を勧め、近年ガスプロム株が予想を上回る成果を通常挙げてきた事実を指摘した。ただアメリカか中国における深刻な景気後退のみが、石油価格の低下を招くことで、ガスプロムのさらなる成長を妨げるであろう。過去一〇年間、ガスプロムの投資は十分ではなかったが、そのことも市場の楽観主義を抑える材料にはならなかった。ましてプーチンが自分の後継者にドミートリー・メドヴェージェフ、このクレムリン印のガスプロム会長を指名してからは、なおさらそうであった。

## 地元とふれあい、世界に広がる

ガスプロムの基盤は、三つの天然ガス田を支配していることにある。西シベリアのナディム・プール・ターズ地区とヤマル半島、それに、技術の許す範囲で西シベリア北岸沖合のシトクマン油田。これらのガス田はいずれも人を寄せつけぬような厳しい環境のもとにあるのだが、なかでも沖合に位置するシトクマンは、どんな掘削基地をつくっても氷山と過酷な天候に脅かされることから、その開発は大変な難事であった。ロシア人はただ外国の支援、とくにノルウェーの支援を得てのみ、その開発をこなしている。

天然ガスは、原子力エネルギーを除けばいかなる燃料よりもクリーンであり、環境にもやさしい。それに、ひとたびパイプラインを敷設して、十分に管理しさえすれば——もちろんこれは言うに易しであるのだが——扱いも容易である。だが天然ガスはまた、権力の道具としても比類なきものだ。ヨーロッパは天然ガスに依存しており、EUの天然ガス消費量のゆうに三分の一以上がロシアから来ているのである。将来、北海の天然ガスが底をつけば、その量はさらに増えるであろう。しかしロシアもまた、西方への途絶えることのない天然ガス輸出に依存している。まさにここでこそ、巨額のオイルダラーとオイルユーロをこれまで稼いできたのであり、今後もそうあってほしいと誰もが願っている。そうやってロシア企業は、クレムリンの指示のもと、西側での足場を築いてきたのである。

パイプラインの支配とは別に、ガスプロムはこれまでヨーロッパの大半の地で、様々な天然ガス設備を購入してきた。ヴィンガス（ヴィンタースハルの子会社。前者自体がBASFの一部）の株の三五・五パーセントはガスプロムが保有している。ベルギーとイギリスを結ぶ「インターコネクター」パイプラインの一〇パーセントもガスプロムが出資している。オランダとイギリスを結ぶパイプラインにも同様の出資を行なうことを考えている。さらにガスプロムは石油、電力、LNG技術、それに運輸への投資にも色目をつかっている。ガスプロム副会長のアレクサンドル・メドヴェージェフ（大統領とは関係ない）は、胸を張ってこう宣言した。ガスプロムは、ヨーロッパの指導的な天然ガス供給者の地位を保持し、今後も時価総額を増やし続け、「世界最大のエネルギー会社」になる所存であると。天然ガスだけでなく「エネルギー」といっていることに注意したい。この巨大企業のCEOであるアレクセイ・ミレルも、先日、ガスプロムはロシア一国のチャンピオンから世界大のリーダーに成長したと述べた。

アレクサンドル・メドヴェージェフは二〇〇五年十一月二十二日のロンドンでのブリーフィングにおいて、新しい市場（イギリス、アメリカ合衆国、アジア・太平洋地方）への投資を予定中であると発表した。事業ポートフォリオには原油、石油製品、LNG、電力が含まれている。天然ガス供給市場においては、価値連鎖の末端、個人消費者にまで手を伸ばさなければならない。ガスプロムはまた、天然ガス生産の増大と鉱物資源ベースの拡大にも努めるだろう。とはいえ当面はヨーロッパが主要な輸出ターゲット市場である。二〇〇四年には、ヨーロッパへの天然ガス販売がガスプロムの収益の六〇パーセントを占めた。対して独立国家共同体での売り上げは収入の一〇パーセントにすぎず、ロシア国内での売り上げは収入の三〇パーセントであった。この間に旧ソ連諸国に対しては、払うべきものはしっかり払うよう圧力がかけられてきた。ガスプロムはもはや、政治的な謝意をまともに示さないウクライナのような国に、助成を行なうことなど考えていない。ガスプロムが考えているのは、エネルギーを基盤として帝国を再構築することである。

ロシアの主要市場は西ヨーロッパであるし、今後も長年にわたってその状況は変わらないであろう。ヨーロッパでは二つのドイツ企業、エッセンのエーオン・ルールガスとルートヴィヒスハーフェンのBASFが、ガスプロムお気に入りのパートナーである。二〇〇五年初頭にガスプロムとBASFは、ユジノ・ルースコエ石油・天然ガス田（二〇〇七年末までに操業開始）の開発にBASFが参加することについての了解覚書に署名した。これに先立ってエーオンとの間でも、ロシアでの天然ガス・電力生産に関する了解覚書が成立していた。ガスプロムにとってはこれは、メドヴェージェフのいうように、「西側メジャー企業とのヨーロッパおよび世界規模での協力」の好見本であった。その戦略は単純かつ野心的である。「パートナー同志が資源を出しあうことで、支出をより抑えることが可能になる……ガスプロムとドイツ側パートナーはどちらも、価値連鎖のすべてのセグメントにたずさわっている。パートナー同志が全面的に協力することで、天然ガス田から末端消費者にいたる供給連鎖を最適化し……より高い信頼性と供給者の安全とを確保することができる」。

ガスプロムの指導者たちは、LNG技術を完全に掌握することこそが将来の成功の鍵であることを理解している。だが、彼らは単独ではそこまでできないのである。それゆえ二〇〇五年七月七日にロイヤル・ダッチ・シェルとの間で、ロシアの天然ガス事業における株式の交換に関する了解覚書が署名された。ガスプロムはサハリンIIにおいて、二五パーセントプラス一株を保有することになろう（その後この数字は、クレムリンからの強力な政治圧力のもとで七五パーセントにまで拡大された)。シェルのほうは、ザポリャルノエ・ネオコムスキエ鉱床で株式の五〇パーセントを得るであろう。ガスプロムにとっての最大の関心事は、LNG技術について、供給連鎖の末端にいたるまで直接の経験を得ることにある。LNG技術を適用するためにシトクマンが選ばれ、ムルマンスク近郊の工場で二〇一〇年に生産を開始することが予定されている。別のLNG工場の建設も、レニングラード州のバルト海沿岸に予定されている。これはバルト海を通るノース・ストリーム・パイプラインに比肩するものではないが、さらに遠くの市場を視野に入れている。とくに北アメリカを。

## ヨーロッパの川上対川下

いまのところLNGは高価であるし、技術的にも大変に手間がかかる。だがヨーロッパ人はさしあたり代替できるような供給回路に恵まれていない。例外としては、沖合に相当量の天然ガスが眠っているノルウェーからのルート、デンマークとオランダ、それにもう埋蔵量の限られているスコットランドからのルートがあるくらいである。ガスプロムがルールに従って行動している限り、西欧諸国とEUが巨人をなだめるためにできることは少ない。とはいえ、そうした懸念とは裏腹に、ガスプロムにしても西欧の事業に大きな利害関係を得てしまっているのだから——とひとは考える——みずからの利益を台無しにせぬようロシアとて慎重に行動するだろう。このとき、一九七〇年代のサウジアラビアの行動がよく引き合いに出されるのだが、そこには大きな違いがある。それはサイズばかりか原則にもかかわっている。EUとロシアの間には戦いが起こっているのである。EUはそのリベラルなルールを押しつけたがっている。それに対してクレムリンは、ヨーロッパのエネルギー産業によりいっそう支配の手を広げようと欲しているのである。その結果は、川上の石油と川下の産業のやむことのない綱引きであり、勝負のバランスは現在ガスプロムの有利に傾きつつある。西欧はロシアに抗して形勢逆転に持ち込めるのか、といえばあまりその可能性はなく、ロシア人もそのことは知っている。とはいえロシア人もまた、西欧に縛りつけられているのである。何といっても西シベリアの天然ガスを日本と中国に送り届けるための、あらたな輸出ルートの開発には長い時間と膨大な努力を必要とする。ましてシベリアから北周りで東アジアに大規模タンカーを航行させるためには、かなりの気候変動を待たねばならないであろう。

だがそれでもヨーロッパ人は不安を抱えているし、それには相応の理由がある。ロシア政治が不安定化したり、権力継承をめぐるクレムリン内部の派閥争いが起こったり、ロシア連邦からの分離を目指す運動が高まったりすれば、天然ガスの独占体制に間違いなく影響するであろう。一九九七〜九八年の低価格期以来、いまなお投資も不足気味である。政治が不確かであることが、パイプラインと採掘への投資の出し渋りという昨今の状況に、さらなる要素を加えていよう。実際、ロシア人はLNG技術をなかなか受け入れようとしなかったのである。ガスプロムは、外国からの直接投資を歓迎するというよりは、しばしば外部のものに敵対的であった。その商売の仕方は秘密主義的であり、それゆえ報道や財務監査や政府の厳しい目にさらされている西側企業にとってはリスクをはらんでいる。

## 力の限界

さらに、ガスプロムの供給量は長年変わらずにきたが、国内（こちらは捨て値である）と国外での需要は増加の見込みが高い。エネルギー専門家は二〇一〇年には「ガス・ギャップ」が来ると予想している。そうすれば価格もまた上がるであろう。だが、市場を独占しようとするクレムリンの本能のみが、天然ガス・石油政策を動かしているわけではない。権力の問題もここには絡んでいるのである。脱税を口実としたユコスの解散と、その資産の大部分のロスネフチへの併合（西側の銀行も手助けした）とは、みずからの政策に従わないロシア企業に対する際のクレムリンの野蛮さをまざまざと見せつけた出来事であった。だが外国の企業もまた、強硬戦術から無傷であったわけではない。ガスプロムは西側企業をシベリア事業から追い出すことに努めてきた。最も顕著な例は、ロイヤル・ダッチ・シェルが日本の三井と三菱といっしょになって開発を進めてきたサハリンⅡ計画である。この計画は、それまでロシア人が獲得していなかったLNG技術を含むものであり、最近にいたるまで、ロシア企業が参加していない唯一の大規模計画であった。

二〇〇六年、ロシア当局は環境法規の違反を理由にして西側企業の排除に乗り出した。ロシアがダウンして、ほとんどノックアウト寸前だった一九九〇年代に締結され、もはやいかなる点でも有利ではなくなっていた合意事項がキャンセルされた。だがクレムリンがこうした策略をゴリ押ししたことは、将来に関する広範な懸念を引き起こした。西側はユコスの解散とサハリンⅡを同種のものと捉えた。ロンドンの『エコノミスト』誌（二〇〇六年十二月十六日号）は、KGBの古い金言を引いた。「誰だって引き渡してくれれば犯人に仕立ててみせるぜ」。

EUは過去一五年ほど欧州エネルギー憲章の実施に取り組んできたが、その後はロシア当局との間で目立った進展がない。ブリュッセルのEU官僚が目指しているのは相互利益の関係である。彼らは一九七〇年代と八〇年代初頭、二度の劇的な価格高騰ののちにアラブのオイルマネーが西欧の工業とその他の分野への投資に化け、相互依存の網の目がつくりだされたことを思い出し、あのときの経験が繰り返されることを期待している。ロシアの統治者を相手にしてこの手の戦略的な取引を実現することは可能であろうか。ガスプロムは川下の産業において安定した取り分を確保することを求めており、ヨーロッパ企業はロシアという川上への投資を求めている。互いの相性は完璧なように見える。ただ唯一の問題はそれが実現不可能な点にある。

EU、とりわけ欧州委員会委員長のバローゾとドイツ首相のアンゲラ・メルケルは、双方向的な投資を促進するために、法的な枠組についての合意を得ることを求めている。これに対してクレムリンが求めているのは資産交換である。「ヨーロッパは公開性を求め、ロシアは支配を求めている」(カティンカ・バリシュ、『フィナンシャル・タイムズ』紙、二〇〇七年九月三日)。ロシア人は、ヨーロッパの小人たちがロシアというガリバーを彼らがつくった法制度でがんじがらめにするのではないかと恐れており、それを嫌悪している。この間、互恵関係はロシアに有利に働いている。二〇〇七年末までに、ガスプロムはすでに二七のEU諸国の大半で投資を行なっている。そのなかにはドイツ・ルール地方の一部リーグのサッカークラブ、シャルケ04もある。ガスプロムは貯蔵施設や供給ネットワークといったエネルギー関連分野ばかりでなく、それ以外の分野にも投資しているのである。クレムリンはEUの超国家的な外貌だとか主権の共有だとかをあまり理解したがっていない。そのためロシア人は由緒ある原則「分割して統治せよ」にのっとって、ドイツ、ベルギー、フランス、イタリア各国の企業を相手にして双務契約を結びがちである。かくしてガスプロムは西側の消費者への直接のアクセスを手に入れている。一方でEUのエネルギー憲章は、ロシアのエネルギー部門に投資するために、ヨーロッパ規模の法的枠組をつくろうとしたのであるが、ロシア人がその批准を拒んでいるためににっちもさっちもいかなくなっている。

ここにあるのは政策の深刻な衝突である。EUはロシアの天然ガスに依存しており、ロシアは西側の順調な消費を必要としている。ヨーロッパ人はルールにのっとり交渉し、ロシア人は個々の契約にのっとって交渉する。冷戦の間はこうしたアプローチの違いは当然かつ不変のものとして受け止められていた。今日では関係は変わり、EUは個々の加盟国からさして助けも得られぬままに、よき振舞いとパートナーシップというみずからの基準を輸出して、ロシアという熊を飼いならそうと試みている。EUはみずからが考えるよき経営というものをロシアにも広めたいと考えている。とりわけガスプロムなどは、世界に比肩するもののないグローバル・プレイヤーというよりは、いまだにソ連時代のガス産業省のように見えるからである。ブリュッセルはその自由市場原則と産業管理基準を損なうことなしには、ロシア流の相互利益アプローチを受け入れることは不可能である。他方で欧州連合条約は、国籍を理由にして出資者を差別することを禁じている。ガスプロムと独自に契約したがっている個々の企業の意思に背いてまで、西ヨーロッパにおけるガスプロムの投資を禁止することは難しいであろう。強大、かつクレムリンと結びついたガスプロムを前にしてさえも、EUは競争、フェアプレイ、それに透明性を力説するしかないのである。だが、それにしても、公然たる対立なしにどこまでいくことができるのであろうか。生じているのは戦略の衝突であり、それ自体がまた、産業文明間の衝突の一部でもあるのだ。そして天然ガスはよりいっそう高値に向かっていく。

EUはただロシアのタフな抵抗に直面しているだけではない。エーオンやガス・ド・フランス社のような足元の大企業もまた、「アンバンドリング」原則〔強大な電力会社などがいるときに、競争・自由化を促すために、送電などのネットワーク運営と発電事業などを分離すること〕、すなわち国内ネットワークを競争にさらすことには反対しているのである。だが欧州委員会としては、目の前で独占企業が生まれるのを座視するわけにはいかない。ブリュッセルにとっては、消費者にはより低い価格を、ということばかりでなく、生産者にはより低い利潤を、ということもまた発想の拠り所となっている。競合する企業が天然ガス・ネットワークを利用している間は、ガス・ド・フランス社であれガスプロムであれ、どのプレイヤーも市場を悪用することはできない、というわけである。結果がどのようなものになるのかは、いまのところ不明である。

## コントロール・ルームからヨーロッパを見る

その間にもガスプロムは発展を続け、大陸規模の戦略を展開中である。モスクワの中心部に屹立するコンクリートとガラス製のダークブルーの塔。それがガスプロムの本社だ。ビルの前にはどっしりとしたドイツ製の高級黒塗車が何台も停まっている。建物の威容はおのずから尊敬を集める。その内部の聖域に足を踏み入れる幸運に恵まれたものは、エレベーターで最上階へと運ばれるであろう。最上階にはコントロール・ルームが鎮座し、ユーラシア大陸の大半を覆うガスパイプラインを表示している。シベリアの東端からイベリア半島の南端を抜けてさらに北アフリカまで。表示装置はたとえばアルジェリアの天然ガスがスペインに運ばれ、あるいはチュニジアを経由してイタリアにたどりつく様子を示している。ガスプロムの理事の一人がまったく無邪気に説明する。ヨーロッパのエネルギー安全保障を改善するために、ロシアのパイプライン・システムを北アフリカのものと接続するのはいいアイディアでしょう、と。世界カルテルとは誰も口にしない。表示装置にはさらに、おそらくはやや勇み足で、ロシアからバルト海を経てドイツへといたる、未来のノース・ストリーム・パイプラインも光っている。建設が予定されている極東へのパイプラインも表示されている。もっともガスプロムのプランナーは、ガスプロムがヨーロッパの消費者に対して要求できるだけの金額を、中国企業はすぐには払うことはできないだろう、という事実をも見落としてはいない。

可能性に限りはない。LNG技術はじきにヨーロッパの消費者に益をもたらし、天然ガスをカタールから、たとえばイギリスに運べるようになるだろう。代替エネルギーもまた同様だ。価格をあまり高くしすぎぬように、ロシアは気をつけねばならない、さもないと代替エネルギーの魅力が増して、一線を越えてしまいかねない。そういったのはほかならぬプーチンであった。ガスプロム最上階の表示装置に示されていないものは、いうまでもなくナブッコ・パイプラインである。中央アジアの天然ガスをロシアのパイプライン網を迂回して運ぶためのEUの計画。ガスプロムは大いに悔しがった。

これまでのところ、ガスプロムは地上の制約を受けている。しかし近い将来、ノルウェー、ヨーロッパ、アメリカの支援を受けて、LNG技術がペルシア湾岸カタールの天然ガス生産者ばかりでなく、ガスプロムをも助けるときがくる。そのときは地上の制約の一部が取り払われ、両棲動物になることができるのだ。

プーチン大統領が、長年にわたってガスプロム会長を務めてきたドミートリー・メドヴェージェフをクレムリンにおけるみずからの後継者に指名すると、モスクワ証券取引所の全ロシア株価指数は一気に跳ね上がり、ガスプロム株も数分のうちに二・五パーセント上昇した。これは一株あたり一四・二五ドルに相当する。これに先立って行なわれた下院選挙が、民主主義の観点から見ていかに欠陥を含んでいたにせよ――そうした欠陥は多かったし、深刻なものもあった――ロシアと外国の投資家は次のことを信じる点では一致していた。つまり、安定こそが民主主義よりも重要であるし、メドヴェージェフは可能な限り一番の選択であろうし、彼の西欧的で開明的な考え方は、ロシアの国際的な地位を高めてくれるであろうと。だが彼らがほとんど気づいていなかったことには、メドヴェージェフの一番の強みであるリベラルな魅力は、同時にまた彼の一番の弱みなのでもあった。明らかに彼は、クレムリンを動かすFSBネットワークを十分に統御できていないし、ということはまた、ロシアの権力構造の大半をも掌握しきれていない。少し前にも同じようなことがあったが、投資家たちはラベルはどうであれプーチン＝メドヴェージェフ組の継続性こそが、ビジネスに有利な価格と投資戦略を保障してくれる鍵であると考えている。過去においてメドヴェージェフは、プーチンの大統領府長官であったばかりでなく、ガスプロムの理事たちを相手にして、プーチンの若き代表を務めおおせたのであった。この個人的な連合によって、国益こそが——クレムリンの定義による——常に優位に立つことが保障されたのである。

やわらかな語り口。きらめく才能。往年のソ連官僚とはまるで別世界の人。メドヴェージェフがその存在を知らしめたのは、二〇〇七年のダヴォス世界経済フォーラムでのことであった。そこでの彼の演説は、振り返ってみればお歴々に差し出された名刺のようなものであった。そのなかで彼は、ただ単にロシアの主な弱さを列挙したばかりでなく、それと戦うための方法にもふれたのであった。そうした弱さとして彼が挙げたのは、資源輸出への、したがって世界市場の振幅への危険なまでの依存、人口動態の悲惨な状態、インフラの弱さ、教育制度の荒廃、そして何にもまして汚職の蔓延。メドヴェージェフは、西側に対してより開かれた姿勢をとることを唱え、西側の投資と技術とをロシアに招いたほか、教育ならびに研究開発への大規模投資をも約束した。彼には石油と天然ガス後の世界を思い描くだけの若さがあった。また彼は、今日知られているだけでもガスプロムの保有する天然ガスの埋蔵量は十分であり、現在の生産率でいけばあと一八〇年はもつことも了解している。そしてまた彼は、パイプラインやポンプ場、それにあらたな調査や採取に非常に大規模な投資を行なわなければ、今後ガスプロムばかりかロシア全体にとっても大問題になることを、痛いほど理解しているに違いない。大統領になったいま、ガスプロムからきたこの人物の抱える課題はきわめて悩ましいものであった。

過去一〇年間のガスプロムの興隆は、そのままロシアの興隆でもあった。エネルギー価格の時流にガスプロムは乗った。西欧工業諸国における安定的な景気の循環が、日々増加する需要をもたらしたばかりではない。中国とインドの興隆もまた、ガスプロムを後押ししたのであった。この二国のエネルギーに対する渇望は高まるばかりであり、どんな形でも、またどんな価格でも、それを手にすることを求めていたのである。さらにまた天然ガスは、環境にやさしいエネルギーを求めてやまぬ西欧諸国の人々の願いにもかなっていた。そのためロシアの主要産品には、高潔な付加価値が与えられたのである。

## 陸でも海でもどこにでも

ガスプロムはロシアで断トツ人気の企業である。最近の世論調査では、ロシア人の二人に一人が理想の職場にガスプロムを挙げた。おそらく彼らの念頭にあるのは、シベリアの過酷な冬や蚊に悩まされる夏のことではなくて、固定給、気前のよい特典、確実な年金、名声、住宅援助、それにソ連時代の伝統にのっとって会社が運営するホテルや病院のほうなのだろう。実際にはガスプロムは、シベリアでの研究開発に必要な人材をひきつけるために、高給にくわえて、ほかではありえないような報酬を上乗せしなければならないのである。

プーチンの贔屓のサッカーチームは、ゼニト〔天頂〕・サンクト・ペテルブルグである。二〇〇七年十一月にはロシア・プレミアリーグで優勝を果たした。そのメインスポンサーがどこであるのかは、容易に想像がつくであろう。ガスプロムCEOのアレクセイ・ミレルはまた、巨大複合メディア企業ガスプロム・メディアの所有者でもある。『イズヴェスチア』紙と『コムソモーリスカヤ・プラウダ』紙というロシアで最も影響力ある二つの新聞は、ともにガスプロム・メディアの傘下に入っている。『イズヴェスチア』紙はかつてはまじめな新聞であったが、いまや通俗出版物の一部に成り下がり、きわどいが政治色はゼロの記事で売っている。より批判的な精神をもった社員はみな去ってしまった。『コムソモーリスカヤ・プラウダ』紙も、お偉方の批判をすることなどは夢にも思っていない。この手の再編で最も目をひくのはテレビ局のNTV（独立テレビ）だ。一九九〇年代を通じて同局は、政府を苛立たせるに足るだけの信頼性を誇っていた。それがあのガス巨人に買収されてからは、記者の大半は『新時代』誌か『モスクワ・タイムズ』紙に移ってしまった。映画制作もまたNTV映画社を通じてぬかりがない。インターネットだって見逃しはしない。人気のビデオポータル「ルーチューブ」（ユーチューブと同じ）も、いまではやはりあまねく広がるガスプロムの一部である。この間、ガスプロム・メディアのおかげで、メディアは常にプーチンと彼の部下に友好的だ。いずれにせよ同じこと。ガスプロムはロシア、ロシアはガスプロムなのである。

## 国家会社

プーチンのもとでクレムリンの戦略は「再国有化」、つまりエリツィン時代になされた私有化の帳消しを、経済政策上の基本方針としてきた。技術と資源という最重要部門では、とりわけその方針が守られた。この点ではガスプロムはリーダーである。だが二〇〇七年十一月、プーチンはドイツ経済界の指導者たちに対して次のように述べて、彼らの懸念を払拭することに努めた。「国営企業の発展はそれ自体が目的というわけではありません。ああした企業がつくられたのは、民間企業がなかなか参与しようとしない部門において、発展のベクトルを指し示すためなのです。私たちはあれらの国営企業を永遠に維持しようとは考えていません。私たちは国家資本主義を発展させているわけではないのです。それは私たちの道ではありません。ですが、国家の支援なしにはいくつかの重要な経済部門を建て直すことはできないでしょう」。さらにプーチンは、やや謎めかして、こうつけ加えた。あれらの国営企業は「自由市場という条件のもとで活動する」べきでしょう。

現在、そして今後も長らく、ガスプロムの活動は独占企業のそれである。その価格政策の一部は、明らかにクレムリンの政策に左右されている。オレンジ革命によってウクライナでクレムリンのお気に入りが打倒されると――それまで長年の交渉があったのだが――価格が突然に上昇し、ガスプロムに対するヨーロッパの依存が広い懸念を呼ぶこととなった。二〇〇五年末にロシアとウクライナの関係は急停止した。以前はガスプロムはウクライナに、一〇〇〇立方メートルあたり五〇ドルで天然ガスを供給してきた。これはいかなる基準から見てもなれあい価格であった。価格引き上げの狙いは、厳しい冬と、クレムリンに受入れ可能な候補者のどちらを取るかということになれば、ウクライナ人は本能的にヴィクトル・ヤヌコーヴィチに一票を投じるだろう、ということであった。だが、彼は二〇〇四年の選挙でヴィクトル・ユーシェンコに敗北したのである。

クレムリンの支配者にとっては面白くない話であった。彼らは西側NGOがウクライナ情勢に干渉したと非難し、CIAが親ロシア候補に妨害工作を行なったことを疑い、オレンジ革命がロシアやその他の地にも伝染することを恐れた。ガスプロムは無垢をよそおって、「市場ベースでの」新価格体系を提案した。価格は二三〇ドルにまで引き上げられた。キエフがこれを拒否すると、ガスプロムは二〇〇六年一月一日をもってウクライナへの輸出量を削減し――そしてヨーロッパ中に非常警報が鳴り響いた。ヨーロッパ人は単にウクライナ人のことを思ってはらはらしていたわけではない。ロシアからヨーロッパに輸出される天然ガスの八〇パーセントがウクライナを経由することを考えれば、自分たちの身の上にも最悪の事態が降りかかることが十分に予想できたのである。突然にもロシアは、自分よりも弱い隣人たちを恐喝しているという非難にさらされることになった。次に何が起こるのかは、誰にも分からなかった。

## 未来の鍵はエネルギーにあり

エネルギー供給を停止するというガスプロムの脅しは、欧州エネルギー憲章に公然と背くものであった。ロシア政府はこの憲章をめぐる協議にくわわり、署名までしたのであった。ただし批准はまだしていなかった。憲章には供給停止を禁止する規定が含まれていた。かくも基本的な国際ルールに従わなかったことで、そもそも供給者としてガスプロムを信頼することができるのか、エネルギーの次元を遥かに超えたところで深刻な疑念が生じることは避けられなかった。

二〇〇六年一月四日、モスクワとキエフの間で妥協が成立した。期間は五年間。その取り決めによれば、一〇〇〇立方メートルあたり五〇ドルの中央アジア（トルクメニスタン、ウズベキスタン、カザフスタン）の天然ガスが、ロシアのガスプロム供給網を経由してヨーロッパに送られる。他方、ガスプロムは正規価格の二三〇ドルでロシアの天然ガスを販売するが、それは中央アジアのガスと混ぜて輸出される〔その結果、ガスプロムの天然ガスの国際価格は二三〇ドルとなるが、ウクライナには九五ドルで提供される〕。商業的にはすべてが友好的に解決されたように見えた。だが政治的には事態はより複雑であった。中央アジアの天然ガスをロシア経由で供給すると取り決めることで、ガスプロムは、黒海・ウクライナ経由で中央アジアからヨーロッパへの〔ロシア抜きの〕直接の供給が、すぐには実現しないように取り計らっていたのである。のみならず、二三〇ドルという当初の要求を貫徹することによってロシア人は、いかなる姿勢で将来の価格設定を行なうかについても信号を送っていたのだった。まして当時、ユーロに対してドルは下がっていた。はじめガスプロムは、クレムリンのためにウクライナに対する監視権を確立しようと考えた。結果としては、この危機のおかげでロシアは、ヨーロッパの不安を背景として、ウクライナに対するある種の影響力を確保することができたのである。

強力な独占企業と哀れな消費者の間のいざこざにしか見えなかったものは、実際にはウクライナに東と西のどちらを向かせるかという地政学上の争いだったのであり、さらに突き詰めてみるならば、ロシアが地政学上の財産を取り戻せるかどうかの争いなのであった。二〇〇五年と二〇〇六年は、オレンジ革命の幽霊がロシアをずっと脅かしていた。国家の演出になる二〇〇七年十二月二日のロシア下院選挙が、とげとげしく狭量なものになったのも、多分にこのトラウマのせいであった。それは、ソ連の自壊の記憶につぐほどの恐ろしさであった。クレムリンの指導者たちは、運命がいかに突然に急転するものかを身をもって学んできたのである。まさにそれゆえ、このときばかりは彼らは気を引き締めたのだった。なのでクレムリン与党は、いかなる民主的な批判の現われにも過剰反応を示したのであったし、ましてクレムリンへの本格的な反対などはもってのほかであった。彼らは完全なる統制を本能的に求めつつも、ロシア内外に対して民主的なうわべを保つことも必要だと感じ、この両端の間をふらついた。ことの当否は別として、二〇〇四年以来クレムリンはオレンジ革命を凶兆だと感じてきた。二〇〇七年十二月にブロンドの猛女ユリア・チモシェンコが返り咲いたことは、クレムリンの不安を募らせるばかりであった。

かつてのソ連時代においては、石油と天然ガスの輸出が、衛星国に対するロシアのソフト・パワーの代わりを務めていた。ソ連体制の最後の日々にも、元駐独ソ連大使ヴァレンチン・ファーリン率いる共産党中央委員会国際部は、衛星国は寒さのなかに取り残されるのを恐れて、あえてソ連陣営を離脱しようとは思わないだろうとみずからに言い聞かせていた。エネルギー価格はクレムリンから長く伸びた首紐であった。あるいはソ連の戦略立案者たちはそう信じていた。

二〇〇四年ののち、あるいは二〇〇六年初頭の厳しい冬の日ののちにはとくに、これらの記憶が切実に思い出された。この先ガスプロムは、いっそう強力になり、いっそう高価格をつけてくるのであろうが、はたしてそれは、素直でない隣人を罰し、そうでないものに褒美をやるためのクレムリンの道具となるのであろうか。ロシア人は、公正な、つまり市場に基づく価格設定を行なうことが、WTOに加盟するための前提条件である、という西側の要請を引き合いに出した。だが、彼らはそれぞれの国に対して、別々の価格設定を行なってもきたのである。一番の高値で支払わねばならぬのは、もちろん豊かな西ヨーロッパ人だ。

そのとき以来ヨーロッパ人は、ガスプロムのおかげで、エネルギーへのアクセスは単にパイプラインや価格の問題であるばかりでなく、政治と権力の問題でもあるのだということを理解させられてきた。クレムリンのほうでは、エネルギーを他の手段による戦略の延長として利用しつつも、そんなのは深読みですよという風をよそおっている。ガスプロムはグレートゲームの不可欠な一部なのであり、二つのレベルで機能している。一つは商業のレベルである。そこではガスプロムは、西ヨーロッパ深くにネットワークを張り巡らしている。また、エネルギー依存を利用しながら、オイルマネーを長期的な市場占有率へと転化することを図り、さらには石油・天然ガス以後の未来の経済をも視野に入れている。もう一つは政治と戦略のレベルである。そこではガスプロムは、ヨーロッパ人に対してロシアの石油と天然ガスへの彼らの依存が深まる一方であることを想起させ、商業的な協力関係によってはけっして得られないような政治的な代価を引き出している。

商売の領域など遥かに超えて、みずからのグローバルな野心のためにクレムリンがエネルギーを利用するというこの事態は、今後長いこと国際関係における所与の要件となるであろう。そうであればヨーロッパ諸国は、自分たちが単一のエネルギー源や単一の供給者のみに依存しているというこの状況を、しっかりと管理すべく努めなければならない。あれは二〇〇六年後半、もうフィンランドの議長国任期が終わりに近づいたころ、ラハティでのEUサミットにおいて、エネルギー問題、さらにはプーチンをどうやって相手にするのかという問題が、論じられたのだった。ラウンドテーブルでは、エネルギーの節約だとか代替分野の促進だとかいったありきたりの話は出たものの、およそ革命的なアイディアは得られなかった。ひとりEU共通外交・安全保障政策上級代表ハヴィエル・ソラナのみが、ヨーロッパ人がロシアへの依存度を減らしたいと思うのであれば、唯一実行可能な選択肢は原子力エネルギーの推進と新しい原発の建設だけであろう、と述べた。無論、EU首脳たちはあまりに現実主義的なこの提案に、ただ首を横に振るばかりであった。

この間、クレムリンの後押しと統制とを受けて、ガスプロムはさらに前進中である。川上あっての川下でしょう。これが、モスクワのガスプロム本社が考えるところの天然ガス売買の方程式である。ガスプロムはロシアの天然ガスの独占権をがっちりと押さえているが、できる限りその他の補足的な市場をも掌握しておきたいと考えている。二〇〇六年初頭のウクライナとの一件はその典型例である。あれによってガスプロムは中央アジアの輸出とパイプラインとに対しても、間接的な監督権を得たのであった。さらにガスプロムは、イタリアのエネル社を介することで、アルジェリアからヨーロッパに伸びる南方のパイプラインと自社の供給網を結びつけることをも考えている。それどころか、LNGと将来の海上輸送を見据えながら、遠くボリビアやナイジェリアの天然ガス田や輸送システムに投資することをも試みているのである。

商業利害と戦略利害の二重戦略を追求しつつ、西ヨーロッパ中の供給網にアクセスすることがロシア人の望みである。そのためならば彼らは、西側企業に若干の持株を譲渡することすらいとわない。一つの例は、BASFとガスプロムの入り組んだ関係である。メドヴェージェフがプーチンによって後継者に指名されたその翌日、BASFとガスプロム双方の経営陣は、ドイツ外相フランク・ヴァルター・シュタインマイヤーも後援した共同事業、すなわち西シベリアの広大なユジノ・ルースコエ・ガス田開発を祝福していた（「ヤンブルグからハンブルクまで」がスローガンである）。モスクワの人々が事業の開始を祝ってスタートボタンを押すのと同時に、数千キロメートル離れたマイナス四〇度の極寒の地ではセヴェルネフチェ〔北方石油〕ガスプロムの職員たちが、新しいガス田の最初の天然ガスを歓迎した。この新しいガス田は、BASF――カッセルの子会社ヴィンタースハルを通じて――とガスプロムが共同で開発したもので、可採埋蔵量は六〇〇〇億～一兆立方メートルと見込まれていた。このガス田全体の規模は、ほぼロシアの二〇〇六年の生産量に匹敵する。ドイツへの年間輸出量は現在四〇〇億立方メートルに達しているが、少なくとも今後一五年間はユジノ・ルースコエ・ガス田が、それだけの量を保障してくれるであろう。二〇〇九年にはそこでの生産量は年間二五〇億立方メートルに引き上げられる計画である。

このガス田の開発権はセヴェルネフチェガスプロムに属しているが、BASFはヴィンタースハルを通じて、その株式の二五パーセントマイナス一株と、さらには〔一〇パーセントの〕無議決権株式を保有している。その結果彼らドイツ人は、将来の利益の三五パーセントを確保したことになる。

これは川上でのお話である。見返りに川下では、ヴィンタースハルの天然ガス販売子会社ヴィンガスのガスプロム持株が、三五パーセントから五〇パーセント（マイナス一株）に引き上げられた。くわえてガスプロムは、リビアで石油を生産しているヴィンタースハルの子会社でも、四九パーセントの株式を保有することになった。その結果、南方から末端消費者にいたる価値連鎖の全体を継ぎ目なしに掌握するという、ロシアのガス巨人の戦略は大いに助けられた。ルートヴィヒスハーフェンのBASF本社では、これはガスプロムによる絶対的な市場支配への一歩をなすものではなく、生産と流通の間の公正な取引であるとみなされている。

他方でエーオンは、ユジノ・ルースコエ・ガス田では分け前を得られなかったものの、これまたガスプロムとの間でおいしいビジネスを探している。エーオンといえば、ドイツ、ヨーロッパのエネルギー業界における、もう一つの大物企業である。どうやらエーオンが所有する資産の一部を、ガスプロムの参入に開放するという合意がなされたようだ。現時点ではその計画は、中欧と西欧（たとえばベルギー）の天然ガス層と発電所とに関係している。

この三つの企業はすでに、バルト海のノース・ストリーム・パイプラインで協力体制を築いている。このパイプラインは、年間五五〇億立方メートルの天然ガスをシベリア、そしてまたそう遠くない将来には北端のシトクマン・ガス田から西ヨーロッパに運ぶために計画されたものである。それはバルト海を通り、ウクライナとポーランドを迂回している。ということはつまり、ただ単にこの二国が濡れ手に粟の通過料を失うということだけではなく、もしクレムリンがそれを望むのであれば、たとえばドイツやフランスのようなより大事なお客に直接の迷惑をかけることなしに、この二国を供給網から切り離すことだってできるということである。スカンジナヴィア諸国とバルト諸国全体の懸念を反映して、スウェーデン防衛研究所が二〇〇七年初頭に発表した報告書では、このことがEUの分裂と、ヨーロッパのロシアへのさらなる依存とをもたらしかねない、という警告が発せられた。ポーランドは不安を覚えているが、他方ではオランダのように、これまで頼ってきた地元の北海油田の生産量が減少しつつある国々は、新しいパイプラインに接続されるであろう。南方ではロシアはすでにブルー・ストリーム・パイプラインを建設して、トルコに天然ガスを供給している。現在ガスプロムはこのラインをハンガリーにまで伸ばし（ハンガリーが消費する天然ガスの八〇パーセントはロシア産である）、さらにそれをイタリアの供給網と結びつけることを求めている。ひとたびイタリアにまでたどりつけば、アルジェリアからやってくるガスとの連絡が可能になるのである。他方、EUは、中央アジアの天然ガスを黒海とウクライナを経由してヨーロッパに運ぶナブッコ計画を立案したものの、現在それは停滞している。EUの比較的新顔であるハンガリーが、EUのエネルギー政策を損ねているといって非難されたとき、ブダペストから返ってきたのは辛辣な答えであった。いわく、ないものを損なうことはできないだろう。

## 熊を怒らせないでください

実際、ヨーロッパ人は、お互いに受け入れることのできるエネルギー政策をめぐって一致を見ていないのであるが——ドイツは宗教的情熱をもって原子力発電所に反対しており、フランスは宗教的情熱をもってそれに賛成であり、残りは分裂している——、その間にロシアの天然ガスに対するヨーロッパの依存度は、着実に増加している。消費量全体の四〇〜五〇パーセントは、ロシアから来ているのだ。代替エネルギーは高価であるか、技術的に未成熟であるか、政治的に予測不可能である。

もちろんロシアの繁栄もまた、石油と天然ガスの高値が続くことと、ヨーロッパ人の支払い能力の如何にかかってはいる。しかしながら、中国が世界中の天然ガスと石油をとめどなく鯨飲している間は、ロシアの重要性は上昇する一方である。それに対してヨーロッパ人は、欧州エネルギー憲章に一〇年の努力を費やしてきても、みずからの立場を強めることにはならなかったようだ。方程式はいよいよロシア人の有利に傾いている。そしてプーチンもそのことは知っている。彼は次のようにいったと記録されている。ガスプロムは「世界に経済的・政治的影響を広めるための強力な梃子である」と。

今日の権力通貨はエネルギーである。ソ連にとっての最強の権力通貨は軍事力であったが、一九七三〜七四年の第一次オイルショックのあとでは石油と天然ガスが、それへの支出を助けることになった。まさに、一九八五年に起こった石油価格の突然の下落こそが——それはイラン人に対イラク戦争をやめさせるためのサウジアラビアの戦略だったのだが——ソ連体制にとどめの一撃を食らわせたのである。その後、一九九七〜九八年にも同じ衝撃が襲った。一バレルあたりの石油価格はふたたび一〇ドルにまで下がり、一年の大半ずっとそのままだったのである。このことからロシア人は苦い教訓を得た。今日クレムリンが求めているのは、ロシアの蔵するエネルギーとその生産を絶対的に掌握することであり、石油のロスネフチであれ、天然ガスのガスプロムであれ、貴重さを増すばかりの中身の詰まったパイプラインを、ロシア国内と国外とを問わずこれまた絶対的に掌握することであり、そしてまた石油価格が今後また突然に暴落するのを阻止するために、ヨーロッパ人と長期契約を結ぶことである。ミハイル・ホドルコフスキーが脱税とその他諸々の罪で告発され、彼のユコス社がクレムリンの出資する競争相手に買収されるという事件が起こったのは、そんな昔のことではない。われわれはそこに、けっして西側が見誤ってはならぬ、ロシアのエネルギー戦略における実物教育の例を見るべきなのである。その含意は明快そのものである。俺たちのルールに従え。さもなくば……。

ヨーロッパ諸国の大半の政府は、ロシアの態を孤立させないように気を遣っている。それよりも彼らはいっそ、モスクワの歓心をひくために競いあうことのほうを選ぶであろう。元々欧州エネルギー憲章は、ロシアの手足を縛って、それを大陸規模の経済的な勢力均衡——ロシアの天然資源対西欧の産業ノウハウ——の一部に取り込むことを基本的な狙いとしてきたのだが、今日までにその中身は骨抜きにされてしまった。そのかわりにロシアのほうが、アルジェリアとイラン、そしておそらくはカタールといっしょになって、一種の天然ガスOPECをつくろうとしているようである。プーチンはかつていった。「われわれの努力を調整するのはいい考えだろう」。ロシア、イラン、カタールは、現在分かっている世界の天然ガス可採埋蔵量の六〇パーセント以上を保有している。ガスプロムはすでにアルジェリアとの間で、天然ガス生産協力に関する了解覚書に署名している。ヨーロッパ人向けには、生産者カルテルという考えは、エネルギー安全保障の改善という観点から説明されている。だが、実際には、そんなものができればヨーロッパ人は、ひどいときには代わりの供給者を見つけることがいっそう困難になるだろうし、よいときでさえもまともな価格競争が行なわれる見込みはいっそう減るであろう。

ソ連と西側の関係が最悪であったときでさえも、エネルギーは流れ続けていた。歴代のアメリカ大統領はヨーロッパ人に向かって、君たちはロシア人を信頼しすぎである、エネルギーをシベリアに依存しすぎであると暗い警告を発してきたのであるが、結果的にはそれは根拠のないものであった。一九八二年、INF危機の真っ最中にドイツ産業界は、シュミット首相とコール首相の両方に支持されながら、ソ連とのガスパイプライン契約を求め、アメリカの頑強な反対にもかかわらずそれを実現したのである。それならどうして、今日の状況がより深刻ということがあるだろうか。

## 予測不可能な予測可能性

だが、哲学においても、権力の配分においても、かつての状況と今日とでは大きな違いが存在するのである。ソ連体制は理論を駆動力とし、厳密な行政システムに基づいていたので、そのあらゆる欠陥にもかかわらず、かなりの程度まで行動を予測することができた。それに対して今日のロシアの危うい安定は、石油と天然ガスの高値がいつまで続くのか、それに、プーチン氏がどこまで行政機構とその政策を掌握し続けられるのかにかかっている。過去にあっては、ソ連と西側のエネルギー関係は、国境線で止まっていた。今日では、かつてのエネルギー省の後継者であるガスプロムは、西側の供給ネットワークに可能な限り食い込もうとしており、さらにその先までも目指している。過去にはソ連のエネルギー政策は、たしかに党中央委員会国際部の監督を受けていたとはいえ、実際にはテクノクラートによって運営されていた。それに対して今日のエネルギー・ビジネスは、カネと権力に憑かれた元KGBタイプによって支配されている。使い古された言い方ではあるが、けっして彼らからは車を譲り受けたくはない、と思わされるような人々の手で、自分の家が暖められ、自分の産業が供給を受けていることについて、ヨーロッパの人々がおのずから不安を覚えているとしても、何ら不思議はない。

皮肉なことに、ソ連時代には商業利害のほうが政治的策略に優先していた。それに対して今日では、どちらが優位に立つのかはいまだに分からないのである。もちろん、ロシアはヨーロッパからの途切れることのない現金の流れに依存しているのであり、それはヨーロッパがロシアからの途切れることのないエネルギーの流れに依存しているのと同じである。だが、スウェーデンの最近の研究によれば、エネルギー堰き止めの事例が五五件記録されているうち、あからさまな脅迫や強制的な価格引き上げ（二〇〇六年一月の対ウクライナのように）とは違う、非政治的な理由によるものは、たったの一一件だけだったのである。

西側への途切れなきエネルギー供給を脅かすもう一つの要因は、投資不足である。ガスプロムの保有する三つの主要なガス田は、生産全体の四分の三を支えるものであるが、そこでの産出量は毎年六～七パーセントという比率で急速に低下している。現在の採取率ならばあと一世紀以上はもつ、といわれている確認ずみの埋蔵量のことはひとまず措くとして、一九九〇年代の危機は長い影を落としている。国内需要は年間二パーセントずつ増加しているが、ガス・インフラストラクチャーは音をたてて軋んでいる。国内では天然ガスは極端な低価格で販売されており、ガスプロム首脳陣の士気を削ぐことにはその大半が浪費されている。実際にはガスプロムはパイプラインにも、川下の資産にも投資を行なってきた。それでも新しい鉱床の開発は遅れており、二〇一〇年以降は国内でも国外でも深刻な問題になる恐れが高い。今日でさえもガスプロムは、トルクメニスタンから買わねばならないのである。相手先はもっと増えるかもしれない。

## 石油がまた一〇ドルになることはあるか

新しいガス田に投資を行なう前に、ガスプロムは西側の主要企業に対して価格と量についての保証を与えてくれるように求めている。そうした西側企業としては、とくにガス・ド・フランス、イタリアのエニ、ドイツ東部のVNG、同西部のヴィンガスとエーオン・ルールガスがある。エーオン・ルールガスはガスプロムの株式の七パーセントを保有しており、さらには取締役一名も送り込んでいる。ユコスのガス資産が競売にかけられたとき、ガスプロムは慎重にも入札に参加するのを避けた。そのかわりにイタリアのエニとエネルが、差し出されたものをもらい受け、直ちにガスプロムに引き渡した。ロシアのガス田と油田への参与がその見返りであった。

公正、透明性、それに相互依存に対する伝道師的な情熱が、EUをして欧州エネルギー憲章をつくらしめたのであったが、そこから先にはあまり進めなかった。ロシアをエネルギー市場の道へと転向させることは、過去においても困難であったが、現在では明らかに不可能となった。今後も長らくそうであろう。同様に、モスクワが与えてくれる好条件のもとで石油と天然ガスを手にするために、EU加盟国がお互いに競いあうのを止めることも困難であろうし、おそらくは不可能であろう。その名に恥じぬだけのEUエネルギー戦略というものは、いまだに存在しない。それゆえ欧州委員会のできることは限られている。だが、ともかくもできることはしなければならない。川下のネットワークは自由競争にさらされなければならないし、エーオンやガス・ド・フランスやその他の反対を押し切ってでも競争を導入しなければならないし、価格を引き下げることでガスプロムの関係者になることのうまみをある程度でも減らさなければいけない。欧州委員会委員長のマヌエル・バローゾは、非ヨーロッパのあれこれの巨大企業がおよぼす支配的な影響力から、ヨーロッパのエネルギー会社を守りたいと望んでいる。だが欧州委員会は強力な向かい風に苦しめられている。

かくも素敵なガスプロムに代わりうるような選択肢はあるのだろうか。アフリカとラテンアメリカからのLNGは、西側市場に対するロシアのガス巨人の力を低めるのに役立つであろう。だがこの技術は大変に値が張るし、まだ未熟な段階である。それにまた巨額の投資コストがかかることを考えれば、長期間それに関与していく覚悟がなければならない。くわえてガスプロムの調査員とて眠ってはいないのである。中央アジアとカスピ海の天然ガスに直接アクセスすることができれば、ヨーロッパの供給者を多様化するのに役立つであろう。だがこの戦略は部分的にはすでに挫折している。二〇〇六年一月四日にウクライナが署名したガスプロムとの取り決めによって、中央アジアからの天然ガスはロシアのパイプライン・システムを通って、東ヨーロッパに運ばれることとなったのである。ヨーロッパ・エネルギーのチェス盤において、ウクライナは当面凍えずにすんだ。だが、ナブッコ計画、すなわちロシアを迂回するためのEUの戦略的なパイプライン計画は、深刻な後退を余儀なくされたのである。

エネルギーの節約、代替資源の開発、原子力の見直し——もし西欧が政治的主体として、ガスプロムばかりでなくロシアとの間でも公正な関係をもちたいと思うのであれば、エネルギーの方程式は変わらなければいけない。だが、どんな新しい技術が登場することになろうとも、エネルギーは新しい権力通貨のうちで最も重要なものとなるであろう。そしてガスプロムはナンバーワン・プレイヤーとなるであろう。

冷凍保存されたソ連の創始者は、共産主義が世界を救済する日をいまだに待ち続けて眠っている。そのレーニン廟のちょうど真向かいに、1914年よりも前に建てられた老舗のグム百貨店がある。ソ連時代には単色であったこの百貨店は、いまや中身を一新して、金に糸目をつけぬ多くの人々を惹き寄せている。ブティックに並ぶ西側の高級品を買うのは新ロシア人であり、妻たちそして愛人たちである。

**上**：無への漂着。ソ連の神が虚ろな空間を指し示す。かつてレーニン像は、ネフスキー大通りの旧世界に対するソ連の挑戦を象徴していた。ソ連時代にはペテルブルグだけで124 のレーニン像があったが、いまではわずか 3 体のみが残っているにすぎない。
**下**：文具店でイコンを販売中。

モスクワ、北河川駅のかすれゆく記憶。ヴォルガ河とモスクワとをつなぐ運河の建設は、ソ連版の近代化における記念碑的なプロジェクトの一つであり、数えようのない人命がそのために犠牲にされた。埠頭から見て運河の対岸には、退役した原子力潜水艦が横づけされて、緩慢な死、あるいは冷戦博物館としての復活を待っている。（ヴィクトリア・ジューコヴァ）

神の力。超近代的原子力潜水艦クルスクの 118 人の乗員のために、バレンツ海の船上で行なわれた正教会の祈禱。2000 年 8 月 24 日。（AP 通信）

**上**：カザンの空に昇る三日月。イワン雷帝と彼のロシア人戦士は、はたしてこのために戦ったのであったのか。（AP 通信）
**左**：人はパンのみにて生きるにあらず。異論派が皇帝に表敬される。ノーベル賞作家アレクサンドル・ソルジェニーツィンの 89 歳の誕生日をプーチンが訪問。作家は 2008 年 8 月 3 日に亡くなった。（AP 通信）

師匠と一番弟子。（エフゲニー・トカチェンコ）

# 9 権力と人民

「ここでは嘘をつくことは、社会秩序を守ることであり、真実を口にすることは、国家を破壊することである。ロシアには何でもある。ただ一つ、自由を除けば。ということはつまり、生活を除けば。」

**キュスティーヌ公爵『現代のための旅路』**

まねることは追従の最良のかたちである。二〇〇七年十二月二日の下院選挙に向けて沸きたつモスクワでは、ウラジーミル・プーチンのための大衆集会が開かれた。アメリカ大統領予備選における共和党や民主党の大会との類似は、単に細かなディテールを借りたなどという域には留まらなかった。集会の模様はロシアの内外に広く放送された。モスクワのルジニキ・スタジアムに集まった観衆の多くは、十代の若者であった。ロシアの白・青・赤の三色旗を顔に塗りたくっているものもあれば、古いソ連時代の歌を歌ってテレビカメラの前で垂れ幕を振るものもあった。みな、力と活気と愛国心を思い切り誇示しようとしていた。集会の組織者は女の子のバンドまでも投入してみせた。彼女たちは、もし彼氏にするならプーチンみたいな人がいいわ、強くて頼もしくってと歌った。たしかにこれは、重厚かつ形式張ったソ連スタイルとはまるでかけ離れていた。とはいえ、象徴的なイベントを演出するための想像力に富んだそのやり方には、過去の根っこが見え隠れしていた。投票日のわずか十日前に行なわれたこの集会は、選挙戦の中心部分をなしていた。それはソ連時代この方、最も激しく行なわれた選挙戦となった。無論、権力党である「統一ロシア」、そして、より重要なことにはクレムリンの現職者、それらに対して大規模な支持を調達するための国民投票のことを、選挙という名で呼ぶのがふさわしいとしての話であるが。「統一ロシア」こそが権力と大企業の交わる場所であり、それ以外の政党にはあまり存在感を発揮する機会はなかった。それらの政党はありとあらゆる官憲の嫌がらせを受け、ダメ元で勝負を賭ける余地すらほとんど残されていなかったのである。

## プーチンを大統領に？

寸分違わぬアメリカン・スタイルで、右に左にと両手を振りながら、プーチンは演壇へと進んでいった。黒のスポーツジャケットにタートルネックのセーターというスマートないでたちで、彼は熱烈な演説を行なった。彼が権力の座につく前は——これが繰り返し現われる主題であった——混沌が国を覆っていた。敵どもは奪える限りのものを奪おうとしており、テロリストは虎視眈々と標的に狙いをつけていた。外の世界は、ロシアの復活、天然ガス、石油、それにあらたに得られた力を、嫉ましげににらんでいた。ただ大統領の叡智、決意、精力だけが、流れを変えたのだった——もちろんプーチンは、とめどない石油と天然ガスの高騰こそが、あらたな富と国際的な地位をロシアに与えたのだという事実には、あまりふれることがなかった。深い苦しみを経験した国民は、いまになって本当にたなぼた式の利益が公正に分配されるのかどうか、大衆にとっての繁栄の、あるいは公正と正義の新時代が本当に訪れつつあるのかどうか、十分には確信をもてていなかった。その彼らに向かってプーチンは、励ましの言葉を投げかけた。「友よ、われわれはすでにかくも多くのことを成し遂げてきたではないか」。彼は群衆に向かって、そしてテレビ越しに全ロシアに向かって、こう呼びかけた。「われわれはロシアの主権を強化し、ロシアの一体性をよみがえらせた。われわれは法の力と憲法の至上性をよみがえらせた。深刻な喪失と犠牲にもかかわらず、ロシア国民の勇気と団結のおかげで、ロシアに対する国際テロリズムの攻撃は撃退されたのである」。

スタイリッシュなテレビ・コマーシャルも、あらたな力と栄光の獲得というメッセージを強調した。「今日われわれは、政治でも、経済でも、芸術でも、科学でも、スポーツでも、成功を収めている」。巨大な広告板も国民にこのように語りかけた。有名なテレビの司会者たちは、ブラスバンドの大音量にのせて指導部の賛美歌を歌い、何よりもプーチンを讃えた。「われわれには誇るだけの理由がある。われわれは尊敬されているのだ。われわれは偉大な国の市民であり、その行く先にはさらなる偉大な勝利が待ち受けている。『プーチンの計画』はロシアの勝利である」。

プーチンは何度も勝利という言葉を口にした。だが、いったいどのような敵に対する勝利なのだろうか。危険が大きいほど救世主はより偉大となる。では、ロシアは戦争でもやろうとしていたのか。その可能性はほとんどない。ロシアは通常の程度を超えて、オイルマネーを兵器や軍に注ぎ込みさえしていないのである。大仰な言葉は単に、広く行き渡った誇りと被害妄想の感覚に訴えているだけのことなのだ。それらの感覚は大衆の心理に深く根を下ろし、いつでもクレムリンに動員されることを望んでいるのである。

## 誇りと被害妄想？

無論、この二つは矛盾しているように見える。だが、次のような事実に引き比べてみるのがよい。まず、選挙民の圧倒的多数は、あらたに得られた石油の富からさして利益を受け取っていない人々なのである。それにクレムリンも、近年の二桁台のインフレを遥かに超えるような金融崩壊を起こすことなしに、どのようにして必要な資金をインフラや年金、それに賃金に投入すればいいか、見当がついていない。それゆえ議会選挙は、日々の暮らしにかかわる痛切な問題を取り上げるかわりに、ロシアの偉大さを讃え、過去と現在の、国の内外からの恐るべき危険を想起させ、何ら具体性のない約束を思い起こすための式典へと、人為的に高められているのである。

「プーチンの計画」は広く喧伝された、約束の地へのロードマップである。だがそこにはいかなる詳細も記されておらず、里程標もなければ明確な目的地もない。その意味がどのようなものであれ、それがほのめかしているのは以下のような事実である。まず、プーチンと彼の部下たちは、選挙という管理されたリスクに束縛されることなしに、権力を維持することを求めている。ついで、プーチンがいなくなれば過去八年間の達成物もすべて失われると、選挙民に吹き込む努力がなされているということである。「プーチンの計画」はまさにその曖昧さによって、それが長期のもの、遠い未来に投射された絵なのであるということ、その実現には強い人物が必要なのであって、ほかならぬプーチンがその人物になることもあるのだということを示唆している。ここにあるのは、プーチンはいつだってあらたな救世主を助け、導き、必要とあらばみずからそれを演じさえするだろうという見え見えのサインである。選挙戦のなかで彼は、誰も間違えようのないくらいはっきりと、国民の「リーダー」〔ロシア語でリーデル〕と宣言された。これは、近い将来に来るべきものを予期するための、新しい用語である。「ヴォーシチ」〔領袖〕はスターリンを彷彿とさせるし、ただの「議長」ならばソ連時代にいくらでもいた。「書記長」もまた過去の言葉であろう。こうして、国民の「リーダー」がロシア語における新しい言葉となった。これは過去のしがらみからもきれいさっぱり自由であるし、創造的な解釈にも広く開かれた言葉である。

これまでのところ、政府、あるいは「統一ロシア」党機構の誰一人として、「プーチンの計画」として広く宣伝されているものの詳細を真剣に詰めようとはしていない。もし人々が本当にその長短を知りたいのであれば――とプーチンの補佐官の一人は冗談をいった――大統領のすべての演説を読めばいい。実際、もしこの計画が、ソ連時代のゴスプラン〔国家計画委員会〕の現代版のように、白昼堂々と掲示されていたのであれば、謎はすべてなくなるのであるが。それはよくてロードマップなのであって、ただ運転手のみが車をどこに走らせているのかを分かっているのだと考えられている。

## 過去の再創造

ソ連崩壊後の精神的な真空を埋める必要があることを、プーチンは知っている。彼が差し出さねばならないものは、歴史と宗教の混合物であり、門前の敵と城内の敵の混合物である。ロシア人に過去と未来の栄光を思い起こさせるという目的のために、古代のルーシ〔ロシアの古名〕から、スターリンの偉業のうちでも比較的受入れの可能なものにいたるまで、教科書やテレビ番組では歴史の慎重な書き換えと取捨選択が行なわれている。グラーグ抜きのガガーリンということである。偉大な国民の祭日は、もはや赤い十月(一九一七年十一月七日、レーニンが穏健派を放逐したクーデタ)ではなく、動乱時代と二重権力、それに外国による占領――この場合はポーランド侵略者による――に終わりを告げた、一六一二年十一月四日である。

ソ連時代の悪霊はさして騒ぎもなしに祓い清められている。クレムリンの指導的イデオローグであるヴィクトル・スースロフ〔ウラジスラフ・スルコフの間違いだろう〕とキリル総主教のどちらも、この日が「国民の歴史における最も偉大な歴史的事件」を意味すると強調した。「国民統一の日」は、四〇年にわたってロシアにおける追悼とソ連における自己満悦との不動の頂点であった一九四五年五月九日、大祖国戦争の勝利の日をもその重要性において上回ったのである。総主教はテレビ放送で次のように述べた。「十七世紀に起こったことのほうが、一九四一年から一九四五年の出来事よりもひどいものであった。大祖国戦争では敵がモスクワを占領することもなく、ヒトラーもモスクワに足を踏み入れなかった。ドイツ人が権力の垂直構造を破壊することもなかったし、敵が内部対立を挑発して国が麻痺してしまうこともなかった。それに対して、あの遠き過去の時代にはすべてが違っていたのであり、それゆえ動乱時代と呼ばれているのである」。十一月四日は多くの教訓を意味している。それは過去よりもむしろ未来に、プーチンのスタイルにかかわっているのである。

二〇〇七年は、ポーランド侵略者に対する輝かしい栄光を記念するばかりでなく、ボリシェヴィキ革命九〇周年と、大テロル七〇周年を想起すべき年でもあった。ソ連体制の建国神話は公式の沈黙のなかにすぎ、ただしぶとい共産主義者だけが何事かを讃えた。スターリンのテロルの記憶もまた、同じくらいひっそりと迎えられた。ただわずかな追悼者のみが寄り集い、ルビャンカの前面に置かれたソロフキ〔白海の収容所〕の大きな御影石と、「鉄のフェリックス」の立て直された記念碑との間にかわされる沈黙の対話に耳を傾けたのだった。

レーニンの遺産をめぐる曖昧な状態は、いまでも続いている。いまだにロシアの多くの都市では、規格化されたあのレーニン像が町の広場に立ち続け、輝ける未来への道を指し示している。ロシアの偉大さが国民統一の原則として押し出されてはいるものの、不確かさはロシアの万神殿をも取り巻いている。ロシアの英雄はすべて、外国の敵に勝利したがゆえに、今日のロシアにおいてもあらたな役割を担う資格があるとみなされている。アレクサンドル・ネフスキーはチュートン騎士団に勝利し、イワン雷帝はタタール人に打ち勝ち、ピョートル大帝はスウェーデンを打破したのであった。この点で何とも扱いに困るのがスターリンである。彼は石像にも銅像にもなっていないのだが、人々の心のなかにはしっかりと存在している。モスクワの、そして全ロシアの中心に立つ救世主キリスト大聖堂は、かつてスターリンによって野蛮に破壊されたのであるが、モスクワ市長ユーリー・ルシコフのもと、コンクリートづくりの姿で復活を果たした。オリガルヒは巨額の寄進を行なうことで、全能の神のとはいわないにせよ、せめてルシコフのお眼鏡にはかなうことを願った。今日までスターリンの、そして内務人民委員部の恐怖に捧げられた国民規模の記念碑は存在しない（ローカルなものはある）。遠くない将来にそのようなものが建てられる可能性も、あまり大きくはない。KGBの灰の中から立ち上がったFSBにしても、苦しみを伴う再評価をあえて求めはしないであろう。

共産党支配の七〇年の意味について、国民的な合意は存在しない。開かれた、率直な空気のなかで、知的な議論が行なわれるようになるまでには、まだ本当に長いこと待たねばならないであろう。大テロルと収容所群島について想起することは、公共圏よりもむしろ、私的な領域の事柄に留まり続けるであろう。残ったものは、犠牲者の記憶である。新ロシア人の間でさえも、銃殺された祖父や、夜半すぎに連行されて二度と戻ってこなかった叔父の記憶に突然にでくわすことがありうるのだ。犯罪を行なったのは誰なのか、そして彼らはロシアの現在と未来に何を残したのか。このような問いを発することは現在のロシアでは流行らず、おそらくは人々の健康にとっても有害である。書物や映画はある。この問題について言葉を発すること自体が禁じられているわけではない。だが、犠牲者と迫害者とを問わず、広い同意が存在する。忘れるのが一番だという同意である。そのためトラウマは残り続けるのだ。

今日のロシアは様々な感情が入り混じった国である。とはいえ、宗教が与えてくれる時間を超越した励ましが、エリツィンによってはっきりと受入れられ、プーチンのもとでいっそう強まるなか、偉大さの物語こそが、大いなる受難、大いなる勝利、いずれのかたちでも祝福されている。革命前の時代には皇帝、正教会、そして人民が、聖なる三位一体として統一されていた。だがこれは過去の話である。国家がもし完全に正教会を奉じるようなことになれば、ロシア国内の二〇〇〇万人のムスリムがそれを災いの始まりとするであろう。クレムリンの指導者たちは慎重に駒を進めなければならない。何といっても彼らは一九九〇年以降、一夜のうちにすべてがばらばらになることもあるのだということを目にしているのであるから。現在は、ぎこちない共存が優勢である。だが、ロシア人の数が低下しつつあり、ムスリムの数が増加しつつある以上、ぎこちない共存よりもそうましなことは期待できない。プーチンとその麾下の人々は、決着を早めたいとは思っていないのである。

## 帝国はもうない

国民の創出か、国家の創出か。これは実に現実的なジレンマなのである。この曖昧な状態は、ソ連が息をひきとり、ロシアが新生したのと時を同じくして始まった。プーチンと、誰であれその後継者たちは今後、次のような事態だけは避けなければならない。つまり、ただ問題を生み出すだけであり、それどころか実際、国家と社会の危機を引き起こすだけの決定を行なうことを強いられる、といった事態である。調和や、何であれそれに近いものが存在しないところで、どうすれば国家また国民を打ち固めることができるのであろうか。南部のイスラム復興の勢いもあって、民族的・宗教的な多様性がいっそう深まっているもとでは、単純明快な政治的教義を押し通すことは難しい。国内外の現実が妥協を強いているのである。

それゆえ共通の分母としては、「ロシア的であること」よりも「偉大であること」のほうがふさわしいし、現在と未来に関しては「ともに敵に立ち向かおう」のほうが望ましいのである。

「正常化」が新しい合言葉となり、あらゆる分野や部門で喧伝されている。大半のロシア人にとってその響きは安心をもたらすものであるが、何が正常かを決めるのはお上である。この言葉はまた、クレムリンが唱える「主権民主主義」の主張を支えるのにも役立つであろう。自分の大統領時代に発展した、権威主義と大衆受けとの独特のブレンドを、プーチンはこのように呼んでいるのである。

このような状況下では真剣に選挙を行なうことは、上からの権威と下からの民主主義のブレンド全体を台無しにしかねない危険をはらんでいる。「統一ロシア」、「権力党」と呼ばれるこの党は、不可能な問いに対して最も現実主義的な解答を与えた。実際、二〇〇七年十二月の下院選挙、あるいはそれほど秘密ではない秘密投票による権力党の承認は、三つのきわだった特徴をもっていたのである。

## 国民の救世主

第一に、プーチン自身の将来計画について、誰もが憶測をたくましくしてきた。三期目だけはない、というのが彼の説明であった。憲法を引き合いに出し、その文言への敬意を口にしながら、プーチンは、憲法をいじって三期目を引き受けるわけにはいかない、と一度ならず繰り返してきた。これははったりであったのか。それとも彼は、内面の心情を吐露していたのであって、「オーティウム・クム・ディグニターテ」(品位を保ちつつ閑暇を楽しむ)、すなわちローマ人が、国政の中心であるフォルム・ローマーヌムから権力の余白へと退くことをそう呼んだように、悠々自適の生活に入ることを望んでいたのであろうか。実際プーチンは、一気に変化を引き起こすこともできぬまま、ポスト・ソ連の約束された地へと国の背中を押してゆかねばならぬことに一種の精神的な疲れを感じており、それをほのめかしてさえもいたのである。時に彼は、モスクワのクレムリンではなくソチ近郊の大統領宮殿に引っ込んで、ずっと快適な南方の司令部から、大統領と国家に指令を出すことのほうを望んでいるように見えた。この静穏の一時期は、それが見せかけであったにせよ本物であったにせよ、選挙戦が本格的に始動すると同時にはっきりと終わりを告げた。プーチンは、「統一ロシア」が自分を彼らの「国民のリーダー」とし、候補者名簿の筆頭にその名前を載せることを許した。しかし、彼は「統一ロシア」に入党はしないというのであった。実際この曖昧さは奇妙なくらいであって、民主政の政治家よりも皇帝のほうに似つかわしかった。その一方で「統一ロシア」は、権力党の地位に高められていった。

第二に、プーチンはすべての政党から慎重に距離を保ち、「統一ロシア」よりも左側に「公正ロシア」という別の政党をつくりさえしたのであるが、クレムリンの壁の内側では諜報機関と金融業界の伏魔殿を巻き込みつつ、激烈な権力闘争が繰り広げられていた。まさにこのためプーチンは、みずからの手の内をさらけ出し、選挙戦の渦中に飛び込んで出馬を表明することを余儀なくされたのではないかと思われる。明らかに勢力均衡状態は揺らぎつつあり、統制を外れかねない勢いであった。そのためプーチンは、政界の最高実力者としてのみずからの役割を強く打ち出さねばならなかったのである。もし彼がそうしなければ、何が起こっていたのだろうか。クレムリンの外側にいるものにはそれをいうことは無理である。だが当時はあらゆる噂と憶測が錯綜し、なかには諜報機関の様々の部門が権力の甘い汁をめぐってむき出しの闘争を行なっているのだという説もあった。

第三に、そして最も顕著な特徴として、選挙戦の過程で「統一ロシア」の戦略は、あからさまにナショナリスト的な調子を帯びた。姿も曖昧な外国勢力が偉大な祖国への陰謀の咎で非難され、すべての反対派が外国政府の手先として糾弾された。

「統一ロシア」の青年組織「ナーシ」〔「われらの」の意味〕は、彼らの父母の時代からフレーズや賛歌や行進曲を借りてきた。彼らの父母もまた、若かりし日にコムソモールの炎のような忠誠心を誇示しなければならなかったのである。投票直前の世論調査では、プーチンの支持率が六〇パーセントをゆうに上回り、彼の党が楽勝するであろうことが示されていたが、それでもなお神経質なエネルギーが選挙戦に投入され、いかなる反対派も抑圧された。下院に議席をもつには総得票数の七パーセント以上を取らねばならず、立候補するには極端に厳しい条件を満たさなければならなかった。政党の集会は禁止され、ビラやポスターは警察によって没収された。こうした様々な想像力に富んだいやがらせの方法にくわえて、ほとんどソ連的といってもいいやり方で、ただ投票所に行くだけでは駄目で、正しく投票用紙に記入しなければいけませんという圧力が人々にかけられた。こうしたすべてのことは、国の実際の現状と世論とに対する、きわめて神経質な態度を露わにしていた。クレムリンはロシア国民を信用していなかったのである。

戦闘的な驕りと攻撃的なレトリックの調べに乗せながら、警察は反対派を統制するために、旧態然たる強権的な態度を示している。元チェス世界チャンピオンのガルリ・カスパロフといえば、チェス狂で知られるロシア全土の英雄であり、彼自身の名誉とすることには、反対派連合「もう一つのロシア」の指導者であるのだが、二〇〇七年十一月二十四日、その彼は身柄を拘束された。罪状とされたのは、ただ単にデモを組織したということであり――選挙戦ではおよそ常軌を逸した行為とは思えないのであるが――、その際に書面での事前の許可を取っていなかったことが問題とされた。実際のところ、彼は地元当局からデモを行なう許可を取っていたのである。ただそれは、行進の許可ではなかったし、選挙のつつがなき進展を管理するための公式委員会を目指してよいという許可でもなかった。カスパロフは世界的に有名であり、見栄えもよく、良心の人であったのだが、直ちに五日間の拘留を言い渡された。西側でのプーチンの評判、さらにいえばロシアの評判は、著しく傷ついた。末端の警官が勝手な行為に出たか、あるいは上からの命令に従ったのが裏目に出たかのどちらかであった。

選挙戦の期間を通して権力者たちは、反対派の主張にあえて反駁しようとはせず、単にそれを無視するか、いっそう悪いことには「第五列」、すなわち敵に与するものの意思表明であるとして非難した。プーチンはジャッカル、砂漠に住む飢えた野犬という言葉を使って、リベラル派のことを、外国人といっしょになってロシアを破壊し、母国を裏切っていると糾弾した。クレムリンと、「統一ロシア」にいるその支援部隊の挑戦を真っ向から受け止められるような、十分な強さと率直さをもった集団など存在しなかった。選挙活動はロシアの伝統的な外国人嫌いと入り混じっていた。国民の統一こそが焦眉の課題であった。牛乳とパンの値上がりがなんだ。インフレがなんだ。汚職、家賃、住宅価格の高騰がなんだ。選挙は現実逃避の祝祭であった。

## われらは反対派を必要としない

「われわれに賛成しないものはわれわれの敵である」という気分が漂っていた。味方か敵か。ロシアの有権者に第三の道はあまり残されていなかった。野党のなかには失望のあまり、批判票を共産党に投じることで、少なくとも「統一ロシア」が三分の二を確保するのだけは阻止しようと有権者に呼びかけるものもあった。反対派のなかには、ロシアを敵や弱さや裏切りから守るために、「ロシアのピノチェト」の出現を待望するものも現われた。このとき掻きたてられたナショナリスト的なヒステリーは、選挙の興奮が忘れ去られてしまってからも、ロシアとロシア人の間に長く留まり続けるだろう。

選挙結果が公表され、予期された通りの権力党の勝利（総得票数の六四・四パーセントであり、弱小政党の票が無効にされれば約七〇パーセントにまで上がる）が確認されるよりもずっと前から、多くのロシア人が投票所に行くのは馬鹿馬鹿しいという態度をはっきりと示していた。うわべだけの見せかけや警察の蛮行を非難したブロガーの勇気は尊敬に値するものであったし、カフェやレストラン、さらには個人放送のインターネットTVにおいてさえ真剣な討論を行なおうとした人々の意志もまた、尊敬に値するものであった。だが、自分の仕事や昇進や子供の進学といった不安を抱える一般の男女にとっては、「彼らは民主主義を演じているふりをし、われわれは真剣に参加しているふりをする」というのが、多かれ少なかれ基本線であった。さらにつけ加えねばならないのは、多くの有権者は安定性の欠如に倦み疲れていたし、なおかつ、彼らの考える民主主義や自由主義の理念とは、エリツィン時代にかたちづくられたものであって、混乱、不確かさ、地位の喪失、富み栄える少数者と貧困に苦しむ大衆、といったものと分かちがたく結びついているということである。それに対してプーチンは、多くの人々にとって、安定への復帰、賃金の上昇、年金の遅配の解消、そして生活のより明るい見通しと結びついていた。人々はいまも、食料品、パン、牛乳の激しい値上がりについては文句をいうだろう。だが、だからといってジュガーノフの行き詰まった共産党や、ジリノフスキーの名前のまずい自由民主党に投票するであろうか。より西側的で、多元主義的な政治スタイルを志向する人たちも、選挙民の二〇パーセントはいると推定されていた。その多くは都市部に暮らす若い専門職であった。だが、彼らに対して右派勢力同盟とヤブロコは、勝ち目のない計画しか提供することができなかった。時機を逸せずに連合を組み、もてる力を合わせることに彼らは失敗した。そのために七パーセント条項にひっかかり、投じられた票が死票となることが明らかであった。そして実際にそうなったのである。

下院選挙戦は、ひとたび始まるやいなや、議会選挙と国民投票の——公式の肩書きが何であれ、プーチンを支配の座に留めるための——ハイブリッドであると、はっきりと想定され、組織され、演出された。プーチンこそが、そもそもの最初から主役であった。だがいったいどういった資格においてなのか。有権者は選挙戦の全期間を通じて、ほとんど何ら詳細な情報を受け取っていなかった。投票に先立って彼がみずからを「統一ロシア」の指導者に擬し、なおかつその政党からの超越性を大いに強調したことで、多くの可能性、いや、実際にはすべての可能性が、残されたままとなった。もし仮に、大統領の二期目の終わりが近づくにつれて、本当に彼が公務からの引退についてあれこれと考えていたのだとしても、そのような不確かな状況は長くは続かなかった。この間、クレムリンの内部とその周辺では、といってもその内情を窺い知ることは不可能なのであるが、様々な諜報機関、治安部門の省庁、「統一ロシア」のオリガルヒ連合、国家官僚の間の勢力均衡が、きわめて大きく変化し、不安定化したようである。そのために生じた、体制そのものを危うくするような危機の高まりこそが、プーチンをして、指導者および最高の調停者の役割を手放してはならぬとの意志を固めさせたのに違いなかった。現時点では、また近い将来においても、プーチンを除いては、政界の全能の実力者たる玉座に座る資格をもち、尊敬を集め、あい争う諸派閥を調停できるだけの人物は誰一人としていないのである。

## 国民のリーダー

その背後にどのような方針があったにせよ、議会選挙がプーチンの国民投票へと変わったことは、あの謎、つまり、誰がロシアの将来の主人になるのかという謎に対する一つの答えをほのめかしていたようであった。最初に「統一ロシア」議長ボリス・グルィズロフが、下院議員四五〇人の選挙は、実際にはプーチンの支持を問う国民投票になるだろうと述べた。まったく突然にもロシアの議会選挙は、アメリカ型の大統領予備選のようなものへと変わったのである。このことからはさらに、「統一ロシア」の勝利を、憲法をいじってもよいという国民からの委任状として解釈する余地が生まれた。早くも選挙戦が終了する以前から、選挙の結果は国民的キャンペーンを求める声となるだろう、と思われていた。つまり、クレムリンのあの人に対して、われわれのもとに留まってほしい、「統一ロシア」とその同調者からなる下院議席の三分の二をもって憲法にほんの小さな修正をくわえ、三期目ができるようにしてほしいと懇願するための国民的キャンペーンである。国民の救世主よ永遠なれ、というわけだ。

選挙は多くの点で操作されていた。野蛮なやり方もあれば、奇抜なやり方もあったが、いずれにせよそれらはすべて、深く根をはった不安を暴き出していた。とはいえ、選挙がおよそ無意味であったなどとはいえないのである。その実施方法を総括してみるならば、全体としてそれは、半分程度は自由であったし、半分程度は公平であったということができる。他方、結果もまた、見る人によって様々な解釈が可能なようである。少なくともクレムリンがソ連時代のように人々に九九パーセントの承認を求めなかったことは、よいセンスの表われであった。とはいえ、あれほどの圧力とプロパガンダがあったにもかかわらず、「統一ロシア」は安定多数の三分の二を確保することさえできなかったのである。「統一ロシア」が集めた六四パーセントという支持票は、投票前のあの大騒ぎを考えるならば、けっして印象的な数字ではなく、期待されていた大勝利を下回るものであった。だが、それでもなお、十二月二日の下院選挙は、二段階からなる決定的な権力の移行の始まりを画するものとして、見なければならない。その重要性は、ロシアで最初に民主的に選ばれた大統領としての、ボリス・エリツィンの選挙戦での勝利や、クレムリンの無名の官僚から新しい皇帝への、ウラジーミル・プーチンの一九九九年の上昇に等しいものである。

下院選挙の次は、二〇〇八年三月二日の大統領選挙が、第二段階であった。その準備が始まってみると、二〇〇七年十二月の擬似国民投票と、一〇〇日後の大統領選挙とは、両者が一体となって、ロシアにおける権威主義的民主主義のあらたな段階の訪れを告げるものであることが、いよいよ明らかとなった。「プーチンの計画」は、あえて内容を曖昧にしたまま、誰もが自分にいいように解釈できるかたちで、宣言された。そうすることでそれは、未来の喧騒においてもプーチンの役割は依然重要であり、おそらくは中心的なものとなるのだろうと想定することを可能にした。そこには公式のものも非公式のものも含めて、あらゆる要素が取り入れられている。だが、二〇〇七年の秋に国家機構全体を揺るがした大騒ぎを考えるならば、将来の政治・経済権力の配分が、上層部での深刻な、そして目につく紛争なしで実行されるとすれば、大いに驚いて然るべきであろう。国家機構、諜報機関、オリガルヒからなる権力の三角関係は一枚岩からほど遠く、権力の分配と統治の性質は決着済みからほど遠い。誰が何を獲るのか、それもどれだけ獲るのかということには、まだ確固たる答えが与えられていない。様々なグループの間には、その考え方、投資の機会、同盟者、それに行動様式について、調停不能な相違が横たわっているのである。

権力党は野党が要るなどとは考えていない。無論、共産党だけは例外である。というのは、プーチンの体制がどれほどの欠陥を抱えているにせよ、それは、控え目にいっても「よりましな悪」なのだということを、外の世界に対しても、国内の懐疑派に対しても分からせるための、お化けの人形が必要だからである。政治的反対派の主張は論駁されず、単に無視されてきた。どんな社会でもそうしたやり方は高くつく。ロシアでもそうだ。ミハイル・カシヤノフ元首相やその他の反対派は、もし権威主義的な体制が維持され、強化されるのならば、二〇〇七年から三年以内に社会的な騒擾と政治的な騒乱が起こるだろうと予測している。

求む——市民社会

選挙戦の過程と結果がどれほど真正なものであったのか、あるいは操作されたものであったのかは別にして、長期的にはそれは二つのことを意味するであろう。まず、ロシアにおける市民社会の出現は——たとえ最高の条件のもとであったとしても、苦痛を伴う過程となったであろうが——著しく遅らされることになるであろう。それに、外交政策と安全保障政策は、これからも憎しみの金切り声を上げ続けるであろう。あの十二月の選挙の真の敗者は、市民社会であった。

注目すべきことに、西側の聴衆に向けて今日のロシアの弱点を説明する際に、プーチンはいつも市民社会の欠如を嘆いている。それは正しいのである。今日のロシアにあっては、国家と国家機関からの十分な独立性なるものは、非常に疑わしいといわざるをえない。だが、歴史の一般的な傾向を見た場合、市場社会の勃興の前提となり、かつその発展を促してきた態度や道徳というものは、そうした独立性のもとでこそ花開いてきたのである。ロシア民主主義の道は、異なる声を上げる者に対する恫喝によって、一度ならず中断されてきた。そこでは交通事故や不可解な失踪、それにあからさまな暗殺によるジャーナリストの殺害すらも、たびたび繰り返されてきた。

ハンガリーの異論派であり作家であるジェルジュ・コンラードは、東欧に広く見られる反政治的な心理について語っている。人々は政治とレトリックの過剰摂取に疲れ果て、政治家の人柄や手腕、それに公約を果たす能力について、大いに懐疑的になっているのである。

だがロシアでは、状況は違って見える。たしかに政治に疲弊し、より楽しみの多い仕事にふけっているものも多い。だが、自分の価値観や希望を表明することを求める市民の数も増えているのである。そうした人々は二つの陣営に分けることができる。楽観的でナショナリスト的な信念をもった活動家と、よりリベラルな信念をもった活動家とにである。いずれの側も公的な言語空間で発言し、緊迫した対話を行なっている。「統一ロシア」の青年部である「ナーシ」は、自尊心に満ち、親政府的でナショナリスト的な活発性を体現しているのだが、ここにきて上からつくられたことの代償を支払っている。そこには真実味が不足しているのである。プーチン・ユーゲントを生み出す試みは不発に終わった。

とはいえ、自尊心に満ちたナショナリズムというテーマには、別のヴァリエーションもある。そちらのほうもまた、権力そのものに忠実であり、ロシア社会に増加中である。そこでの多数派は、高い教育を受け、知的で、広報ということをよく意識した、若いテクノクラートである。彼らは未来志向の時代精神を担うことになるであろう。他方、新しいロシアの唱道者に限って見るならば、彼らの考え方や社会的な志向には保守的な傾向がある。その哲学は二つの原理によって導かれている。帝国へのノスタルジーと、西側の一部になることへの拒絶である。彼らの自信は、ソ連時代の大半においてさえ見られなかったほどのものに、回帰している。シベリアの天然資源は、現時点ではたしかにロシア勃興の基盤なのだが、彼らはそれを、石油、天然ガス、パイプラインの先にある、よりよきロシアの未来のための跳躍台であると考えている。

## 民主主義を超えて――あらたな公共言説

政治的な理想像となっているのは、西側スタイルの民主主義ではなく、啓蒙権威主義である。そこには矛盾や対立はなく、自己の運命はしっかりと掌握されている。「権力の垂直構造」――国家と社会を運営するための新しい幾何学をプーチンは好んでこのように呼ぶ――は勝利の方程式だと考えられており、新ロシア人たちは西側との体系的な衝突について口にすることをためらわない。最後に勝つのは自分たちの制度だという自信が、そこにはっきりと見てとれる。こうした新思考は、新型のロシア・インテリゲンチアによって唱導され、プーチンの制度に光沢を与えるような、シンクタンクや雑誌や大学のセミナーを中核として組織されている。主要な公共テレビ・チャンネルである「第一チャンネル」と「ロシア」が、ロシアおよび世界におけるロシアの運命についての新思考を盛りたてるために活用されている。これまでのところ、彼らの努力は成功している。世論調査によれば、大半のロシア人は専制こそが群を抜いて最高の統治形態であるとみなしているのである。

ロシアはいまなおホッブズ的な状態にある。ジョン・ロックの出番はまだ先のようである。富と物質的な豊かさは、リベラルな中産階級を自動的につくりだすわけではないのだ。二〇〇七年十一月二十五日、約五〇〇人の人々が、サンクト・ペテルブルグのどまんなかのネフスキー大通りでデモ行進を行なおうとした。彼らは自分たちのことを「同意しないもの」と呼んだ。デモ参加者の三分の一は警察に一時拘束された。その中には著名な元〔第一副〕首相のボリス・ネムツォフも含まれていた。ネムツォフは警察の取調べ調書に署名するよう迫られた。恫喝は功を奏し、そうしたことがなければ政治的な催しやデモに参加したであろう多くのサンクト・ペテルブルグ住民も、「君子危うきに近寄らず」という言葉をいま一度かみしめることとなった。国家の統制するメディアは、そうした行進を決まって黒一色に報道する。恫喝され、ハンディを課されたリベラルは、おおやけの場での存在感や公共言説における発言権を失いつつある。イギリス首相ウィンストン・チャーチルの有名な言葉に同意したいと思うロシア人は、まれであろう。民主主義は最悪の統治形態である。「これまで時あるごとに試されてきた、ほかのすべての統治形態を除けば」。

ロシアのどこに行っても、民主主義の評判は悪い。なぜならそれは、エリツィン時代の経済・金融危機や、長く尾を引く政治的なトラウマを連想させるからである。ガスプロムの様々なメディア企業をはじめ、クレムリンの牛耳るメディアは、ロシア人の自己憐憫と猜疑心とに働きかけることで、反対者を容易に「ロシア嫌い」として貶めることができる。「西側のエージェント」という言葉は、プーチン体制に少しでも熱狂的ではないあらゆるものに対して見境なく使われる言葉であるが、それはソ連時代のKGBの用語法から借用してきたものである。

権力と人民――二〇〇七年十二月の選挙が示しているのは、クレムリンがその二つを一つに融合することを望んでおり、かつそれができるということである。政治上の異論派に残された余地はそう多くはなく、まして物質的な基盤についてはいうまでもない。ホドルコフスキーの運命は、挑戦を試みようとするすべての人にとっての明白な警告となっている。クレムリンとその現職者に挑戦した、あのエネルギー大君の失寵は、けっして口にされることはないものの、たえず想起されているのである。

石油と天然ガスが経済を燃えたたせている限り、インフレは抑制されるし、年金と給料も支払われる。ソ連最後の一〇年であれ、エリツィン時代であれ、悪しき過去の日の記憶は、権威主義体制を吊り上げるのに十分なだけの強さを持ち続けるであろう。ましてその権威主義体制に、パンとサーカス、ロシアの誇りと外国旅行を可能にするだけの余裕があり、それを盛んに奨励している間はなおさらである。だが、はっきりと窺うことができるのは、将来の政治はプーチンの最初の数年よりも単色だということである。社会工学は、有権者に沈黙を守らせるのに役立つであろう。多大な社会的統制を行なうことで、ビロードの手袋をはめた鉄の手をもつ専制と、時折しぶしぶと示される民主主義とのバランスが、維持されることになるであろう。

# 10 ロシアとビジネスする喜び

「ロシアに旅するとはどういうことか。注意を怠らぬ人にとっては、それは延々と執拗に続く仕事のことを意味する。そこではあらゆる場面において、あい争う二つの国民を苦労して見定めなければならないのだ。ありのままのロシアと、ヨーロッパにこう見られたいと思っているであろうロシアとを。」

**キュスティーヌ公爵『現代のための旅路』**

普通、ドイツのビジネスでは、高揚状態を人前にさらすことはしない。だが、二〇〇七年の暮れ、ロシアで活動するドイツ企業の大半を代表し、豊かなコネクションを誇るドイツ産業連盟の東方委員会は、プーチンによる後継者の選択、それに継続性の確保と安定性の確約を、何らはばかることなく支持した。ロシアで活動するドイツ企業の気分は、楽観的なものである。これが二〇〇七年の調査報告の概要であった。東方委員会の議長であり、ダイムラー・クライスラーの前役員であるクラウス・マンゴールト博士は、ロシアで取引を行なっている数千のドイツ企業（その大半はモスクワ郊外にある）を対象にして行なった、四回の意識調査の結果をまとめた。「ロシアの景況は改善が続いている。企業はこの傾向が来年も十分に続くものと考えている」。「二〇のうち七の企業が、全般的な状況が改善したと確信している」。挙げられた理由のなかには、購買力の上昇、ロシア消費者の消費気運、ドイツ企業のロシア人従業員の高い質といったものがあった。

だが、そこには通常は見られない但し書きもあった。企業は、自分たちの楽観主義は以下の点において目だって進歩がなされるならば、との条件をつけたのである。それは、煩瑣な手続きの軽減、汚職の取締まり、輸入税および税制に関する合理的で予想可能なルールの制定、規範や規格の全般的な調整、中規模の家族経営企業に対する政府のより積極的な対応である。二〇〇六年にはドイツからの外国直接投資は、記録的な高さを示した。一九九〇年以来ロシアに蓄積されてきた一〇一億ドルのうち、ドイツは二〇〇七年末に外国直接投資の六・六パーセントを占めた。これは、キプロスとルクセンブルグから循環してきたロシア資本、オランダのエネルギー投資、コノコフィリップスとTNK－BPによるイギリスの各種ファンドにつぐものであった。ドイツの投資は、エーオンやフォルクスワーゲンによる大規模なものだけではなかった。数百数千の中小企業もまた、固定資産や消費財から『コンピュータワールド』や『フォーブス』や『ニューズウィーク』といった色鮮やかな雑誌のロシア語版まで、何でもいいから急速に拡大するロシア市場への参入を求めて、投資を行なっていたのである。だが、ここにもまた、深刻な但し書きが見られた。四つの企業のうち一つは、さらなる投資のための緩衝材として、ロシア産業に外国企業が参入するための法制度が今後整備されることを期待していた。調査対象となった企業の半数は、そうなったとしても違いはないだろう、と回答した。四つの企業のうちの一つは、予想可能な枠組条件が整うことによって、改善がなされることを期待していた。

## かつてなき近しさで

第一次世界大戦前の活発な貿易関係や、戦間期およびコメコンの四〇年の特殊な状況は除くならば、今日東方委員会は、ドイツとロシアがこれほど緊密な経済関係にあったことはないと高らかに宣言することができる。実際、ドイツはロシア第一の貿易相手国なのであり、ロシアの輸出のおよそ一〇パーセントはドイツ向けなのである。そうした輸出の大部分は、シベリアの天然ガスと石油というハイドロカーボン（炭化水素）である。

他方、ロシアはドイツ製品、主に工作機械や高級車にとっての、急速に成長する市場であり続けている。ドイツの対ロシア輸出は、他の諸国に対する輸出の二倍の速さで拡大しており、二〇〇七年一月から十月までに、二〇〇六年比で二八パーセント増加した。二〇〇七年末、取引高は四〇六億四〇〇〇万ユーロに達した。同じ時期にロシアからの輸入は、ドル換算で一一・七パーセント下がったが、それはユーロに対するドル安のためである。

こうした熱狂は、そう遠くない昔にカーネギー国際平和財団のアンダース・アスルンドのような老練のロシア専門家が、ロシアから持ち帰った印象と鋭い対象をなしている。二〇〇五年秋にアスルンドは、戦略関係者の間に回された文書のなかで、警戒すべきいくつかの兆しを記録していた。「ロシアの世界経済フォーラムにおける支配的な印象は、歓喜に満ちた西側の投資家（ポートフォリオ投資と直接投資を問わず）と、ロシアのビジネスマンとの対照であった。西側の投資家は、ロシアばかりかプーチンにも喝采を送っており、もし彼らに選択が任されるならば、プーチンに三期目を許すことを拍手で承認したであろう。ロシアのビジネスマンは自重しており、熱意の欠如において目立っていた。石油の呪いのいかなる深刻なリスクも、誰一人信じていなかった。なぜなら、政府のマクロ経済政策が確信を与えるものであり続けているからである」。

ロシアのビジネス関係者は、西側の仲間が知らない何を知っているのだろうか。事情通のロシア人にとっては、石油・天然ガス経済とそれ以外の経済とのギャップが、実際当惑させるほどのものであったのかもしれない。また、クレムリンの役人があらゆるレベルで示している自信満々の態度が、傲慢な印象を与えるばかりでなく、ビジネスや外交の面で——西側との長期的な関係や、とくにアメリカとの関係において——不確かな印象を生み出していたということも、十分にありうることだ。アスルンドはここでもまた、個別の証言を長期的な展望のなかに位置づけていた。「個人的な会話のなかではロシアのビジネスマンは、彼らの稼ぎが素晴らしく伸びていることを話してくれるし、芳しくない政治状況が経済状況を悪化させていることも教えてくれる。それだけに非常に目を引くのは、ロシアの大物ビジネスマンが、できるだけ長く外国に留まり続けることを望み、クレムリンに呼び出されてむしり取られるのを避けようとしていることだ。結果として、ロシアのビジネスマンの多くは途方に暮れているように見える。彼らはあまりに多くロシアに投資することは望んでおらず、外国に投資を分散させようとしている。実際彼らは独立国家共同体諸国ですでにそれをやった。多くのものはこの先どうすればいいのかよく分かっていない。それゆえ、ロシア投資は一年あたり一〇パーセントそこらしか増加していない。実際には一年あたり二〇から三〇パーセントは増えてもいいはずなのに」。

アスルンドはまた、よりリベラルな傾向をもった大臣の影響力の低下についてもすでに認めていた。たとえば、一貫してプーチンに忠実な副首相、アレクサンドル・ジューコフがそうである。彼は、多くの改革措置が採択されたか、あるいは準備中である、「だが重要なものがすべてそうだというわけではない」、と声明する一方で、資源部門における国家の役割の著しい肥大についてはあえてふれなかった。最近のユコス事件と、その結果生じた半ば停滞に近い石油生産の現状について問われると、この大臣は目に見えて辛そうな顔になった。アスルンドによれば、彼は、「国営会社でも十分に仕事はできるし、税制の変更と投資政策によって石油生産もふたたび増加するだろうと、非常に形式ばった答えを返したのだった」。西側志向のリベラルの星であるゲルマン・グレフも、西側の訪問者を困惑させたようである。資源を国家の手に集中させるロシアの古い慣行を非難したのち、彼はまったく突然にこう述べたのだった。「すべての立法活動は、まさにこの方向でなされているのです」。リベラル大臣たちのこうしたパフォーマンスに対するアスルンドの結論は、次のようなものであった。「彼らは権力をもっておらず、公然たる抗議とあきらめの間で揺れ動いている」。政府内で産業の近代化を担当していたゲルマン・グレフは、二〇〇七年に解任されたものの、ロシアの主要な大手銀行であるズベルバンクの頭取にすぐに任命された。

長期的な展望については、アスルンドは次のように報告している。大企業のシニア・マネージャーの多くが、自分の企業の市場価値を高めることに関心を抱いており、数年のうちに新規株式公開を行なうことを計画している。ロスネフチのCEOですらも、ユコスの資産を手に入れたのちは、同じようなことを考えているように見える。モスクワにいるロシアのビジネスエリートのより暗い気分にもかかわらず、アスルンドは報告書の読み手に次のように請け合った。「国家所有、国有化、ロシアの孤立は、確実な脅威であるようには見えない。なぜなら指導的な経営者たちは、民間の国際市場における資本というかたちで、自分たちの資産管理を行なうことを望んでいるからである。ゲームの名は資本主義である……そして資本主義はインターナショナルなのだ。指導的なシロヴィキは大金持ちになり、みずからの資産を合法的なものとすることを望んでいる」。

## 国営企業

二〇〇七年九月、ロシア政府はある法制度の整備に着手した。それは、国営企業の形式を整え、戦略部門の範囲を規定するとともに、外国投資家には不利な条件を打ち出し、投資する前に一度ならず熟考することを外国企業に強いるものとなるはずであった。その法制度が実現すれば、外国の資金と専門知識のいずれにとっても、ロシア進出の十分な抑止力となりえた。ロシア企業はその両方を必要としているのであるが。全西側諸国の懸念を反映して、ドイツ産業連盟の東方委員会は、国家独占体の再建に警告を発するとともに、古い独占企業の創造的な解体、開かれた市場、安全管理と環境保護の国際基準への移行を訴えている。だがロシアの法制は、多かれ少なかれ、それとは反対の方向に動いている。ロシア側の公式説明によれば、国営企業の創設は、経済の多様な部門に対して手本を示し、成長のための刺激を提供し、それらの部門をビジネスにとって魅力的なものにするためになされるのであった。二〇〇七年十二月十一日、プーチンはロシア商工会議所のビジネスリーダーに向かって、クレムリンには「国家資本主義」をつくるつもりはないと話し、さらにこうつけ加えた。「われわれは国営企業を現在の姿のままで維持しようとは計画していない。それらの国営企業が安定し、ひとり立ちできるようになれば、市場で活動することがそれらの企業にとっても望ましいであろう」。プーチンはまた、政府は民間企業を保護し、国営企業が「他の企業を抑えつけたりしないように」すると約束した。

プーチンはロシア経済の近代化を求めており、しかもそれを迅速にやることを求めている。ロシアの未来を天然資源のみに託せば、短期的には収益が得られるかもしれないが、長期的には有害であろうということも、彼には分かっている。彼は経済のいたるところに革新的な部門をもつことを求め、KGB出身の前国防大臣セルゲイ・イワノフに、現代技術のロシアへの導入という課題を委ねた。以上が事態の明るい面である。暗い面の方は、ロシアで最も成功したエネルギー会社であるユコスが国家の管理下に置かれ、その資産がより従順な企業に売却され、CEOはシベリアに収監されたときに明らかになった。

国家こそが、様々な戦略部門に対する絶対的な統制を求めている。そうした戦略部門としては、造船（統一造船会社）、航空産業（統一航空機製造会社）、原子力技術（ロスアトム）、ナノテクノロジー（ロスナノテク）などがある。このうち最後のものは、セルゲイ・イワノフによれば「現代のメガプロジェクト」であり、国家予算によって惜しみない支援が与えられている。

このメガ思考における方法論は、次の通りである。あらゆる重要な資産は——皇帝やコミッサールの時代と同様に——究極的には国家、つまりクレムリンから借りているだけ、と考えられねばならない。総じて後進的なロシア産業にとっての万能薬は、互いにあまり競争せず、政府の完全な統制下に置かれた、一連のテクノロジー企業のなかにこそあると見られている。ソ連時代にはサイズこそが問題であった。そして、量は質に勝るというイデオロギーは、まだ死に絶えてはいない。ドイツの非常に成功した機械工具産業は、ロシア市場で活動しているものも含めて、多かれ少なかれ中規模企業によって支えられており、そのうちの多くは家族経営企業である。だが、いまだにクレムリンは、大きいことはいいことだと信じており、機械工具についてさえもそうであると考えているのである。

## ドイツの疑念

ドイツ企業は、これまでのところモスクワ最大の外国人社会であるのだが、彼らは外国企業の参入に対して制約が課されることで、成長、繁栄、雇用に深刻な害がおよぶのではないかとの懸念を表明している。クレムリンがこうした声に耳を傾けるかどうかは、ゲルマン・グレフやその他のリベラルたちの解任と再登用を経た今日となっては、あらたな別の問題である。

東方委員会もまた、投資保護が損なわれたり、契約が破棄されたり、外国人の差別待遇がなされたりすることを恐れている。ドイツ人はこれまでに何度も、事務手続きを減らし、行政決定をより透明で、それにより予想可能なものとし、輸入規程を緩和するように求めてきた。汚職という言葉は、礼儀正しい対話のなかではあえて避けられているが、実際の生活には常につきまとっていた。

ドイツ経済界は「戦略的パートナーシップ」という言葉を用いるが、実際にそれが何を意味するのかについては、一人ひとりの推量に任されている。クレムリン当局と、ドイツの組織化された利害とは、同じ土俵の上に立っているわけではない。むしろそこには、多くの希望的観測が見られる。経済界はベルリンに政治的な支援を求め、経済・財政上の協力に関する「戦略的ワーキンググループ」を設けた。これによって、ベルリンとモスクワ両方の政府にもっと圧力をかけようというわけである。

それがどれだけ有意義であるのかは、さしあたり誰にも分からない。さらに、オリンピック関連のビジネスで相応の分け前を得るために、東方委員会は「ソチ二〇一四」という名前の特別ワーキンググループをつくりさえした。ドイツ人は、ロシア人だけではなく自分たちもまた利益を得ることを望んでいる。それだけに彼らは、多くのロシア企業が外国投資という長期的な戦略をとっていることの意味を、十分に理解している。それは、ノウハウを共有するためだけではなく、クレムリンの秘密主義的な戦略に対して自分の資産を守るためにもなされているのである。多くのドイツ人投資家は、『コメルサント』紙に掲載され、ロンドンの『フィナンシャル・タイムズ』紙に詳細に紹介されたあの有名なオレーグ・シュヴァルツマンのインタビューに注意を向け、そこに書かれていることが、信頼できないロシアのビジネス環境における自分たち自身の経済的な将来にどのような影響をおよぼすのか、それなりの懸念を抱いたに違いない。そうしたことも、外国の投資家がロシアにＷＴＯへの加入を促す理由の一つとなっているのである。そうすれば双務的な関係が生まれ、指令経済への誘惑は減るであろうから。二〇〇七年と二〇〇八年に、ロシアがポーランドからの食肉類の輸入を規制し、同様にルフトハンザの上空飛行権をも制約したことは、西側諸国が恐れるべき国家介入を、逸話的なかたちで証明していたのであった。著作権の侵害もさらなる災いの種だ。産業スパイも増えているし、産業財産権の無視も悪名高い。

## ある種の戦略的パートナー

表向きブリュッセルは、ロシアが「戦略的」パートナーになったことを喜んでいるが（エネコ・ランダブル欧州委員会対外関係総局長、イギリス上院議員との会合にて、二〇〇七年十一月）、その背後には不安がないわけでもない。ロシアとEUの関係は順調ではある。二〇〇六年と比べて二〇〇七年の貿易の規模は、二九パーセントも増加した。EUはロシアからの輸出の五二パーセントを占めており、何といってもロシアにとって最重要の貿易相手である。EUにとってもロシアは第四位の貿易相手である。こうした拡大は今後も続くことが期待されており、「ロシアは経済的には強化され、政治的には安定した」と、二〇〇七年九月に出されたドイツ産業連盟東方委員会の政策方針書にも記されている。もちろん最重要ファクターは、石油の高値が続くことであり、さらにまたその後を追うかたちで、天然ガスの高値が維持されることである。だが、ロシアの輸入相手国は、エネルギーの次元を超えて、私的消費、さらには純投資の増加もまた、ロシアに自立的な成長をもたらしていることにも気づいている。ロシアの法制にしても、クレムリンがこだわる戦略的な側面にさえ気をつけるならば、残りはビジネスに対して融和的であるし、競争とカルテルの境目を見極める上で助けになるとさえ考えられている。くわえてロシア上層部では、中小企業は何らかの援助に値するとの気運が高まりつつあるようにも見える。指針となっているのは多様化であり、エネルギーと軍需産業に留まらず、より知的な職業分野を創出すべき必要性も認識されている。

クレムリンの内部にある中庭、あるいはそこからそう遠くないところにあるガスプロムの駐車場を垣間見たことがあるものは、ドイツ製の大型黒塗りリムジンの数の多さに強い印象を受けないではいないであろう。その多くはメルセデスだが、BMWの数も増えつつある。クレムリンの壁の外ではスマートできらきらしたポルシェが目を引く。そのハンドルを握るのはレディたちで、みな高速で飛ばしていく。モスクワの道路は自動車で溢れかえっており、その多くは西側からの輸入車である。高級車趣味はクレムリンの指導者とオリガルヒだけのものではない。自動車生産とそれに付随する産業をロシアに誘致することは、ロシア政府にとって優先順位の高い目標である。国内企業も国際企業もこの分野に参入するための支援を受けた。二〇〇七年九月十五日をもってこの特恵は終了したが、部外者も内部関係者も声を揃えて一層の特恵を求めた。フランス、イタリア、ドイツの自動車産業は、ロシアの自動車産業に対する支援が、外国の投資家の利益を損なうかたちでなされぬように求めている。実際、二〇〇七年後半にフランスのルノーとロシアのアフトヴァス（ラダという名前のほうがよく知られている）は、両者が五〇パーセントずつの取り分で長期的パートナーシップを確立した。

## ロシアに投資すること

アーンスト・アンド・ヤングは二〇〇六年、ヨーロッパにおける外国直接投資の受入れ国の第三位にロシアを挙げた。だが、二〇〇七年にはその順位は、フランスとイギリスの間の第六位に下がった。その間、競争力のあるロシアの企業は国際市場で頭角を現わしつつある。ロシアの投資法人であるベーシック・エレメント（業界最大手の一つである）は、オーストリアのマグナとシュトラバーク、ドイツのホッホティーフの有力株主となった。大手鉄鋼会社のセヴェルスターリは、アメリカの巨大会社ルージュ・スチールとイタリアのルッキーニ・グループを買収した。エヴラズ・ホールディングは鉄鋼会社パリニ・アンド・ベルトーニを手に入れ、ガスプロムはイタリアのエニ、ドイツのBASF子会社ヴィンタースハルおよびエーオン・ルールガス、フランスのトータル、ノルウェーのスタットオイルと契約を結んだ。ロシアのアルファ・グループはトルコの携帯電話会社トゥルクセルに手を伸ばし、さらにボーダフォンとドイツテレコムにも秋波を送っている。なおドイツテレコムにはロシアのAFKシステマも誘いをかけている。

投資法人であるアルファ・グループとレノヴァは、革新的な産業部門への投資を行なってきた。なかでもスイスとアメリカのナノテクノロジーがそうである。ハイテク航空産業では、国家が管理する外国貿易銀行が、エアバスの親会社であるEADSの株式五パーセントを取得し——間もなく売却した。

こうしたリストはまだまだ続けることができる。投資の場所としてのロシアは、国内へのものであれ国外へのものであれ、その評判よりはよいところなのである。だが、一連の深刻な疑念によって投資は抑制されている。ロシアの産業政策はどこに向かうのだろうか。投資の安全性はどうなのだろうか。税制はどれほど信頼できるのか。嫌がらせも時折起こる。腐敗は蔓延し、法制の変化もめまぐるしい。まさにそのため、ロシアへの直接外国投資は、急速に発展する中国産業への資金流入とは比べものにならぬほど、ゆっくりとしか成長していないのである。外国からの投資が勢いを増したのは、ごく最近のことでしかない。その多くはキプロスとルクセンブルグから循環してくるロシア・マネーである。二〇〇七年のロシアへの直接外国投資は、UNCTAD（国連貿易開発会議）によれば四九〇億ドルであった。これは前年比で七〇パーセントの増加である。

とはいえ、いま残っているリスクは依然、外国人投資家の熱意に水をさすほどに強力である。政変などのソブリン・リスクはもはや問題にはならない。ロシアは信頼できるパートナーであることを身をもって証明したのである。外貨準備高は四〇〇〇億ドルにも上る。くわえて、石油価格が低下に転じたときの保険として、一五〇〇億ドルをゆうに上回る安定化基金も蓄えられた。それよりもずっとはっきりとしたリスクは、ロシアでのビジネスのあり方そのものにある。まさにそのことが、ロシア企業のランキングにも大きく響いているのである。許認可と規制の体系が曖昧なことはよく知られているし、法制度も予測不可能である。自分が決定を下すべき経済問題の複雑さについて理解している裁判官は、そんなに多くはない。そして、ひとたび判決が出てしまえば、どんな決定だって実行されないとは限らないのである。

## ブリュッセルの懸念

ロシア企業があいも変わらずショッピングに精を出しているころ、EUでは不安の声が募りつつあった。多くのロシア企業が固定資産の獲得を進めつつあり、ときに支配権をも手にしている。オイルダラーの循環は、第一次・第二次オイルショックの後の一九七〇年代・八〇年代にも先例があるから、歓迎すべきであるのかもしれない。だが、欧州委員会は、ヨーロッパのエネルギー・ネットワークをロシア、なかでもガスプロムによる獲得の試みから守ることを考えているのである。

実際ここにあるのは奇妙な矛盾である。ロシア経済は一九九九年以来、年に七パーセントの拡大を続けており、いまだそれが弱まる兆しはない。ロシアは貧しい債務国から強力な債権国へと転身を遂げたのである。金融機関も、程度の差こそあれ信頼性を獲得しつつある。だが、さらなる前進は、パートナーシップと協力に関するあらたな合意の欠如によって、大いに妨げられている。交渉のための委任状すらないのである。それにコソボ危機、アメリカによるチェコとポーランドのミサイル防衛計画、エストニアの古都タリンの中心部から郊外への赤軍の戦勝記念碑の撤去、こうしたことの余波も明らかであった。そのすべてにおいてクレムリンは、自らの不快感をはっきりと伝えることを望んだのである。二〇〇七年初頭にベラルーシ経由での石油の供給が途絶えたことは、西欧諸国にロシアへの依存が増すばかりであることを思い起こさせた。ドイツ産業連盟東方委員会は、こうしたことが繰り返されることがないように、今後EUとロシアの間で何らかの仕組みを発展させねばならないと述べたが、それは単に願望を表明したにすぎなかった。

冷戦の終結後に実現しなかったもの、それは信頼と相互の安全保障に基礎を置く、持続的な戦略的パートナーシップの構築であった。政治的な気象はとげとげしいものに変わったかもしれないが、経済の領域ではいまなお協力とパートナーシップとを見出すことが可能である。というのは、今日のロシアの指導者はもはや――アメリカのメルヴィン・レフラーによる最近の冷戦研究を引用すれば――「人類の魂を」戦いとることには関心を抱いておらず、物質的な豊かさ、金、それに自分とその子供たちのための長期的な見通しにこそ、関心をもっているからである。そうであればヨーロッパとアメリカの産業界は、ロシアを孤立から引き出して、ルールに基づくシステムがもつ暗黙の基準と想定とに、ロシア経済を順応させることこそをみずからの戦略的な目標とすべきなのだ。はじめは経済で。ついで、ゆっくりとではあるが着実に、政治でも。

EU＝ロシア関係の全体像は、経済的なパートナーシップと、政治的な不安との、見逃しようのない対照によって特徴づけられる。ロシアは近い隣人でもあれば――ときに近すぎることもあるが――、「戦略的パートナー」でもある。まさにこのようにいって、欧州委員会対外関係総局長は、イギリス上院向けに最近行なった欧州委員会のブリーフィングのなかで、両者の関係の根本的な曖昧さを説いたのであった。拡大を行なったことでEUは、スターリンの時代、そして旧ソ連から、厄介な東方の遺産を継承した。そのことはロシアとの関係にも影響をおよぼし、プラスとマイナス両方の課題を提示している。さらにロシアは、公式見解によれば――そしてまた国民の大半もそう感じているのだが――エリツィン時代の経済的・政治的な失策から浮上しつつあるところであった。そうした失策は、西側民主主義や放埒な資本主義を分かちがたく連想させるのである。プーチン大統領の八年間に、「エネルギーの高価格に勢いを得たあらたな自信」を認めたのは、EUだけではなかった。そうした態度はおそらく今後も続くであろう。「西側と違うということが、そうした自信の定義であるとしばしば考えられている」。

その結果は普通、逆説として論じられる。だがそれはむしろ、帝国ノスタルジー、非現実的な期待、よくあるいやがらせ、それに、ユーラシアの広大なステップと西側クラブの自己満足の間のどこかでアイデンティティを発展させたいという希求の、複合的な効果なのである。カナダ人が、彼らのいうところの「きこりや水汲み」という役割を嫌っているように、ロシア人もまた、破滅、屈辱、失望の一世紀を経たあとでは、自尊心にかないもすれば、あらたに見出された力――偏っているがゆえに脆いものであるが――にも見合うような役割を、自分自身のためにあてがってやる必要があるのである。国民としての自負をめぐる彼らの様々な言説は、ただ単に物質上の豊かさばかりでなく、ロシア性なるものの意味、歴史や文明、ヨーロッパとの関係、それに鏡像としてのアメリカにも、深くかかわっているのだ。

だが、この点においては欧州委員会も、ロシアでのビジネスを求める西側企業も、あまり助けになるとはいえないのである。ロシアはビジネスと民主的な価値とを切り離して考えることを望むかもしれないが、EUにはそんなことはできないし、ビジネス界もまたそんなことをすべきではない。冷戦時代には西側企業の責任は鉄のカーテンまでで終わりであったが、今日のグローバル化した市場においては文化の垣根を越えた投資が日々増加しつつあるし、公正な基準、法の支配、応答責任、それに透明性といったことは、政治的な境界線を越えて有効なのである。まさにそのためEUはロシアとの、また、この点に関しては中華人民共和国との貿易に際して、その文化的・法的な立脚点について十分に気にしなければならないのである。このジレンマはすぐに解消されるものではない。「EU＝ロシア間の貿易と投資は急激に拡大中であり、エネルギー部門でのわれわれの依存度も一層高まりつつある。ヨーロッパのビジネス界はロシアの扉を目がけて殺到している。ロシア市場で得られるべき利益は巨大なものだ。だが、政治的な関係においては、さらにまたいくつかの問題については外交と安全保障政策においても、われわれの間には深刻な相違がある」。

## 政治は依然大事

EUはクレムリンでは好かれていないし、主権の共有という原理もロシア人の理解するところではない。かつてのソ連時代には、ロシアの分析官は西側の資本家が共食いを始める日を待ちわびていた。だが、そのようなことが起こらないので、イメモ（世界経済国際関係研究所）やヨーロッパ研究所、さらには外務省の内部でさえも、より若い世代の人々がヨーロッパ統合を支える原則についてそれまでよりも慎重に研究を始めることとなり、ついにはコメコンがそこから何かを学べるかもしれないとさえ考えるにいたった。だが、ときすでに遅く、そのような認識は何ら成果を残すことができなかったのである。こうした事情もまた、政治上の便宜とは別に、クレムリンの支配者たちが今日にいたるまで、欧州委員会ではなく個々の国家との二国間のやりとりのほうを好むことの、一つの理由になっている。他方、ブリュッセルの欧州委員会のほうも、みずからの政策に対する完全で揺るぎない支持の獲得には、これまで失敗してきたのである。ロシアによるポーランドの食肉ボイコットとの戦いのときもそうであったし、ロシアを迂回して中央アジアからヨーロッパに伸びる、ナブッコ・パイプラインの長期計画のときもそうであった。

EU加盟諸国は可能なときはいつでも、ロシアとの個別契約を結んでいる。ロシアの人権状況について小言をいったり批判したりすることはEUに任せて、彼らはロシアとの関係のビジネス面に専念している。こうして彼らは、ロシアによる「分割して統治せよ」のゲームに乗ってしまっているのである。他方、欧州委員会とて傍観者の役割に甘んじているわけではない。二〇〇七年十二月二日のロシア下院選挙の前にも、欧州委員会は懸念の声を上げた。OSCE（欧州安全保障・協力機構）の選挙オブザーバーの活動に、制約がくわえられたからである。結局欧州委員会は、お芝居には加わらないことを決めた。欧州委員会はまた、ラジオとテレビの自由の制約、ジャーナリストへの攻撃、NGOに対する圧力、北カフカースの悲惨な状態といった人権問題についても、定期的に懸念を表明しているし、上はサミットから下は人権専門家との年に二回の協議まで、あらゆるレベルでそうしたことを行なっている。ブリュッセルでは、「ときにそうした協議は非難の応酬に堕してしまうこともある」とも指摘されている。たとえばプーチンが、G8ハイリゲンダム・サミットでの警察の振舞いは、ほかのどこと比べても別段ソフトではなかった、と口にしたときがそうであった。

## EUの電話番号をくれたまえ

欧州委員会は経済問題を扱っているときに最強となり、政治問題を扱っているときに最弱となる。このバランスの欠如は、EU＝ロシア関係にもくっきりと影を落としている。EU加盟諸国は、規程通りの事柄を除けば、滅多に一つの声でしゃべることはしない。各国政府はみずからの外交政策を熱心に擁護しているが、個々の政府はクレムリンに圧力をかけるほどには強力でない。とはいえ各国政府が共同しようとすれば、その共通利害はときに無意味になるほどに薄弱なのである。両サイドの話はかみあっていないように見える。セルビアの一地方であったコソボの将来をめぐる――独立か、広範な自治か――非常に長い時間をかけて進展した紛争は、その顕著な事例であった。二〇〇七年十二月十日、国連安保理が前フィンランド大統領マルッティ・アハティサーリの報告書に基づく合意に失敗したとき、事態は臨界点に達した。それに先立って、ロシアとアメリカの外交官、それにドイツ大使ウォルフガング・イッシンガーからなるトロイカ委員会が、交渉妥結を目指してぎりぎりまで努力を重ねた。だが、予想に違わずそれは失敗した。欧州委員会はロシアに向かって「責任ある行動」を呼びかけたが、大して印象を与えることはできなかった。「あれこれの場所で緊張を煽って、『前例』について語り続けることは、ロシア自身のためにならない。どこかでそれはロシア自身にはね返るであろう」。もちろん欧州委員会は、国連安保理の合意が流れるよりもずっと以前から、ロシアが別の場所で代償を探していることに気づいていた。ハイリゲンダムでプーチンは、コソボ問題は別の場所でソ連の遺産に向きあうための出発点となりかねない、と警告していたのである。おそらく彼の念頭にあったのは、沿ドニエストル、アブハジア、南オセチアであった。そこではロシア人が、依然部隊を駐留させているのである。あるものは平和維持部隊の青いヘルメットをかぶって、あるものはロシアのヘルメットをかぶって。彼はまた、二〇〇七年二月十日のミュンヘン安全保障会議を皮切りにして、一九九九年に改定されたCFE（欧州通常戦略）条約から距離を置き始めた。西側は、ロシアがそれらの兵士の大部分を引き揚げなければ、この条約を批准しないという条件を出していたのである。国連安保理でコソボ問題の決着が流れてからわずか二日後、プーチンはCFE条約の履行を正式に停止し、信頼醸成と安全保障構築にとっての重要な一要素の運命を宙に浮かせた。

リスボン条約が発効していたならば、欧州委員会には外交政策で一意見を述べるだけでなく、決定的な役割を果たせるだけの権限が付与されていたであろう。だが、ともかく欧州委員会は、ロシアに影響力を行使するためには、いまよりもずっと多くの結束力を必要とするというジレンマを克服できていないのである。それはまた、欧州委員会の外交政策能力を計る上で、最もやりがいのある試練でもある。中東、アフガニスタン、イラン、あるいはビルマ。「われわれが究極的な目標を共有しているところでは、ロシアはアプローチの違いを強調しがちである」。

欧州委員会は、経済的な影響力を政治的な力に変えることができるだろうか。そのためにはEUは一つの声でしゃべり、ロシアもまた個々のヨーロッパ資本に向き直るかわりに、そうした単一の声を尊重しなければならない。EUは対決的な調子を避けねばならないが、同時にまた、欧州委員会対外関係総局長が架橋を試みていうように、「われわれはみずからの利益を守るために、堅固な心持で話さねばならない。まさにそうすることで、ロシアとの共通の基盤を獲得しなければならないのである」。理想的な世界では、それはうまくいくであろう。二〇〇八年の現実世界においては、それはより難しい。

## EU＝ロシア――差異を管理する

実際、EU＝ロシア関係は本来的にいって非対称なのである。それに、欧州委員会は多様な国益を考慮しなければならないから、どうしたって妥協が不可避になりがちである。ときにそうした妥協はまったく失敗するのであるが。EU＝ロシア関係の法的な基礎は、一九九四年に調印され一九九七年に発効した、「パートナーシップ協力協定」（PCA）である。今日ロシア人は、それがロシアが弱体であった時期の産物であると考え、その完全な改定を主張している。あらたな協定についての交渉もなされているが、そこではロシアの新しい自信——際限のない自信を考慮に入れなければならないのであろう。他方で、二〇〇五年には四つの「共通空間」（これはまた巧みに選ばれたEUお役所言葉である）が定められ、さらに四つの「ロードマップ」によって、野心的に聞こえる課題が設定された。もっとも、そこで基本的にいわれていることは、関係するワーキンググループ同士で議論を進めるということでしかない。扱われている問題は、産業政策や規制政策から、国境問題での協力（とりわけカリーニングラード／ケーニヒスベルク）、司法協力、外交政策、それに科学技術にまでおよんでいる。そのうち評判になったものはそう多くはないが、そもそもそうならねばならない理由とてそう多いわけではない。本来それは、未来のある時点でなされるべき、あらたな全面的な合意のための地ならしなのである。各論を扱うワーキンググループと並行して、二〇〇三年には以前の協力理事会にかえて、常設パートナーシップ理事会が設けられた。これによってEUの局長とロシアの閣僚は、分野ごとに数多くのフォーラムで会合し、二つの年次首脳会談を補足できるようになった。とはいえこれは、すべて政治にかかわることである。専門家協議と閣僚会談のちょうど中間の上級官僚レベルでは、有効なフォーラムは存在しない。あるレベルでは政治がない。別のレベルでは政治しかないのである。

## EUとエネルギーでは韻を踏めぬ

エネルギーは、EU＝ロシア関係を規定するような要因となった。双方にとってこれにまさる関心事はない。だが、それは異なる理由からであり、この点におけるEUの一貫性のなさは周知の通りである。欧州理事会は包括的なパッケージ立法を求めてきたのであるが、不幸にもそれは、ロシアが求めるものと真っ向から対立していた。「アンバンドリング」〔送電などと発電などを分離すること〕反対というのがロシアの立場なのである。エネルギー・ネットワークを生産（ロシアでの）および需要（ヨーロッパでの）から効果的に分離したいというのが、欧州委員会の目標であった。それに対して、ロシアのガスプロムもフランスのガス・ド・フランスもドイツのエーオンも、それらの一体性を維持し、無論みずからの手中に握り続けるということで、一致団結しているのであった。ロシア人の合意を得た早期警戒メカニズム〔エネルギー供給削減を事前に通知する〕が、将来、政治からパイプラインを切り離すことになるかどうかは、いまのところ不明である。これまでのところ欧州委員会は、エネルギー担当委員ピエバルクスの苦労にもかかわらず、原子力エネルギーをも対象とし、なおかつロシアの贔屓を求めてあい争うといった事態を排除できるような、包括的なエネルギー構想を打ち出せていない。

依存関係を相互依存に変えることは、いつだって簡単なことではない。まして、需要の高まりを反映して、世界中でエネルギー価格が高騰しているときには、それはとりわけ困難なことである。アルジェリアや中央アジア諸国といった第三者の供給者がいればこそ、EUは貿易・移動・投資の可能性について、互恵的な合意を得るべく本格的に協議することが可能だったのである。現在EUは、透明性、互恵性、差別禁止、均等待遇といった条項を含む、あらたな枠組合意の必要性について、ロシア人の説得に努めている。別の言葉でいえば、ブリュッセルのEU官僚は、ロシアの熊に若干の踊りを仕込みたがっているのである。だが、EU内部の連帯は、悲しくなるほどに欠落している。エネルギー部門ではとくにそうだ。ある加盟国にとっての問題は、他のすべての加盟国にとっても問題でなければならないと、あれだけバロッソ委員長が口をすっぱくしていっているのに、現場の事態を変えることはできない。

EUにとっては、WTOへのロシアの加盟は、高度の優先順位をもつ事柄である。そうなればロシア人は、共通ルールに合わせることを余儀なくされるであろう。だが、その歩みはまことに遅々たるものでしかなく、いつになったら終わるのかまったく定かでない。いかなる広範な自由貿易協定を結ぶにせよ、まずはWTOへの加盟が大前提である。ひとたびロシアが加盟してしまえば、EUは、全般的な合意をあらたに形成しつつ、深く包括的な経済統合を目指すことになろう。もしうまくいけば、そこには、エネルギー問題に関しても、生産者と消費者の持続可能なバランスを狙いとするような、強力な規程が含まれることになるであろう。

## グランドバーゲン？

個々の細部はさておきEUは、諸々の妥協や苛立ちにもかかわらず、何らかの大戦略を練り上げつつあるように見える。当面の間ヨーロッパ人は、ロシアのエネルギーなしでやっていくわけにはいかない。とはいえロシア人の側も、西側産業のハイテクノロジーを相手にして公正かつ対等な関係を築き上げることに、より大きな関心をもつようになるであろう。エネルギーと兵器への一辺倒を脱して、経済の多様化を進め、石油後を見据えた技術的基盤を整備しなければいけないことを、彼らはよく承知している。まさにこの点においてこそ、ヨーロッパ人が必要となるのである。イギリス上院に対する欧州委員会対外関係総局長のブリーフィングを、もう一度引用しよう。「お互いの利益になるような、素晴らしい多くのものが得られるはずである。より緊密な協力関係、技術革新とハイテクノロジー、宇宙空間、航空、バイオテクノロジー、ナノテクノロジー、ビザなし渡航を視野に入れた人的交流の拡大、観光の飛躍的な増加、互いの大学で学ぶ無数の交換留学生……われわれの困難は、AからZに進む必要があるという点では同意していながら、AからB、さらにはCへと進むのに大変に苦労していることにある」。

EUの枠組だけでは、ロシアという案件を切り盛りするのは不可能である。今後の枠組合意から利益を得られるはずの個々の国民国家が、もっと協力することが必要なのだ。WTOへの加盟条件にロシアが従い、その行動規範をも受け入れるならば、そのこともまた大きな利益となるはずだ。個人的なネットワークもまた、重要な役割を果たすだろう。とくに、AEB（在ロシア欧州ビジネス協会）は大事である。そこには五四〇の会員企業が参加しているが、それはすべて、ロシアで活動中か、ロシアのパートナー企業をもつ、EUかEFTA（かつては欧州自由貿易連合、いまでは〔EUとともに〕欧州経済領域）の企業である。AEBは、一九九五年に欧州ビジネス・クラブとして発足した。その後、改称・改組を経て、いまではロシアで活動するEU企業のための連合組織となっている。同様の目的をもつ各国組織、たとえば在ロシア・イギリス・ビジネス・クラブもある。構成員の数と活発性において、AEBは在ロシア米国商工会議所につぐ勢いを見せている。AEBは、ブリュッセルのEU本部とモスクワ当局の両方にとって、シンクタンクのような役割を果たそうと努力している。その活動は通常のロビー活動を大きく上回り、エネルギー、銀行、税制、著作権、特許法といった範囲におよんでいる。それは草の根活動といったものでは全然なく、根本的な問題をいくつも取り上げている。

## アダム・スミスを信じるにしかず

とはいえ、長期的に見れば市場の論理こそが、ロシアとEUのヨーロッパ人の間に法的・経済的な共通空間をつくりだす上で、最も重要な力なのである。別にマルクス主義者になって、人間行動の物質的な土台に目を向ける必要はない。アダム・スミスに従って、啓蒙的なエゴイズムの支配を信じればよいのである。イギリスまたヨーロッパで、初期産業革命の粗暴がじきに公正なシステムに道を譲ったように、また、アメリカで強盗貴族と呼ばれた金満家たちが、じきに法や社会との和解を遂げたように、オリガルヒとシロヴィキからなる新しい支配階級にしても、不正に手にした利得を確実なものとするためには、ルールに基づくシステムの一部とならねばならないのだということを、遅かれ早かれ理解するチャンスが十二分にあるはずである。くわえて、ロシア企業との取引を望む西側企業もまた、ロシアの大企業に多々見られる芳しからぬ要素が解消に向かい、法の支配が行き渡るように、おのずから促すに違いない。というのは西側企業とて、だまされたり、火傷を負ったり、地元で評判を損ねたりするのは御免だからである。たとえば米国証券取引委員会のような、鋭い監視の目が光っているのだ。すべては収斂していくのである。

今日ロシアの市場は、規制過剰と規制不足の両方に同時に悩まされ、ありとあらゆる汚職と官僚主義の組み合わせにさいなまれている。皇帝とコミッサールの数世紀をようやく終えたばかりなのだから、改善が進むのには長い時間を要するであろう。それでも、外界からの圧力だって存在する。発展したグローバル資本主義のもつ文明化作用こそが、強盗貴族を普通の人々に変えていけるのであるし、責任をもって行動する競技者こそが、グローバル市場で生み出されたルールに遅かれ早かれ従うように、彼らに働きかけることができるのであるから。

# 11　外交政策の探求

「クレムリンはどこにでもあるような宮殿ではない。それは全き町、そしてモスクワの心臓である。東と西、世界の二つの部分の最前線がそこで睨みあう。旧世界と新世界、その両方がここにはある。チンギス汗の後継者たちのもと、アジアがそこで地を踏み鳴らした。クレムリンはそこから生まれたのだ。」

**キュスティーヌ公爵『現代のための旅路』**

第二次大戦終結の一五年後に、アメリカ国務長官ディーン・アチソンが述べた有名なイギリス評を借りるならば、ロシアは「帝国を喪失したが、まだみずからの役割を見出してはいない」。ロシアではグローバルな新しい役割——失敗に終わったソ連帝国の大志とははっきり違う——を担うための、国内基盤の再編が進められている。いまではソヴィエト権力ではなくロシア連邦こそが、称賛されるべき対象である。それは、盛りをすぎた国民国家と大陸帝国との中間的な構築物であり、従順ならざるムスリム住民とのぎこちない共生を果たしている。経済面では、これまでのところすべての基礎は、石油の富と、それに強力ではあるが多くの点で不十分な国営企業の創出とに置かれてきた。そうした国営企業は、クレムリンが戦略的とみなす産業部門からなっている。国際社会は、粗暴な力の蓄えと、権力構造の上層部の脆さについて、十分に理解する機会を得てきたであろう。モスクワ、サンクト・ペテルブルグ、それにロシア連邦のいたるところに黄金の城塞がそびえている。だが、権勢を誇る塔の土台は不安定なのだ。

## 国際環境を規定する

人口基盤の現状は、おそらくクレムリンの指導者にとって一番気になる長期的な問題であろう。その構造を何とかして変化させ、より強固なものとしていかねばならない。人口問題の挑戦は、ロシアでは他のヨーロッパ諸国よりも深刻な意味合いを帯びている。それは徴兵制を著しく損ない、その他の雇用部門、とりわけ自然科学にも悪影響をおよぼしている。それはまた、ロシア連邦の同質性に対する脅威でもある。おおやけにいわれることは滅多にないものの、これは常に頭を離れぬ心配事であり、かつてフランス人がアルザス・ロレーヌについて、「けっして口に出さぬものの、常にそのことを考えている」と述べたのと同様の意味を、現代ロシアでもっているのである。

鉄のカーテンのもとでは敵と味方ははっきりと分かれており、両者の間のグレーゾーンはあまりなかった。一九九〇年代の失望を経たのち、この二項対立は、いまなお公的な言説の立脚点として機能している。東対西。そして、半ば孤立無援のロシア。ミュンヘンでプーチンは世界中の人々の顰蹙を買ったけれども、まさにそうすることで国内での支持をかちえていると感じていたに違いない。対照的にロシアでは民主主義は、弱さや、ロシアの勢力圏への西側の侵入を連想させる。国内の支持と外交方針は見事に調和しているのだ。

今日、ロシア人の二人に一人は、ソ連時代のほうがロシアの国際環境は快適であり、安定的かつ確実であったと信じている。アフガニスタンの悲劇は都合よく忘却されている。ロシアの国際的な地位が良好であった時代として、エリツィン時代を挙げるものは、わずか二〇人に一人にすぎない。方向感覚を得るためには、外敵をもつのが助けになる。名指しこそ常に避けてはいるが、プーチンが敵といえばそれはアメリカのことであると、国民は理解している。アメリカこそが、怒りにまかせて最初の原子爆弾を投下し、ベトナムに毒を撒き散らし、何よりも祖国ロシアの隆盛と栄光とを妬んでいるのである。

対照的にヨーロッパは好かれもすれば、ある程度まで尊敬もされている。恐れられていないこともたしかである。ロシア人の五人に一人は、ヨーロッパとヨーロッパ性に好感をもっていることを認めている。ただし、だからといってロシアがアジアでの使命を最終的に放棄したなどと考えてはいけない。ロシア人の二人に一人は、ロシアは一度たりとヨーロッパであったこともなければその範囲内にいたこともない、それゆえありとあらゆる手段を講じてロシアの伝統とロシア的な価値観を涵養しなければならない、と考えている。グローバルな競争相手としていうならば、ヨーロッパと個々のヨーロッパ諸国は、敵のイメージにふさわしいほど強力ではない。二七か国の集まりに、どんな権力が行使できるというのだろう。大小二七の主人の従者にしかすぎない委員会に、どんな主権が行使できるのだろう。

## 敵を求めて

大国は強い敵を必要とする。超大国の相手もまた超大国でなければならない。敵が強ければ強いほど、それに立ち向かう栄光もまた輝きを増す。よかれあしかれ、ただアメリカのみが敵となるにふさわしい資格をもつ。だが、アメリカが新しいグレートゲームの一部であるのに対して、昨日の大国にすぎないイギリスもまた、クレムリンの憤怒の的となっている。敵意の始まりは、オリガルヒのベレゾフスキーが資産の大半をもって、ロシアの野蛮な司法の手をからくも逃れ、イギリスの市民権を得た辺りにあるようである。二〇〇六年のリトヴィネンコ殺害は、毒々しくも不確かな事件であった。この事件は完全な謎のままで残り、今後はあらゆる謀反人に対する脅しとなるだろうと思われた。だが、ポロニウム二一〇を調達できるような正体不明のエージェントがいたはずだ、という糾弾の声が上がった。実際それは街角のドラッグストアで買えるような代物ではなく、国家エージェントにしか手に入れようがないものであった。ロシア側は、主要な容疑者とされたアンドレイ・ルゴヴォイの引渡しを拒否し、はじめはイギリス大使館員にありとあらゆる嫌がらせをくわえ、次にはブリティッシュ・カウンシルに活動業務の停止、とりわけサンクト・ペテルブルグとエカテリンブルグでの英語教育の中止を迫ることで、侮辱を重ねた。どんな基準から見ても友好的とはいえないこの行為には、ある重大なメッセージが込められていた。つまり、われわれは外の世界を気にしたりはしない、と。

トップダウン式に進められている新しいアイデンティティの形成は、再興するにはあまりに抽象的にすぎるソヴィエト・イデオロギーの代替物を準備しているのである。それと同時にまた、そうしたアイデンティティの形成は、世界のなかでのロシアの居場所を定め、今日また明日の大国のなかでの身構えを決めるという外交面での探求を、国内で反映してもいるのである。ロシアはあらたな約束の地として、国民の前に描き出されつつある。エリツィン時代の初期、模倣すべきモデルであった西側は、国民にとっても政策決定者にとっても、輝きを失ってしまったのだ。

中国は、もう一つのモデルとするにはあまりに異質、なおかつ脅威であれば巨大にもすぎる。上海協力機構の毎回の会合や、中国人民解放軍との合同演習や、技術・兵器の販売の伸びが好意的に評価されているにもかかわらず、やはりそうなのである。軍人を含む大半のロシア人にとって、中国は薄気味が悪く、やや近すぎる存在なのだ。五〇〇〇万人を超える中国人がシベリアに入り込んでいる、その数は残っているロシア人とさして変わらない、そうした噂がまことしやかにささやかれている。モスクワの外交シンクタンクでは、中国はアメリカに対抗するための潜在的な同盟者として評価されている。だが、文化的に見れば中国はまったく別の世界なのだ。ロシア人が旅行や定住先として考えるのは、イタリアやスペイン、あるいはオーバーバイエルンの湖畔に横たわるのどかな村落、あるいは上ライン河はバーデンバーデンの穏和な気候といったところである。ロシア人が文化的なお手本として考えるのは、イタリアのファッション、フランスの料理、ドイツの自動車、日本の電子玩具といったところである。中国は必要上余儀なくされた同盟相手なのだ。

当面中国は、アメリカ支配との釣合いをとるために大事である。だが、「ダイヤモンドは永遠に」、といってもそれは一個だけの話である。クレムリンの支配者たちは、シベリアと極東をめぐって無限の紛争の可能性があることを、よく自覚しているに違いない。国境線の中国側には人間はいるが資源がなく、ロシア側には資源はあるが人間がいないのだから。上海協力機構はこのギャップを埋めるものであり、双方にとって役立っている。だが長期的にはロシア人は、ヨーロッパとアメリカのほうに親和力を見出すであろう。

中央アジアの大半、ウクライナ、ベラルーシを失ったのちでさえも、クレムリンは依然巨大な国を支配している。その八〇以上の連邦構成体は、西のカリーニングラード州から極東のウラジオストックまで、一一の時間帯にまたがり、太平洋、北方の白海、バルト海と黒海に面している。ユーラシア規模の相貌と曖昧さをもつ巨大な国。実際それは、名称以外のあらゆる点で大陸なのであり、気候と人口のみならず地政学の面でも、激しい矛盾を内包している。ウラル山脈の西側のロシアと、ウラル山脈の東側のロシアとの違いは大きい。そして、中国の存在感とその圧力が日々強まるなかで、その違いは今後いっそう輪郭をきわだたせていくであろう。

## 権力のプラグマティズム

西側はロシアに首尾一貫した外交政策を期待してはいけない。基本的な哲学はあるものの、世界革命を標榜していたときのような包括的な思考体系はない。そこにはただ、数多くの政治要因・戦略・方法、それに、短期的な便宜と長期的な戦略とのごく一般的な区別があるばかりである。いずれにせよ、ロシアの時空間的な多様性を考えるならば、ロシアの外交政策がアメリカのものよりも首尾一貫しなければならないと考える理由はない。ソ連時代でさえもモスクワは、今日はあちら、明日は向こうと行き先を変え、それほど理論に縛られることはなかったのである。

ブッシュ（子）のもと、「可能な限り協力するが、孤立を恐れてはならない」という発想法は、「必要なのは提携ではなく、同盟者である」というスローガンに鋳直され、ヨーロッパとその他の多くの国々をはらはらさせた。アメリカの好意による世界秩序？　あるところまではそうだ。たしかに大量破壊兵器の不拡散は、アメリカが依然、他者に対して協力を呼びかけ、厄介な外交上の作業への参加すら求めねばならぬ戦略分野である。だが、それ以外のところでは、アメリカは単独行動を望んでいる。これを孤立主義と呼ぶことは控えるとしても、やはりそのゲームの名は単独主義には違いないのである。

そうであれば、どうしてロシアがより協力的にならねばならない、あるいはより予想可能な行動をとらねばならないということがあるのだろうか。それに、アメリカの新発明になる華麗な孤立主義を大いにまねしているからといって、どうしてクレムリンが非難されねばならないのか。「一匹狼」。これが、英雄的でもあれば危険でもあるという意味で、二十一世紀初頭のロシアの役割を描き出すために、クレムリンの内部関係者が使ったたとえである。自己憐憫や周囲への攻撃に身を任せず、狼が満腹し、自信をもち、みずからに満足し、石油収入がうなぎのぼりの間は、クレムリンにはそうした政策を追求するだけの余裕があろう。だが、友達がいないということは、それ相応に高くつくのである。

## 挑戦

事実、地政学上の課題は、ロシアの大地と同じくらい、広大かつ矛盾に満ちている。くわえて帝国の過去は、巨大、かつ半ば統御不可能ないくつもの問題を、ロシア人に遺産として残していった。そうした問題は、ロシア連邦の十倍の人口を擁し、アムール河とウスリー河の東部防御フェンスに日々その影を色濃く落とす中国の不吉な存在から始まって、カフカース山脈の白い峰々が屹立する南部地方にまでいたる。数世紀にわたって皇帝の将軍たちは、この南方の広大な空間を帝国の柔らかな下腹として懸念をもって見つめてきた。その下腹は、イギリスの帝国主義的な拡張に脅かされ、より最近では天然資源に色目を使うアメリカの大企業に脅かされてきたのである。

だが現在では、また今後も当分の間は、戦闘的イスラムが送り込んでくる武装部隊と暗殺者、それにそう遠くない将来には彼らの大量破壊兵器こそが、最も差し迫った脅威となっている。これは名状しがたい恐怖である。テロの危険について語るとき、プーチンは戦闘的イスラムに言及するのを避けている。だが、アフガニスタンからチェチェン戦争のトラウマを経て、その後に繰り広げられたテロのシナリオにいたるまで、ロシア人は募りゆく脅威を非常にはっきりと意識している。まさにこの心理に助けられて、プーチンは一九九九年の選挙戦を好転させ、最初の大統領選に勝利することができたのだった。急進イスラムの恐怖は、まだまだ大いに政治的な利用価値がある。とはいえそれは慎重に扱わなければならない。

南東にはトルコがある。十九世紀、モスクワやサンクト・ペテルブルグ、それにその他の場所で建てられた教会の頂の多くには、過去と未来の勝利を記念して、ロシア正教の十字架がイスラムの三日月を貫いて突っ立っているのが見える。トルコは昔からのNATO加盟国であるのだが、エネルギーの消費者としてであれ、大規模建設の請負人としてであれ、ロシアのパートナーとしてのトルコの地位は高まるばかりである。トルコはまた、世俗的な国家と社会のモデルとしても、双頭の鷲のパスポートをもつムスリム住民の未来についてのクレムリンの懸念を大いにやわらげている。

そして、最も重要な相手としてヨーロッパ、それにその向こうにはアメリカ合衆国がある。アメリカはあまりに広大かつ強力なので、ロシアにとっては極東と極西はほとんど重なるくらいである。ロシアとロシア人にとっては、アメリカこそが日の昇る国であり、日の沈む国である。これは単なる象徴ではない。冷戦があろうがなかろうが、ロシアは中国やインドではなく、ヨーロッパでさえもなく、アメリカだけを比較の対象としているのである。

こうしたアプローチは、ロシアに超大国の地位を認めることを暗黙に含意している。国連と戦略兵器管理には、それはあてはまる。だが、それ以外の分野は、この等式からはすっぽりと抜け落ちる。アメリカ軍はロシア人がもっていないものをもっている。それは、世界中にその力を展開する能力である。海もまた、アメリカが支配している。ロシアは日本に対馬沖海戦で敗れてから、クルスク爆発にいたるまで、海のパワーゲームでは常に敗北を喫し、すぐに追いつくような気配もない。イラクはゆっくりとだが着実に、アメリカのアフガニスタンになりつつある。このようにいってロシア人はみずからを慰めている。だが、絶対にそうなるという保証はない。ベトナムがアメリカの心と体に深い傷を残したのと同様に、イラクの遺産も後々まで尾を引くことになるであろう。だが、だからといってそれが、超大国としてのアメリカの終わりの始まりを意味することにはならないであろう。二〇年前にアフガニスタンは、ロシアにとってそのようなものになったのであるが。今日のロシアは、核兵器の分野ではどうやら競争することができる。だが、通常兵器やサイバースペース、それに七つの海をめぐる海軍プレゼンスでは無理である。

しかし、今日の世界において、アメリカの専門分野のなかには、さらに先を行っているものさえあるのだ。アメリカの「ソフト・パワー」（ジョセフ・ナイの言葉）は、アメリカのハード・パワーよりも遥か遠くにまで広がり、文字通り「人々の心を」つかんでいる。それに対してソ連崩壊後のロシアが、ソフト・パワーの分野で提供できるものはわずかである。アメリカの産業能力とその研究開発は、多くのロシア人の羨望するところである。彼らはそれを基準にして自分たちの進歩を測り、いまなお盛んに産業スパイの目標を決めているくらいなのだ。アメリカの通貨はいまだに価値の基準である。ただしロシア人は、この点については再考を始め、ドルの低落のなかに長期的な低落のメッセージを読み込んでいる。石油と天然ガスに勢いを得て、彼らは沈みゆくドルからみずからを救い出すために、自由に交換可能なルーブルに期待をかけ、外貨準備をユーロ中心にする――人民元ではないですよ――ことを考えている。

「アメリカに外交政策は必要なのか」〔キッシンジャーの二〇〇一年の著書のタイトル〕。ヘンリー・キッシンジャーがこう尋ねたことはよく知られている。このドクターが著書のなかで示した治療法が、勢力均衡、協調と補償、同盟と主敵の「封じ込め」に基づいていたことは、そう驚くべきことではなかった。ロシアにも外交政策は必要なのだが、そもそもロシアはそうしたものをもっているのだろうか。地球規模の大問題について拒否権をもち、自分たちの利害圏内――領域的なものであれ、政治的なものであれ――で起こったより低位の問題についても拒否権をもっている限り、ロシア人は総じてロシアが友人をもたない国であることをあまり気にしていない。今日の世界では、クレムリンの指導者が自分たちのために、一五〇年前にパーマストン卿がイギリス下院で述べた言葉をこっそりと引用しているところを想像できるのかもしれない。「われわれには永遠の同盟者もいなければ永遠の敵もいない。われわれの利害だけが永遠なのであって、その利害に従うことこそがわれわれの責務である」。

## 新しいチェス盤、古いルール

ロシアの政策担当者は、現在ほとんど無制限に、戦略と主権の自由を主張している。それが実践上意味するものは、非常に大きい。ここにあるのは、無制限の地政学的な野心と、マルクス・レーニン主義的な「第三ローマ」理念を結合した、ソ連の正統的な思考とはまったく異なる発想である。それはむしろ、国際社会の上座に場所を占め、ダーダネルス海峡やバルト海のような暖かい港、ないし戦略的なシーレーンを支配しようとした、ロシア皇帝の希求のほうにずっと近い。ドイツの大部分もまた、十九世紀の間、ロシアのまなざしのもとに置かれてきたのであった。バルカン諸国と、スカンジナヴィア半島の大半についても同じである。ロシア人はまた、一八一四～一五年のウィーン会議前後の時期に、彼らが国際問題において非公式に行使していた拒否権のことを、好んで想起しがちである。それは今日の国連における拒否権と似ていなくもない。

今日では、すべてに優先するような教義はあまり見られない。ただ、石油と天然ガスのプラグマティズムや、たなぼた式に得られた八年間の利益を梃子にして、グローバル化する産業・金融世界で支配的な地位を手に入れるという希望や、国民の自尊心や、それに過去・現在・未来に関する受け入れ可能な歴史像といったことがあるだけである。アメリカとの関係は愛憎あい半ばするもので、冷え切った結婚と同様、永遠に緊張してはいるものの、離婚に終わるようにも見えない。ベルリンなどでは、喧嘩しているカップルにはカウンセリングが必要である、ドイツは友人として助言や解決法を授けなければいけない、と考えている向きもあるようだが、それは現実世界とはずれた話である。ロシアとアメリカとは互いの電話番号をちゃんと知っている。モスクワとワシントンの最高司令室のものも、ＣＩＡとＦＳＢの対テロ対策部のものも、核不拡散の会員制クラブのものも。

両者は依然として重要な諸原則を共有しているし、大半のリスクアセスメントもいっしょである。上座に場所を占めたいというよその国の願いなどお構いなしに、彼らは国連安保理の現在の構造を守りたいと思っている。核兵器クラブに新会員を入れる気もない。両者はともに、自分の勢力圏について野心に満ちた解釈を行なっている。くわえていずれの側も、国内外の非対称戦争における兵器と戦闘員を恐れている。時あるごとに彼らは、互いに立ち入り禁止とされた区域に入り込んでいるようである。ロシア人は独立国家共同体や、彼らが「近い外国」と呼ぶところへの西側の介入を本当に憎んでいる。そうした介入は民主主義と自由主義経済によって是認されているのだと論じても、彼らには何の効果もない。

快適距離を保つことは、日常生活のルールであるばかりでなく、今日の両大国にとって、重要かつ暗黙の行動規範でもある。それは、アメリカの船がロシアの沿海ないし一二海里の領海に接近しすぎたり、ロシアの「ベアー」爆撃機が偵察飛行中に予告なしにイギリスの領空を横切ったりといった、領域侵犯のいざこざにかかわっている。これはすべて二〇〇七年の間に起こったことである。だが、快適距離を越えて近づくことは、互いの国内事項に介入することでもある。人権や民主的な価値観に関するアメリカの説教は、ロシア人の目からすれば破壊活動のように映る。そうした説教は、ありとあらゆるＮＧＯや財団や出版物、果ては西のウクライナから南のグルジアにいたるカラー革命によって現体制を覆すための、巨大な試みの一部なのではないかと疑われている。

アメリカの側では本当の意味でそれに対応するものはない。ロシア人は大抵の場合、強力な敵対者としてまともには取り扱われていない。バルカンでも、カフカース、とくにグルジアでも、中央アジアでもそうである。これはロシア人を苛立たせるばかりでなく、明らかに危険なことでもある。というのは、お互いが自分の財産に認めている価値や、死活利害と考えているものについて、戦略的な誤認をもたらしかねないからである。

## われわれはNATOが嫌いだ

ポーランドとバルト三国が一九九四年以降にNATOに加盟したことは、その好例である。モスクワはいまだにそのことを許していない。ソヴィエト帝国が内部崩壊し、ドイツの東方諸州がNATOに参加したのち、西側の軍事・外交専門家は、「平和のためのパートナーシップ」(PfP)という枠組が、焦眉の問題に対する懸命な答えとなるだろうという提案を行なった。その枠組であれば、ロシアの体面を保つこともできるし、凍てついた冷戦から抜け出てきた諸国を十分に暖めることもできるだろうというのであった。だが、一九九四年にビル・クリントンは再選への決意を固めた。そして、アメリカ中西部の決定的に重要な諸州においては、ポーランド人の票が勝敗を左右するのであった。選挙の季節を迎えたアメリカの国内圧力が、ポーランドのNATO加盟問題がアメリカにとってもつ優先順位を押し上げたのである。その後はさらなる拡大が不可避的に続き、ついにはバルト三国にも達することになった。NATOの専門家は、「時宜を得たバッド・アイディアだ」とブラックユーモアをいった。ロシア人は、一九九〇年の「2プラス4」合意のときに、オーデル川〔ドイツ・ポーランド国境〕が西側同盟の将来の東方国境になるのだとほのめかされた以上、西側にだまされたのだといまだに感じている。

このゲームは勢力圏争いの現代版以外の何物でもない。領域にかかわるものであれ、価値観にかかわるものであれ、あるいはその両方であれ、そうした勢力圏は防衛しないわけにはいかない。危険な紛糾が起こるとすれば、まさにここである。ウクライナのオレンジ革命は格好の例だ。あるいはより正確にいうならば、ウクライナ国内でロシア語話者とウクライナ語話者とを分け、もっぱらロシアに親近感をもつ人と西側に親近感をもつ人とを分ける微妙な境界線がそうである。天然ガスの価格引き上げと、ウクライナ領を迂回する将来のノース・ストリーム・パイプラインによってウクライナに圧力をかけようとする、二〇〇五年末と二〇〇六年初頭の試みは裏目に出た。グルジアもまた好例である。より正確にいうならば、グルジアから力づくで離脱した一地方であり、ロシア軍部隊がいまなお駐留するアブハジアと、その近くの南オセチアとがそうである。あるいはモルドバでも、沿ドニエストルと呼ばれる地域に五〇万人のロシア人が暮らしており、およそ一五〇〇人のロシア第一四軍によって守られている。

地球規模のチェス盤の上でプーチンは、本来無関係な三つの問題をリンクさせた。それは、コソボ紛争、CFE（欧州通常戦略）条約、それに、イランのミサイル防衛のためにチェコにレーダー基地を置き、ポーランドに迎撃ミサイル一〇基を配備するというアメリカの提案である。少しのちにロシア人は、ミサイル防衛については考え直した。ひとたびイランが核弾頭を保有し、中・長距離ミサイルにそれを搭載できるようになれば、ロシアの領土はヨーロッパや、ましてアメリカよりも、遥かに危険にさらされることになると彼らは気づいたのである。それゆえロシアの外交官は、INFをめぐる一九八〇年代初頭のミサイル危機を繰り返すかわりに、アゼルバイジャンにある使用停止中のレーダー基地の提供をアメリカに申し出た。アメリカの計画に対する抗議で盛り上がっていた西ヨーロッパも、これによって頭を冷やすことになったのである。物議を醸す問題の一つが、こうして少なくともしばらくは、チェス盤から下ろされた。ロシア人には反対するか協力するかで迷っているところがあり、その点はアメリカ人も同様である。それに対して大半のヨーロッパ人は衝突の予感を抱いている。

## ウィーン会議を思い出せ

帝政的なものであれ、ソ連的なものであれ、ポスト・ソ連的なものであれ、グランドデザインは欠落している。だが、だからといって何らかの伝統的な方法論やアプローチが存在しないわけではないし、一連のルールもまた機能している。一九一七年にレーニンが世界革命による世界平和を約束し、一九一八年にウィルソンが民主主義による世界平和を約束して以来、世界の光景を支配することになったイデオロギーに満ちた競争よりも、十九世紀における外交の実践のほうに、それらのルールはずっと近い。基本的な原則は、国家権力、主権、勢力均衡、それにゼロサムゲームといった概念に基づいている。もし一方の側が何らかの約束ないし地方をかちとったならば、ゲームの他の競技者たちも同等の代償を得なければならない。西側の外交機関がそれを好むかどうか、理解するかどうか、従うかどうかはどうでもよい。最もふさわしい比喩を挙げるならば、それは終わることのないチェス・ゲームであって、リスクが高く緊張感に満ちたポーカーのドラマではない。それゆえ相手を突然に驚かすことは、一般に異常かつ危険なこととみなされる。ソ連の用語でいえば冒険主義の罪というやつである。予測可能性こそが美徳、信頼こそが財産、人間関係こそが影響力の回路でもあれば、威信の源泉でもある。

クレムリンの思考法を理解するための鍵となる、もう一つの原則は、大国のほうが小国よりも重要だということである。小国は、そうしろといわれた場合、無条件に署名するか、あるいは遠く離れた国の庇護を求めなければならないのである。ヨーロッパ諸国の大半を動かしており、EUのCFSP（共通外交・

安全保障政策）、さらには共通安全保障・防衛政策にさえも体現されている多国間主義の本能は、ロシア人が真剣に受け取ることを拒むものである。この点ではアメリカ人も大して違わない。可能なところではいつでも、どこでも、彼らは二国間ルートのほうを選ぶ。とりわけ彼らのほうが強い立場にあるときはそうである。ドイツ、イタリア、ハンガリー、その他の供給先との天然ガス取引は、ブリュッセルのEU官僚ではなく、個々の国を相手にして交渉がなされた。非対称性はきわだっており、多くの場合成功している。

勢力圏は、その言葉すら西側の思考法にとってはタブーであるのだが〔ヒトラーの生存圏構想を想起させる〕、実際には国際問題における現実として捉えられている。クレムリンにとって独立国家共同体は、一時しのぎの中途半端な家などではなく、キエフやアルマティ〔一九九七年までのカザフスタンの首都。現在はアスタナに遷都した〕の政府が好むと好まざるとにかかわらず、優位を主張するためのものなのである。そうした勢力圏は尊重されねばならない。さらにまた、「近い外国」という言葉もソ連崩壊後につくられた。これはフランス語の「私有地」に対応する言葉である。その性格は曖昧なため、境界侵犯や誤解も起こりうる。だが、その言葉はまた、望むと望まざるとにかかわらず、自分がそこに含まれているかもしれないと感じる国々に対して、絶えず何らかの圧力をかけ続けることにもなっているのである。

西側において「近い外国」に対応するものは、明らかなEU拡大の展望とそれに伴う資金の移動、助成金、その他諸々の恩寵、あるいはNATOの「加盟に向けてのアクション・プラン」だけではない。ロシア人から見れば、民主主義的な価値観を広め、民主的改革を援助し、OSCEを通じて選挙を監視し、ありとあらゆるNGOに資金を提供するという果てしなき伝道活動もまた、神経を苛立たせるのである。昔気質のボリシェヴィキであれば、それは明らかにスパイ工作であり破壊活動であると考えるだろう。そして現代のクレムリンもまた、苛立ちのしるしを示しているのである。とはいえある程度まではクレムリンの指導者たちは、ドイツのような国々の繊細な道徳観念――それらの国々では、ロシアの熊とそんなに親密に抱きあっているとは見られたくないのである――を受入れる所存ではある。

熟練の外交官が警告しているように、首脳会談は国のトップが何らかの決定を下さねばならないときにこそ利用すべきなのであって、単に写真を撮るための機会なのではない。さもないとジョージ・W・ブッシュ（子）のように、深刻な誤解をおかしかねない。彼は最初にプーチンと会ったときに、「私は彼の目をじっと見つめ、そこに彼の魂を見た」といったのである。アメリカ大統領が何を見たのかは知らぬが、その後ブッシュは一度ならず、自分のいったことの愚かさを再考する機会を得たのだった。とはいえ今日の世界において指導者たちは、ピーアールのサーカスに出演するうまみもよく知っており、他の首脳たちとの真剣な対話の模様がテレビに流されることで、威信も人気も上がり、希望も安心も高まるのだということをよく理解している。そして、ハイリゲンダム、ケネバンクポート、ソチの会合を見つめる視聴者に向かって、世界の命運を握っているのは彼ら、大物たちなのであると伝えることもできる。パリであれベルリンであれモスクワであれ、これは自己宣伝のための抗しがたい道具なのである。もっとも、それが必ずしも世界の安定を保つための道具であるとは限らないのであるが。

ロシア外交の背後にある方法論は、グロムイコ――ミスター・ニェット〔否〕――流のソ連外交官にはほとんど理解不能であろう。だが、ゴルチャコフ公爵やビスマルクやディズレーリの時代の外交官であれば、即座にそれを理解するであろう。一八七八年の夏、バルカン半島では国境線の引き直しがなされ、勢力圏があらたに定められ、小国は黙って署名をして、おとなしくしているように言い渡された。大国間の戦争はひとまず回避され、ヨーロッパの調和が「公正な仲買人」ビスマルクのおかげで保たれたのである。

今日の国際外交の基礎に横たわる方法論は、かなり伝統的なものである。そこではいくつかの主要な懸念が、大国の行動に協調を促している。それはもはや時代遅れの共産主義の幽霊ではなく、南北問題、テロリズム、大量破壊の拡散である。では、クレムリンの政策の本質、それにその方向を定める長期的な戦略ガイドラインは何なのであろうか。それらの背後には、何かはっきりとした理論のようなものがあるのだろうか。クレムリンの指導者の動機をより予測可能なものにして、どうにかしてそれをより取り扱いやすくできるような何かが。

## 原則なんてくそくらえ

ソ連体制の後継者たちが育ってきた理論漬けの環境を考えるならば、次のように想定してもおかしくはない。彼らは事前に定められた路線に沿って行動することで、深刻な衝突や行き詰まりを避けようとしているのであろうと。だが、たとえそうだとしても、彼らの内的な論理を探り出すことは困難である。実際には、外交政策のマスタープランが存在するのかどうかさえ、疑うに足るだけの理由がある。国益こそが支配的な優先事項であるとしても、それを詳細に説明し、現実の場で実践するとなると、そこには様々な矛盾が含まれてくる。そうであれば、国際舞台におけるいかなる大戦略よりも、国内的な必要性によって動かされるような試行錯誤のシステムこそが、そこには見られるのである。

だが、ある主要な動機が一度ならず表明されていることもたしかである。二〇〇七年十二月初頭にプーチンは、『タイム』誌にこう語った。もし「ある一国が国際問題における審議事項を周囲に押しつけようとするならば、理解ではなく抵抗によって迎えられることになるでしょう」。外交上の教訓を思い知らされるべき国が、アメリカであることはあえていうまでもなかった。「互いのコミュニケーションのために別の方法と手段を用いること、今日の脅威と戦うために別の道をとることを、今日の世界は求めています……私たちは交渉し、妥協を見出さなければなりません。それはむしろ、正当な利害に対する敬意のことなのです」。上の形式に尽きるものではありません。妥協の能力とは、相手との間で達成すべき外交

北朝鮮とその核施設の「封じ込め」は、中国を議長、アメリカとロシアを副議長とし、日本と韓国が勘定を受け持った六者協議での、長い交渉ののちに実現したものであった。そうしたものが危機管理の成功例、今後の協調のモデルとして挙げられた。たいていの場合、ロシア人の自己主張の背後には、唯一残った超大国への報われることのない敬意が、見え隠れしているのである。

チェスはロシアの国民的な娯楽であるが、今日、明日、それに遠い将来のロシアの戦略展開は、相手の出方に注意を怠らぬ熟達のチェス・プレイヤーが、最悪の事態を予期しつつ熟慮中の、リスクを嫌った慎重な手筋と比較することができる。だが、その背景をなすのは古風な権力政治の哲学である。イデオロギーに満ちた冷戦時代のルールは、ほとんど古文書館行きとなった。根本的にいって一国の外交政策は、政治家が統御できる範囲を超えた力によってかたちづくられる。気候、大きさ、資源、人口、隣人。冷戦後のクレムリンもまた例外ではない。今日のロシアは、その巨大な大地の広がりを別とすれば、ソ連時代にそうであったよりも遥かに普通の国である。クレムリンの外交政策は、外務省を補助的な機関としつつ、当面の必要性、短期的な連合、それに個人的な嗜好によって動いている。だが、外交政策の協議事項を準備するための、特定の基本的なルールもまた存在しているのである。それは、国内の権力構造によって規定される。のみならず、クレムリンが好んで「近い外国」と呼ぶものをどうかたちづくり、アメリカや中国のような主要大国、それにEUのような国家ブロックとの関係をどう築いていくか、といった点に

ついての長期的な考えによっても、規定されているのである。

## 新しい対立の時代？

ここ数か月にモスクワで書かれたもののなかで、最も理論に近いものとしては、セルゲイ・カラガーノフの文章がある。クレムリンの権力の回廊では、彼の名前は新しいものではない。事実彼は、エリツィンの元アドバイザーであり、より最近にはプーチンにも仕えた。カラガーノフはまた科学アカデミー・ヨーロッパ研究所の〔副〕所長であり、モスクワにある国立経済大学の学部長でもある。彼はクレムリンを完全に怒らせるようなことは書かない。実際彼の考えは、世界がここ数か月間目にしてきたことと非常によく一致している。とくにプーチンが二〇〇七年二月にミュンヘン安全保障会議で怒りを露わにしてからはそうである。モスクワでカラガーノフは、西側について、またとりわけアメリカおよび相互安全均衡についての権威として尊敬されている。彼が自分の監修するロシアの雑誌に発表し、二〇〇七年五月に『インターナショナル・ヘラルド・トリビューン』誌に縮約版が掲載された論文は、あのミュンヘンでの爆発の三か月後に出された、理論上の裏づけのようであった。

カラガーノフは、アメリカ人に向けてメッセージを発していたのだろうか。それともヨーロッパ人に向けてか。ヨーロッパ人だけに向けられていたのであれば、『インターナショナル・ヘラルド・トリビューン』誌の評論欄に発表するのは変であろう。おそらくヨーロッパ人向けのメッセージのなかに、アメリカ人向けの別のメッセージが隠されていたのである。つまり、もし君が僕らと遊んでくれないのならば、僕らはヨーロッパ人とだって遊ぶことができるんだよ。彼らの一人一人を相手にするか、みんなまとめて相手にするかは、こっちの都合次第さ。それに、もし君が一人で無茶をするというのならば、ヨーロッパ人は不安になってしまうだろう。そうしたら僕らは彼らにやさしくするから、仲間はずれになるのは君だよ。ローマ人はこの手のやり方を「分割して支配せよ」と呼んだ。

最初にカラガーノフは、ロシア＝ＥＵ関係がこんなに貧弱なのは何故かといぶかしんだ。「誤解と細かな問題が、大きな点での共通の利害を押しのけてしまっているのだ」と彼は考える。大量破壊兵器の広範な流布をいっしょに食い止めること、あるいは少なくともその拡散を封じ込めることは、死活的な重要事ではなかったのだろうか。テロとの戦いだってそうだ。「イラクからのアメリカの撤退は不可避であるが、その後はテロはいっそうひどくなり、実際いたるところに広まるであろう」。そして、最後にいうべき大事なこととして、イスラム過激主義への対処もまた主要課題であった。ロシア人たちの念頭にあるのはチェチェンであり、南部地方に暮らす数百万のムスリムである。イスラム過激主義を不活性化し、阻止し、あるいはそれと戦わねばならない。

国際情勢に関するこのイントロダクションののちに、カラガーノフは共通の問題なるものの核心に迫った。「何よりも重要なこととして、共通の、だが口に出されることのない懸念が存在している。それはアメリカ合衆国の取り扱いである。この重要な国に対して、破滅的な単独行動主義を放棄して、多国間主義の枠組での効果的なリーダーシップの政策に戻るように、説得しなければいけない」。アメリカにゲームのルールを、そしてまた力の限界を思い起こさせるために、ヨーロッパ人はモスクワの側につくべきである。無論、イラクをめぐってシラクとシュレーダーがアメリカともめたあとであっただけに、この年季の入ったクレムリンのアドバイザーは、ヨーロッパ人がモスクワの側につくことになれば、彼らは親アメリカ的な傾向と反アメリカ的な傾向とに分裂し、遠からずお互いを麻痺させるであろうとよく理解していた。多極的な世界では、ロシアが一番の受益者となるであろう。石油、天然ガス、パイプライン、それに当分の間はLNGが、歴史的な妥協を迫るための強力な理由となる。

エネルギーはロシアの主要な強み、かつヨーロッパの主要な弱みであると見られている。供給者であるロシアにとってはほどほどの高値が望ましく、ヨーロッパ人にとってはほどほどの低値が望ましい、とカラガーノフは論じる。「両者が共通かつ最優先の戦略をもっていたならば、この紛争は解決されたのではなかっただろうか」。そこでの含意は、長期的に予測が可能で、かつ公正な価格——プーチンは二〇〇六年九月に五〇ドルという数字を挙げた——だけではなかったのである。ロシアにとってはそれは何よりも、川下にある供給ネットワークへの参入を意味した。また、ヨーロッパ人にとっては共同所有と、ロシアでの生産に対する部分的な監督を意味した。カラガーノフの結論によれば、これこそがプーチンが提案してきたものの核心であったのだが、ヨーロッパ人はそれを拒み、かわりにロシアをエネルギー帝国主義と非難したのである。石油をめぐるこの提案のあとに、ロシアを憤激させる一連の出来事が続いたのであった。二〇〇四年にEUは、ウクライナのオレンジ革命を支持した——実際これは、クレムリンの指導者たちにとってはトラウマとなる経験であった。EUはまた、モルドバ、グルジア、アゼルバイジャンの自立路線にも共感した。さらに赤軍兵士のブロンズ像が、エストニアの首都タリンからその郊外へと撤去された。

これらがカラガーノフとクレムリンを苛立たせる「誤解と細かな問題」であった。ここで彼は、大戦略にまつわる懸念に立ち返る。ロシアとヨーロッパは、世界のなかでの長期的な地位の低落という点で一致している。ロシアは中国および戦闘的イスラムの興隆に対処しなければならない。他方でヨーロッパの国際的な地位も、「小国は無力であるがゆえに」損なわれている。軍事とエネルギー政策ではヨーロッパは大した意義をもたない、とカラガーノフは主張する。

これらすべてのことから導き出される結論は何か。クレムリンからの長期的なアドバイスは迷いようのないものであった。「ロシア＝EU同盟は、今日の政治的な適正基準にはふさわしくないかもしれない。だが、それは両方の側に非常に多くの強みを与えてくれるのであるから、いずれあらためて論じられるときがくるに違いない」。NATOはどうなるのか。カラガーノフはその消滅を惜しみはしないであろう。ロシアはソ連が敗北したところで勝利するのである。ヨーロッパの将来をめぐるグレートゲームで。

しばらくして、今度はより本格派の雑誌においてカラガーノフは、彼がNEC（the New Era of Confrontation）と呼ぶもの、つまり「新しい対立の時代」についての意見を開陳した。それは、クレムリンの主人のために書かれた政策声明のように見えたし、実際プーチンが二月初めにミュンヘンで宣言したテーマの変奏曲であった。ただそれは、より学術的な言葉を使って、より体系的に書かれていた。西側の罪状の長いリストが書きたてられ、またもやアメリカが被告席に座らされた。他方でヨーロッパ人もまた、ドイツのシュレーダーとフランスのシラクが退任してしまったのちは、情状酌量は認められなかった。事実、NATOの東欧への拡大から二〇〇四年のウクライナのオレンジ革命まで、さらにチェコとポーランドでのアメリカの迎撃ミサイル計画からコソボのセルビア分離の一方的な後援まで、ロシア人を苛立たせた出来事はほとんど何一つ見逃されてはいなかった。

NECは新しい冷戦の宣言だったのであろうか。カラガーノフも、このメモの準備を助けた誰かも、よりバランスのとれた見方に立っていた。ロシアの友人は世界中にわずかしかいないし、そのうちのいくつかは評判や価値の点で難ありということを、彼らは想起していた。たしかに一九九〇年代前半の蜜月時代は終わりを告げた。だが、ヨーロッパ人はこれまでのところ、ロシアの輸出入にとって最大のパートナーであるし、アメリカとの戦略的な関係もまた、もう一つの世界大国というロシアが欲しくてたまらない地位を手にするためには、必要不可欠なものではないか。アメリカとの将来の関係がどの程度まで対立に基づき、どの程度まで協力関係に基づくものとなるかは、感傷や気遣いなどは抜きにしてその都度決めればよいことである。しかし、不拡散体制の効力を保持することが（核兵器の製造が可能な濃縮ウランの生産を、イランに思い留まらせることも含む）、両大国にとって不可欠な事柄であることは間違いない。アメリカが拒絶すればロシアのWTO入りは難しいであろうし、OECDについてもそれは同様である。全体として、カラガーノフは、重要な若干の事項についてよく理解していた。一方において、ロシアの体制は、国内で規律を維持するために外敵を必要としている。少しばかり外交的な抑止策を講じられたとしても、尊敬をかちうるばかりであり大した実害はない。他方において、不拡散体制の保持からサイバー・セキュリティ、それに戦闘的イスラムとの戦いにいたるまで、ロシアと西側とは戦略的かつ最重要の利害を共有している。かつてのような軍拡競争を再現することは、コスト高で、無駄が多く、破壊的なばかりである――何といってもロシアにとってそうだ。したがって、NECは新しい冷戦にはならないであろう。しかし、東側からは折にふれて、敵意に満ちたレトリックが発せられ、強力な軍需産業が誇示され、また、時には悪天候が襲ってくるであろうから、西側としてはそれを迎える準備をしておくことが肝要である。

## 現状維持かロシアの復活か

ヨーロッパ人にとっても、それ以外の世界にとっても、最も気にかかる問題として残るのは、ロシアの長期的な大戦略である。クレムリンが統御し執行するグランドデザインに照応するような、何らかの繰返しのパターンがあるのだろうか。もしそうだとすれば、良し悪しはともかくとして、そこでの明確な要素は何なのだろうか。冷戦があろうがなかろうが、一九九〇年代の希望と幻想が消滅し、アメリカの対ロシア政策がバランスと敬意に基づくものからヘゲモニーと軽視に基づくものに転換してしまったいまでは、依然「西側」が存在しているのである。「西側」が深く分裂しているときでさえも、モスクワから見ればそれは明確な概念なのだ。

ロシアの復活。西側にとっての問題は、ポスト・ソ連の新生ロシアが、みずからを現状維持勢力とみなしているのか、それとも革命的変革のための勢力として、それに見合った行動をとるのかということである。二〇〇七年二月のミュンヘン安全保障会議で、プーチンが挑戦状をたたきつける以前にも十分に分かっていたことであるが、その後はますますはっきりとしたことがある。ロシアが脱いだ帽子を手にしてやってきて、借金を請う時代は過去のものとなったのである。

ロシアの指導者も、国民の大多数も、過去を救いたいとは思っていない。スターリンの暴虐な体制も、その後のほどほどな穏和さも、ブレジネフの「停滞の時代」も、その後の段階的な崩壊もである。現代ロシアのカレンダーにおける第一年は、石油価格の高騰が始まったとき、ルーブルが息を吹き返し、交換可能なハードカレンシーへと変貌を遂げたとき、悲惨な中断ののちに、年金と給料の支払いが再開されたときのことである。ロシアの経済的な奇跡のときに権力の座に居あわせた男、プーチンが、運命の人、国民の救世主、控え目ではあるがこれまでなかったほどの幸福の守護者として考えられていることには、何の不思議もない。

ロシア人は一九九九〜二〇〇〇年の開始以来、新時代が何年経ったということを一々数えている。そうするだけの理由はいくらでもある。とくに、次のような想定が広く受け入れられていることが重要である。この新時代は脆弱である。あまりに多くのものが、石油と天然ガスの堅調な汲み出しと、その高騰の継続とにかかっている。それに、西側の民主主義とロシアの権威主義の間では、いまなおすべてが流動的である、と。多くの点でロシアはいまでも過去にとらわれているのだ。過去の遺産を克服しなければいけないと考える点では、ロシア国民とその指導者はぴったりと一致しているように見える。そのためには、他のことはさておき西側諸国、とりわけアメリカとのかなりの協同が必要になる。限定的かつ管理された「対立の新しい時代」も現実であるが、重要な関心事について協同する必要性もまた、現実なのである。トーマス・フリードマンは、「フラット化する世界」について、相応の説得力をもって語っている。それが不可避的に意味しているのは、ロシアと西側を統合するもののほうが、両者を分けるものよりも重要だということである。グレートゲームでは、ロシアにも、その他の大物プレイヤーにも、あまりに多くのものがかけられているのだ。

今日のロシアはもはや、すべてのスラヴ人の土地と心をわが手に回収しようなどとは考えていないし、世界革命にうつつをぬかしてもいない。今日のロシアは革命的勢力ではないが、かといって事態をあるがままに甘受しようとも考えていない。仮にロシアに長期的で持続的な戦略があるとすれば、そこには二つの側面がある。古風な側面と、超モダンな側面とである。超モダンな側面とは、エネルギー資源の管理、パイプラインと世界規模のLNG技術である。そこでは多くの反対にもかかわらず、一種の天然ガスOPECをつくることが目指されている。より古風な側面とは、庇護してやる相手をつくり、投資を守り、友好的な政府を確保し、可能であれば国境の両側に兵士を置くことである。

## パイプライン政治

ロシア外交の最もダイナミックな側面は、そもそも外交政策ではない。少なくともそれは、長い期間をかけてつくられてきた国家・主権・均衡という「ウェストファリア体制」の枠内にはない（ロバート・クーパー）。それは新種の越境帝国主義なのであって、豊富な石油と天然ガスを管理することによって世界市場の成り行きを左右し、豊富な資金を調達することによってグローバルなシステムを構築することを目指している。そうすることは、価格の安定化にとっての一助となるばかりでなく、より大事なことには、一九八〇年代半ばと一九九七〜九八年との二度にわたる石油価格の暴落のような、危機に備える助けともなる。

国家独占体ガスプロムは、この戦略にとっての最重要の道具である。だが、ガスプロムの足元は、見かけほどには強くはない。資金投下はこれまでずっと低いままであり、二〇一〇年以降も現在の水準で汲み上げを維持するためには、事実不十分である。ロイヤル・ダッチ・カンパニーやBPのような外国企業は東シベリアから徐々に締め出され、ガスプロムはいまやサハリンⅡを完全に掌握することも、一九九〇年代の生産分与契約を反故にすることも可能である。これは、中国人が倦むことなく非難を続けるところの「不平等条約」のロシア版だといえる。だが、ガスプロムは一〇〇パーセントの経営掌握を実現したといって浮かれているかもしれないが、エネルギーと引き換えに西側企業から導入したテクノロジーを今後あらたに入れ替えることは、ほとんど不可能である。

さらに、国内消費は増え続けているものの、その価格は捨て値同然なのである。したがってガスプロムの経営陣にとっては、コストのかかる天然ガスが、国外でドルで売られるかわりに、いたずらに浪費されているのを見るのは――しかもその理由といえば、国内価格は安く、個人消費は請求されず、窓を開けることがいまだにロシア人お好みの室温調節の方法であるということなのだから――さぞかし苦しいことであろう。さりとてインフレが食料価格を押し上げている昨今、国民の不満を前にしてガスの値段の引き上げにかかることは、クレムリンの欲するところではないのである。

ロシアの外交政策におけるダイナミックな側面とは、かなりの程度まで石油と天然ガスのことであり、さらにはLNGの領分も増加中である。エネルギーはポスト・モダン時代の大戦略の骨子である。その大戦略とは、一九七三年の最初のオイルショックを皮切りに、ソ連のエネルギー政策から発展してきたものであり、これまで浮沈を経験してきたが、いまではクレムリンに、そして国民全体に安心を与えるために、活用されているのである。

モスクワの支配者たちは、自分たちの縄張りを遥かに越えてパイプラインを支配するために、できる限りのことを行なってきた。この点では中国人、さらにアメリカ人と似ていなくもない。同様の論理にしたがってアメリカもまた、バクー・ジェイハン石油パイプラインの建設を後援し、資金の一部を提供したのである。ちょうど同じころ、カフカース山脈の北側を迂回し、黒海のノヴォロシースクへといたる、ロシアのより古いパイプライン・システムにはいよいよガタがきていた。それはチェチェン戦争や近隣のダゲスタンにおける紛争のためばかりではなく、非効率なままに放置されていたことの自然な結果でもあった。

新しいグレートゲームには、前進基地に配備されたコサック部隊も、T-34戦車もSS-20「多弾頭独立目標再突入」ミサイルも出てこない。それは石油、天然ガス、パイプラインの話なのである。クレムリンは、膨張しすぎた昔年のソ連邦の再建などは望んでいない。そのかわりに、中央アジアの天然資源、さらには川下の消費市場をも統御することを望んでいるのである。トルコとイタリア——それにおそらくはセルビアも——を相手にしてサウス・ストリーム計画の実現を確実なものにした、そのほんの数週間後、別の協定の調印がなされた。今度は供給者側の計画であり、相手はトルクメニスタン、ウズベキスタン、カザフスタンの大統領であった。これらの国は三つとも、莫大な量の天然ガスを保有しているのだが、陸地に囲まれた採掘地からそれを売却すること、しかも可能であれば様々な方角に向かってそうすることを望んでいた。たとえば中国、それにイランである。クレムリンの戦略は、パイプラインをロシアの監督下にしっかりと置くことにあった。ガスプロムが着々と既成事実を積み重ねるなか、EUサミットにできることはただ、ヨーロッパのエネルギー自立について実現されそうもない願いをくどくどと述べ続けることだけであった。オーストリアのOMV、イタリア、ブルガリア、トルコとの契約調印からほんの数週間後、ガスプロムはセルビアの天然ガス・石油独占体との取引をまとめ、バルカン半島、アドリア海、イタリア、それにおそらくはアルジェリアの間隙を埋めた。この戦略的な動きに対してガスプロムは、『フィナンシャル・タイムズ』紙（二〇〇八年一月二十六日）が「バーゲン価格」と呼んだものだけしか払わないで済んだ。ひきかえにベオグラードには、西欧への天然ガス輸出における中心的な役割と、結構な額の通課税（年間二億ユーロ）が保証された。セルビアの政治的な忠誠心を得るための財政オークションにおいて、EUは、コソボの不安定な独立を守りたいこともあって、EUへの厳しい加入条件の一部を撤回し、安定化のための相当な一括支援を提示することによって、ベオグラードに働きかけた。だが、クレムリンの名代としてせりに参加しているガスプロムは、ブリュッセルのEU官僚を出し抜くことに成功した。コソボ問題の立ちはだかる影が、有限会社ロシアに対して、強力な政治的存在感と、東南ヨーロッパの将来のエネルギーに関する経営支配権とを、保障することになったのである。

ガスプロム、またの名を全能のソ連ガス工業省は、国家独占体としてあらたな肉体を見出したのであり、その戦略がビジネスに基づくのか、政治的な動きであるのかを見極めることは、たいていの場合困難である。ソ連人が踏み出すのを恐れたところで、ガスプロムはどんどんグローバルになっていく。それは中国人の姿とも似ており、アメリカにもまた劣らない。たとえば二〇〇七年後半にはボリビアでの採掘権が、ガスプロムの資産一覧表に加わったのである。

## アフリカへのもう一つのスクランブル

だが、それだけではまだ十分ではなかった。二〇〇八年の正月は、大型買収によって祝われたのである。「ガスプロム、アフリカのガス奪取を計画」。このようにして『フィナンシャル・タイムズ』紙は二〇〇八年一月五日、ロシアがナイジェリアの巨大な埋蔵地獲得に乗り出したことを明らかにした。ガスプロムの申し出は、エネルギーインフラに投資するかわりに世界最大級のガス埋蔵地の開発権を獲得したい、ということであった。二〇〇七年にプーチンは、この年の四月から権力の座にあったナイジェリアの指導者ウマル・ヤラドゥアに書簡を送り、エネルギー事業での協力を求めていた。ロシアの提案は、ナイジェリア人を困惑させたようである。「どぎもを抜かれましたよ」と事情に詳しいナイジェリア高官の一人は認めた。「連中は中国人も、インド人も、アメリカ人も打ち負かすつもりなんですから」。グローバル・プレイヤーのこのリストでは、ロシア人が一番いい位置につけているわけであるが、ヨーロッパ人は名前すら挙げられていなかった。ガスプロムは契約の準備が進行中であることを嬉しそうに認めた。「われわれはロシアの外で資産を獲得し、戦略を展開するという意味において、グローバルにやるという決定を下した。アフリカはわれわれの優先目標の一つである」。

最近までナイジェリアのエネルギーは、ロイヤル・ダッチ・シェル、それにアメリカのシェブロンとエクソンによって押さえられていた。これらの企業はもっぱら石油のみに関心を集中させていた。実際ナイジェリアはアフリカ最大の原油生産国だったのである。だが、天然ガスへの需要が高まり、さらにはそれを冷却液化して安全に運搬できるようになったことで、均衡は崩れた。ロシア人は天然ガス生産の採算性が低いことに気づき、チャンスに飛びついたようである。ガスプロムと中国の国家独占体とがあい争うなか、市場は国家後援の企業が西側のライバルに挑戦するという様相を呈してきた。ガスプロムの提案は、天然ガス炭鉱鉱区を獲得するかわりに、LNG施設を建設するというものであった。二〇〇六年にはナイジェリアのLNGの主要な取り分は、依然としてスペインとフランス（それぞれ七一億と四二億三〇〇〇万立方メートル）のものであった。アメリカの取り分はわずか一〇パーセントであり、そのすぐ後にトルコが続き、残りはすべてずっと下のほうであった。過去五年間に西側企業はLNGに五〇億ドルを投資し、九〇億ドルの収入を得た。

アフリカに手を出すことは、ガスプロムにとってリスクを伴わないわけではない。まずは多くの蓄えが必要とされるだろう。それに、多国籍企業とNNPC（ナイジェリア国営石油会社）が、稼動中の天然ガス田の大半をすでに抑えてしまっている以上、ガスプロムは賭けに出て、コスト高だが確実とはいえない探鉱事業に乗り出さざるをえなくなる。もしそれがあまりに高くつきすぎるということになれば、彼らは原油生産の際に生じる随伴ガスの回収に集中することになろう。そうした随伴ガスは、通常はフレアリングと呼ばれる、もっぱら浪費するだけの過程において燃焼させているのである（環境保護主義者は世界の天然ガス生産量のおよそ半分が、このようにして燃やされていると見積もっている）。ロシア人の挑戦は大変に困難なものとなろう。過酷な自然と気象ばかりでなく、大半の天然ガスが眠っているニジェール・デルタでのやむことない社会的・政治的暴力をも、彼らは相手にしなければならないのである。だが、もしこの賭けが、エネルギーの面でも政治的影響力の面でも儲けをもたらすことを確信していないのであれば、彼らはそれに乗り出すことはなかったであろう。最初のものから一〇〇年以上も経ったあとになって、アフリカへのあらたなスクランブルが進行中なのである。ガスプロムの動きは、アフリカのエネルギー資産をめぐるグローバルな競争への、前例のない進出である。軍事的にはそれは、大胆な鋏撃戦であると認められるものであろう。

## 大国として

西側の政策アドバイザーや政治家にとって、ロシアが大国であることや、その影響力が増え続けているのを否定することは馬鹿げた行為である。コソボであれ、兵器管理であれ、ロシアが譲歩を行なうたびに、クレムリンはその値段をしっかりと見積もっている。

プーチンが二〇〇〇年に大統領になったとき、ロシアの外貨準備高は八五億ドルにまで低下していた。今日ではロシアは世界第八位の経済力を誇り、外貨準備高は五〇〇〇億ドルに迫っている。もはやヨーロッパの安全保障を脅かしているのは、ワルシャワ条約機構軍の戦車ではない。ロシアの石油、天然ガス、パイプラインへの日増しに高まる依存、首尾一貫し持続的なエネルギー戦略を構想する能力の欠如、それに、オイル・ルーブルによってどんどんヨーロッパ産業を飲み込んでいく「政府系ファンド」の恐怖、これである。権力の通貨は変わったのだ。権力の方法論はより文化的なものとなった。だが、権力の本質は何ら変わっていないのである。クレムリン以上にそのことをよく理解しているところはない。

権力の回廊に集うスパイ貴族たちが理解していないのは、以下の事実である。ロシアの未来にとっての最大の脅威は、外敵にではなく、その本質からいってすべて国内的であるところの、諸要因の複合にこそあるのである。すなわち、人口危機の募りゆく影、指導者への長期的な信頼の欠如、いまなおほとんど天然資源にのみ依拠している産業セクターの脆弱性、汚職の蔓延、それに公共領域における透明性、報道の自由、応答責任の抑圧。一言でいえば、政治文化における深刻な欠陥である。これらすべてのことは、ロシアの未来の行動についてわれわれに何を語ってくれるのだろうか。世界におけるロシアの目標と行動は、国内におけるゲームのルールから切り離すことはできないのである。

ソ連への回帰は、西欧やアメリカのやり方への熱烈な転向と同じくらい、ありそうもないことだ。西側の最良の願いは、ドミートリー・トレーニンの評論『ロシアを正しく理解する』(二〇〇七年)に表明された。「ロシアはおそらく西側に加わりはしない。だがロシアは、西側的、『ヨーロッパ的』、そして資本主義的になるための、長い道のりの途上にあるのだ。たしかにまだ長いこと、民主的にはならないかもしれないけれど。私が『ヨーロッパ的』という場合、それはEUの一部になるということではなくて、文明論のことを問題にしているのである。親西側(あるいは親アメリカ)ではなく、ロシアは徐々に、より西側的になっていくであろう。当分、ロシアの存在は大きな意義を持ち続ける。そのため、それを正しく理解することが重要なのだ」。その結果がどのようなものになるのかは、まずはロシアとその権力エリートにかかっている。だが、西側の姿勢、それにどのような種類の競争を西側が提案できるかということも、同じように大事なのだ。もし、ロシアとロシア人をしっかりと西側に向き直らせることが最重要目標であるのならば——そうあるべきなのだが——、環大西洋諸国は足並みを乱してはならないし、西側資本主義が破綻するなどということもあってはならない。各国政府と中央銀行は経済と財政を切り盛りするだけの力量をもたねばならないし、西側福祉国家が債務の累積やインフレ圧力などの本来的な弱点に屈するなどということがあってもならない。そしてまた西側の指導者は、適切なバランスを保ってロシアに対処することが必要である。敵でもなければ味方でもない。ロシアはいまだ、みずからを規定している途中である。それはつまり、西側との関係についても再規定の途中ということだ。

外国に向けて語りかけているように見えても、実際にはロシア国内を相手に語りかけているということが、一度ならず見られる。「われわれの操縦士はあまりに長いこと着陸しすぎであった。新しい生活の始まりを彼らも喜んでいる」。こういってプーチン大統領は、旧ソ連の戦略爆撃航空団をふたたび世界規模の偵察飛行に発進させた。冷戦の終焉とソ連の崩壊以来、そうした偵察飛行は、資金の不足と敵の不在から、ずっと中断されていたのである。飛行命令に先立って、ソ連時代からずっと租借しているシリアの地中海沿岸部にも、あらたな基地が建設された。こと兵器販売に関しては、資金を稼ぎたい軍需産業の思惑と、クレムリンのより外交的な戦略、それにロシアの長期的な安全保障とは、しばしば衝突する。先進対空兵器をシリアに売ることは十分にまずい。だが、同じものをイランに、しかも第四世代戦闘爆撃機といっしょに売ることは、はっきりと危険である。長期的に考えることを旨とするモスクワ参謀本部の目には、間違いなくそう映っている。

二〇〇七年晩夏には、北極点に可能な限り近づけるようにして、双頭の鷲のロシア国旗が極圏の海床に立てられたが、それはロシアの大陸棚が――そこに眠るいかなる資源も含めて――北極点にまで続いているのだということを示す、壮大なジェスチャーであった。

こうしたことすべては真剣に受け止める必要がある。それは冷戦時代の孤立への回帰ではなく、ロシア人、そして世界中に向けられた信号なのである。ロシアは大国の地位を求める、アメリカにつぐような地位を。ロシアはビジネスに復帰したのだ。これが信号の中身である。大言壮語と虚勢を取り払ってみれば、その背後にあるのはドミートリー・トレーニンがいうように、「ロシアのビジネスはロシアそのもの」

という真実である。皮肉なことに、西側のどこにもましてロシアでは、権力と財産は一体である。そのことは、ロシアを動かしている人々はロシアの大半を所有している人々でもあるという――ある程度までは安心を与えてくれる――事実からも明らかである。国民国家への道を歩むポスト帝国のロシアは、やれ大国の、やれロシア・ナショナリズムのとかまびすしいが、実際には世界で一番イデオロギー的ではない国の一つである。天然資源なら大量に輸出できるが、それに見合うだけのイデオロギーとなると到底おぼつかない。本当に価値あるものは国内と、願わくは国外にある固定資産である。ＦＳＢと税金警察の捜索犬もそこまでは手出しができまい。市場を拡げて、石油と天然ガスの流れを司り、何であれ川下に取り分を確保している分には、有限会社ロシアは商売繁盛である。

ソ連時代には、最後の最後まで敵対というのが基本原則であって、共存などは後年になってから、大陸間弾道ミサイルと核戦争の陰鬱な影のもとで、イデオロギー信者たちに押しつけられたものにすぎなかった。それに対して今日では、西側との関係は敵対ではなく競争として考えられている。ロシアの指導者はソ連を再建しているわけではない。「その間違いは一度で十分」。セルゲイ・イワノフはまだ国防大臣だったころに、半ば冗談でそのようにいった。グローバリゼーションのただなかで、台頭する中国とインドが原料を尽きることなく求め続けている現在、ロシアの指導者たちは重要な一手を手にすることとなった。それによって彼らは次の三〇年かそこら、生き抜くのを助けられたはずであるし、その一面的な経済を、科学に基礎を置くポスト工業時代の経済に発展させるためのよすがをも得た。これが彼らの大戦略であって、そのなかでは西側は重要な、事実上必要不可欠な存在として、敵というよりはパートナーとして位置づけられている。中国は今後長期にわたって、ロシアまたアメリカに大量にローテク製品を輸出し続けるであろう。しかし資本財、とりわけ最先端の技術に適合した工作機械、それにまたモスクワとサンクト・

ペテルブルグのエリートが愛用するような洗練されたハイテク玩具や贅沢品は、西側諸国からしかもたらされようがないのである。

## 大戦略のとき

プーチンとその麾下の人々は、世界規模で活躍できるような大国にロシアを建て直すことを求めている。近年ガスプロムが中央アジアばかりかラテンアメリカ、さらに中央アフリカにも進出していることを考えれば、彼らの期待できるものはさらに大きいはずである。彼らは自分たちの強さと弱さをよく分かっている。ロシアの戦車がけっして入って行かなかったところで、ガスプロムは現在ビジネスを行なっている。市場シェアの獲得を目指し、独占を追求するその様は、かつて純真な共産主義者たちが、世界規模の独占を目指す悪辣な資本家のやり方として教えられてきたものそのままである。

明らかに、西側が戦々恐々とするだけの理由は数多く存在する。だが、西側が一致団結して意気を揚げ、生者の群れのなかへのロシアの帰還を歓迎するとともに、両者の力が相補的であるのはどこであり、相互の利害が重なりあうのはどこであるのかを確定すべき理由も、それ以上に多く存在するのである。バルカン半島から東欧、さらに大中東からその先にいたるまで、領土、忠誠、市場をめぐって深刻な争いが起こらないという保障はない。そういった争いは、コソボのように三者間、あるいは中東のように四者間で対処されるべきなのであって、願わくは近い過去にそうであったよりも多くの成功が得られなければいけない。国連に立ち戻ることもまた、紛争を極小化するための大事な選択肢である。もし危機が生じた場合でも、対話と交渉を続け、衝突を避けなければいけない。

西側の政治家が理解しておかねばいけない一つの大前提は、ロシアの外交政策の思考的な枠組が、もっぱら十九世紀のものだということである。アメリカのそれは「アメリカの世紀」である二十世紀に形成され、ヨーロッパのそれはまだ見ぬ未来、二十一世紀の理想像に基づいている。それゆえお互いの対話は、とりわけハイリゲンダムからケネバンクポートにいたるサミットなどの場合、誤解と憤慨に満ちた、時間の浪費となってしまうのである。

## 友人のいない国

一匹狼としてのロシア——これは西側にとって安心を誘うような比喩でもないし、ロシアにとって有効な戦略でもない。「新しいロシア」に対置される「新しい西側」を自認する諸国の間で、一種の対ロシア合同戦略を展開することは、時間を要するばかりでなく、いかなる新手の「封じ込め」政策にも結実することなく終わるであろう——また終わるべきである。それはけっして機能しないし、ヨーロッパとアメリカに分裂の火種を持ち込むことにもなろう。西側にとっては、ロシアとの関係をつちかうことは、長い、困難な、ときに苦痛を伴う努力を意味するであろう。だが、それは避けられぬことでもあるし、将来性もある。そしてまた、長期的に見ればそれは、ロシアとロシア人にとっても益多きことなのだ。

皇帝の時代から現代にいたるまでロシア外交を特徴づけてきた、高慢と被害妄想との奇妙な結婚は、今後も残るであろう。西側は、ロシアの政治言説が国内外で帯びるであろうより攻撃的な調子と、さらにまた、おそらくは乱暴な内容とに慣れることを余儀なくされるであろう。あえていえば、それを飼い慣らすことも覚えなければならない。権威主義的民主主義は、冷酷で狡猾な敵のイメージを必要とするのである。他方、邪悪な外敵の存在によって、国内にいる異論派や反対派に対する強硬で暴力的な取り扱いもまた正当化される。二〇〇七年の下院選挙戦と、その後に続いた大統領選挙は、そこから何ら逸脱してはいなかった。それは、国民に物資上の不満を忘れさせ、新しいロシア・ナショナリズムの火に油を注ぐためにお膳立てされていたのである。こうしたことのすべてが、ロシアの国内情勢にとって、また外国、とくに西側との関係にとって何を意味するのかを予想することは困難ではない。国内ではより一層の強硬策、上層部ではさらなる権力闘争、そして国際関係では荒れた気象である。

二〇〇七年、プーチンがミスター・ナイスガイに別れを告げ、繊細さをかなぐり捨てたあのミュンヘン安全保障会議で始まったのは、二股の術策なのであった。それは、西側とのあらたな競争の開始を告げる砲火であったばかりでなく、国内の観客向けにクレムリンが演出するドラマの第一場なのでもあった。ロシアの外交政策とクレムリンの国内権力基盤とは、よかれあしかれ緊密に結びついており、事実上分けることができない。西側は、ロシア国内で権威主義体制が軟化しないうちに、クレムリンの対決的な調子がやわらぐなどとは期待してはいけない。あるいはその逆に、国際社会は、外交における緊張緩和の気運が高まらないうちに、ロシア国内において強権的な姿勢がやわらぐなどとは期待してはいけない。国内における情景と国外における振舞いとは緊密に結びついており、事実上分けられない。したがって、西側の多くの実務担当者が、より広範な政治的文脈に注意を向けることなしに、仕事を進めることができると考えているのは、純然たる幻想にすぎないのである。たしかにソ連時代にはそうすることができた。当時ロシアは生来的な脅威であり、同時にまた天然ガスと石油の確かな供給者でもあったからである。だが、日常的に合併や買収の交渉がなされ、大企業同士の株式交換が日々の暮らしの特徴であるような環境においては、民主的価値と経済的利害とを分けて考えることはできない。そこでのゲームの民主的なルールには、人権にくわえて透明性、公開性、そして法の支配も含まれているのである。

さしあたりクレムリンは、エネルギーとその他の戦略資源の高騰に助けられているから、友人なしに一国を統治することを恐れないであろう。だが、概してクレムリンの権力の回廊を歩くものたちは、何はなくともリアリストである。根本的な問題にふれるときには、彼らは自分自身のレトリックの犠牲にならぬように細心の注意を払うであろう。理論よりもむしろ実践を通じて、彼らは鋭敏な国益のセンスを身につけてきた。それは危機のなかで鍛えられてきたものである。具体的には、不拡散体制の核心――軍備増強と兵器管理の両方におけるアメリカとの核の均衡――を保つこと、南方のテロリズムからロシアを守ること、中国との安全な距離を保つこと、それに、石油・天然ガスの最重要の、そして当面はほとんど唯一の市場であるヨーロッパ諸国、とりわけEUとの曖昧ではあるが建設的な関係を構築することである。近い将来にLNGが利用可能となり、より融通のきく輸送手段が使えるようになれば、均衡は崩れるかもしれない。だが、概してロシアは、支配階級が語の最も広い意味で国益と定義するものによって導かれるであろう。それは、国内における力の平衡から始まり、ロシアの国境線と勢力圏を越えて、ソ連時代に世界規模での「力の相関」と呼ばれたものにいたる。もしヨーロッパ人が、これらすべてにおいて、自分たちはひどい仕打ちを受けていると感じるのであれば、他の誰でもなく自分を責めるべきである。何故なら彼らは自分の能力以下の仕事しかしていないのだから。

冷戦時代におけるソ連との関係は、より骨の折れるものではあった。だが、思い出してほしいのだが、それはまたより単純なものでもあったのである。今日のロシアとの関係には、よいときもあれば悪いときもあろう。今後も長いこと、ロシアは西側スタイルの民主主義にはならないであろう。だが、ロシアは定期的に選挙を経なければならない。指導者には非難すべき怪物や、正体を突き止めるべき敵が必要となるであろう。ちょうど西側の指導者が、折りにふれてそのような誘惑に駆られるのと同じである。しかし、仮借なき世界であってみれば、両者が共有する一連の重要な目標において、すなわち最優先の安全保障上の懸念や、挑戦すべき共通の課題において、両者は究極的には重なりあうであろう。くわえて拡大を続ける交易や、国境を越える投資、それに文化交流のなかにも、健全な土台が存在している。より最近の経験に基づいて考えるならば、次のように想定するのが理にかなっていよう。時間と忍耐、それに必要とあらば率直な話しあいを経ることによって、何らかの行動規範が成立するであろう。そうした規範は、互いの関係を賢明かつ有益に切り盛りする上で——といっても大きな相違なしというわけにはいかないであろうが——両方の側にとっての助けとなるであろう。

## そうかっかする必要はない

ロシアは一九九〇年代半ばに欧州評議会に加盟し、礼儀正しい振舞いと政治的な自制のカタログに署名した。そのカタログは、信頼醸成と安全保障構築のための措置であるとみなされていた。それはまた、エリツィンのロシアがみずからを判断してもらいたいと願う基準でもあった。近年では、ロシアの指導者とヨーロッパ的価値観の司祭はお互いに不満を抱き、悪しき振舞いに関する非難をあらゆる方面で交わしている。西側の人々は、ロシアが自由になってわずか一七年目を迎えたにすぎないことを忘れるべきではない。この国は困難な出自を抱え、不幸な青年時代を送ってきたのである。時の経過とともに、市場の力が文明化作用をおよぼすことによって、法の支配や透明性や説明責任といった民主的な美徳が感じられるようになり、ゆっくりとではあるが着実に、社会を変えていくであろう。西側においても市場の力のもとで、野蛮で放埒な資本主義が変容を遂げていったのである。実際それは、西側をかたちづくる過程そのものであった。

そのすべてにおいて、国境を越えた投資が変容を促す力となろう。というのはロシアの企業は今後もノウハウと外国直接投資を必要とするであろうし、ロシア企業と提携している西側企業はアメリカの証券取引委員会やドイツの連邦金融監督庁の鋭い目のもとで活動しなければならないからである。健全な判断力をもったものであれば誰であれ、これら由緒ある機関といざこざを起こしたいとは思わないだろう。同様のことは、西側の主要な証券取引所についてもいえる。ニューヨーク、シカゴ、ロンドン、フランクフルトのどこでもそうである。誰であれルールに従わぬものを、大小問わず容赦なく罰するための独自の手段を彼らはもっている。ロシアへの公然の非難はやわらげつつ、西側クラブのルールの細則に対してロシアの注意を促したほうが、より効果的であることが分かるであろう。ソ連時代には鉄のカーテンが二つの異なる世界を分かっていたから、ソ連国内の抑圧とは無関係に、きわめて隔離されたかたちでビジネスを行なうことができた。今日ではそれは危険な幻想となるだろう。インターネット、世界規模のテレビ放送、それに旅行は、相互に結びついた情報世界を生み出している。それを統御することはほとんど不可能に等しい。さらに重要なことには、国際資本市場の相互依存関係は、現実にロシアに対してルールと規制とを押しつけている。遮断することなど不可能なそれらのルールと規制は、革命的な転換の力を解き放つこととなるであろう。西側の経済界は、政治指導者の人権レトリックについては軽視しがちであるが、相互に結びついた世界におけるビジネスの道徳的な基盤については、気づいているに相違ないのである。

学術エリート、ジャーナリスト、企業管理者の文化交流を奨励するべきだ。二〇〇八年初頭にＦＳＢは、ロシア国内のブリティッシュ・カウンシルの活動に嫌がらせしたが、あれはどんな基準から見ても――ロシア基準でも、そうでなくとも――逆効果であった。世界の「一匹狼」ロシア、という理論は、ナーシの熱狂的活動家にはよいかもしれぬが、ソフト・パワーの発揮のためにはけっしてよいことではない。大衆受けするために外国人嫌いを煽りつつ、同時に外国の投資と投資家を募るなどということは、到底できる相談ではない。現代化されたロシアの指導者は、遅かれ早かれＦＳＢ由来の権威主義を克服して、扉を開け放つことを余儀なくされるであろう。ソ連は市民社会のインフラを何一つ遺してくれなかった。市民社会の美徳にリップサービスするだけではそうものでもない。現実が変化しなければいけないのだ。

見渡してみれば、協同のための余地はたっぷりと開けている。両者は安定の必要性を共有しているではないか。まずは力を合わせて気候変動に立ち向かうことが必須の課題である。もっともロシアの公式政策では、シベリアやその他の土地の温暖化の成り行きには懸念が示されていないようではあるが。冷戦時代からは兵器管理の古い課題が引き継がれ、その後の時代の新しい課題だってある。古い課題というのは、核実験禁止条約、様々な戦略兵器制限条約、核兵器不拡散条約、それにウィーンにある補足的な監視機構ＩＡＥＡである。しかしながら、ＩＡＥＡは新しい課題の一部でもある。核拡散を目指す勢力が、北朝鮮やイランのように舞台上にあるもの、さらに舞台の袖に控えているものと、増加しているばかりがその理由ではない。世界中で原子力エネルギーと、その燃料の濃縮ウランの需要が高まっているからでもある。軍事的な野心家たちに裏切りの余地を与えずに、この平和的な核拡散を統御することは、きわめて巨大な課題ではないか。そこでは二つの元祖超大国の最大限の注意、それに両者の緊密な協力が要請されているのだ。

輸送システムも再検討されることになるだろう。それはエネルギー節約のためにも必要であるし、これまでは氷に覆われていたが、世界的な温暖化によってじきに利用可能となるであろう北方の交通路の利用についても、検討がされねばならない。海賊行為にしても、伝統的なものであれ、現代テロリズムと結合したものであれ、脅威であることに違いはない。ここでもまた、共同の監視、情報の交換、さらに共同防衛が必要となる。

天然ガスと石油の沖合掘削もまた、海床がどこに帰属しているのかとは関係なく、外国、とくにノルウェーの協力を必要とすることになろう。さもなくば北極圏に眠るシトクマン油田の開発というロシアの夢は、長い間夢のままに留まるであろう。これはロシアと西側の間で繰り広げられるべき大取引のほんの一部にすぎない。ロシアからはエネルギーを。西側からは工作機械、情報技術、航空電子工学、ナノテクノロジーといった技術を。オイルダラーをどれだけ稼いでいようとも、ロシアはヨーロッパとアメリカからの膨大な規模の技術輸入を必要としている。道路建設から住宅建設、配電網から超高速長距離通信まで、ロシアの現状はその必要と可能性に比べて、また国民の期待と比べても、著しく遅れているのである。

## ロシアと西側

一つの問題が残っている。そもそも西側なるものを構成するような、政治的な課題一覧、考え方の枠組、利害のパターン、グローバルな理想像はあるのだろうか。冷戦時代の基準で考えるならば、答えは否である。あのころの組織原則は、ソ連の「封じ込め」であった。であればソ連の消滅とともに、組織原則もなくなってしまったのである。答えはまた是でもある。それは、ソフト・パワーや政治文化、開かれた社会や幸福を追求する権利といった基準で考えたときの場合である。

だが、今日、また近い将来のロシアは、これらのすべてにおいて、道徳的、政治的にどのような位置を占めているのであろうか。これまでにロシアは、一度ないし二度、オーバーヒートを起こしている。そのことは、古い世代の行動様式、エリートの大量流出、それに支配権を握りたがる特務機関の条件反射からも明らかである。見かけとは裏腹に、ロシアはそのルーツへと回帰しつつある。これが一つの回答となるであろう。クレムリンのシロヴィキと、市民社会の弱さの両方が、その証明となるかもしれない。さらには歴史の重み、それにヨーロッパとアメリカに対抗することでみずからを規定することを望む、古くからのロシア人の本能をも引くことができよう。

だが、もう一つの回答がないわけではない。それは、ロシアとその隣人に遥かに多くの希望を約束するような回答である。もはや、ブレジネフ時代の陰鬱にも、スターリンとレーニンの野蛮な抑圧にも戻ることはない。ロシアはみずからをつくり直している最中なのだ。シベリアに眠る膨大な資源の国際価格が上昇していることは、財政基盤を打ち固め、西側諸国と競争するためのチャンスである。もちろんモスクワは、EUそれ自体を国際政治における主要なプレイヤーとしてはなかなか受け入れずに、できる限り二者間取引を目指すだろう。それにまたモスクワは、その機会さえあれば常に、ヨーロッパ内部の相違、さらにはヨーロッパ人とアメリカ人の相違を高めることに努めるであろう。これは、二十一世紀初頭という環境のもとで行なわれる、十九世紀の大国外交である――そのゆえに、その戦略はけっして勝利できないのだ。地球規模の課題に対応するなかで、高度に工業化された諸国はお互いに深く依存しあっている。単独行動主義の報いとて大変厳しいものである。それに、ロシアの国民は中国よりも西側のほうに遥かに多くの魅力を感じている。資本主義と権威主義を結合させた諸国が一方の側にあり、自由主義的な資本主義を選択した諸国が他方の側にある、両者の間では構造的な衝突が深まりつつある。モスクワで打ち出されているこのような考え方は、純粋にアカデミックなものでしかない。何故ならそれはアジア一般、とりわけシベリアの地政学を無視しているからだ。

ロシアがヨーロッパのパワーゲームの一部となって以来、つまり、もう三〇〇年以上も前からずっと、ロシアはそのあらゆる例外性にもかかわらず、広大なアジアの後背地を抱えたヨーロッパの大国であり続けてきた。「われら共通の家ヨーロッパ」は、ゴルバチョフの時代にはプロパガンダのスローガンであるよりは、理想像であった。現在ではこの理想像のもつ民主主義的な含意は後退してしまったが、物質的な土台のほうは大いに成長を遂げた。ロシアとヨーロッパ諸国、ロシアとアメリカは、好むと好まざるとにかかわらず、共通の運命を分かちあうことになるであろう。

# エピローグ――大統領になる方法 12

「私が矛盾しているからといって、どうか咎めないでほしい。私はそこから目をそらすことなしに、その矛盾を受けとめてきた。それは、私が書き記している物事のなかにたしかに存在しているのだから――そのことはきっぱりといっておきたい。自分の書き記している物事について、本当のことを伝えようとすれば、あらゆる字句ごとに私は矛盾せざるをえないのである。」

**キュスティーヌ公爵『現代のための旅路』**

かつてイギリス首相ウィンストン・チャーチルは、クレムリンの政治的な策謀を眺めるのは絨毯の下でブルドッグが争うのを眺めるのと同じだと書いた。傍のものには唸り声はさんざん聞こえるが、結果がどうなるのかは勝者が出てくるまで皆目分からない。ソ連時代であろうとなかろうと、あの紆余曲折、それにいくつもの驚きを理解しようと努めていた人々の脳裏をよぎったのは、この喩えにほかならなかった。究極的にはそのなかから、現職大統領によるドミートリー・メドヴェージェフの後継者指名が飛び出したのである。二〇〇八年三月二日、ロシアの有権者に与えられたのはただ、一票を投じる――あるいは棄権する――だけの機会であった。ドミートリー・メドヴェージェフの場合、ひとたびプーチンによって二〇〇七年十二月半ばに指名を受けてしまってからは、社会的な同意の形成はおよそ劇的なものではなかった。メドヴェージェフはただ一人で選挙戦に出馬したようなものであった。プーチンの支持を取りつけたことで、事実上メドヴェージェフの優勝は保証されていたのである。おまけにクレムリンは、警察と国内諜報機関を通じて陰に陽に圧力をかけて、メディアを引き締めるとともに、選挙準備において誰一人部外者がまともなチャンスを得られることがないようにしたのである。

実際、選挙は国家によってお膳立てがなされていたが、まったくのでっちあげというわけでもなかった。それでもロシアの想像力はほとんど燃えたたなかった。メドヴェージェフのほかに投票用紙に記されていたのは、盛りのすぎた共産党員とナショナリスト、それに少しだけ名の知られた自由主義者で、こちらのほうはメドヴェージェフを称賛していた。考慮に足るだけの競争相手はいなかった。投票用紙に名の挙がっていた人々は、クレムリンの公式候補が適任であるということを強調するためだけに役立っていたのである。選挙の数週間前にミハイル・カシヤノフ——二〇〇四年までプーチン政権の改革派首相であり、隅っこに追いやられたロシア自由主義者にとっての最良の希望であった——は、形式上の理由から出馬を阻止されていた。彼の推薦人名簿にある署名のいくつかは偽物であるというのが、当局の主張であった。カシヤノフは「圧力をかけるための一斉キャンペーン」について語った。外見だけでも公衆の熱狂を装うために、クレムリンは人々に投票に行くよう圧力をかけ、選挙のもつ民衆的な性格を強調した。結局、メドヴェージェフは投じられた票の七〇パーセント近くを集めた。ソ連の「選挙」において普通九九パーセントという空しい数字が発表されていたことに比べれば、これは大きな違いである。悲観的な解釈によれば、この選挙はクレムリンによる人心統制のデモンストレーションであった。楽観的な解釈をするならば、ロシアは移行のさなかにあるのであって、「管理された民主主義」——これはクレムリンがつくった言葉である——は民主主義がまったくない状態よりはましなのであって、少なくとも民主主義的正統性の基本的な原則は保持されてきた、ということになるのであろう。どちらの解釈がより真実に近いのかは、時がたたねば分からない。

だが、選挙結果が驚くに値しないものであったからといって、選挙後の政策や布置がどうなるかがあらかじめ分かっているというわけではまったくなかった。プーチン自身は、首相になるのかどうかを問われたとき、「非常に現実的な提案だ」と答えていた。だが、ロシア人にもそれ以外の人々にも、クレムリンに皇太子を置き、ホワイトハウスには皇帝を置くという考えはありそうもないように思えたし、あまりに不安定でもあった。この八年ほどの間に手に入れた大変に貴重な安定を危険にさらすことだけは、ロシア人はけっして望まないであろう。あらたに得られた繁栄は、おおむね石油価格の高騰によるものであった。だが、大半のロシア人の頭のなかでは、それは何よりもプーチンの政治的手腕の産物なのであった。二重統治だって。大半のロシア人にとって、それはあらたな動乱時代の始まりを告げるものだったであろう。

## メドヴェージェフ氏って誰？

メドヴェージェフ自身、声には出されぬこの問いに気づいていたようである。後継者に指名してもらったことを大統領に感謝した直後に、彼はこうつけ加えたのである。もし大統領に選出されたとしても、自分はウラジーミル・プーチンの助言と支持を必要とし続けるに違いないと。これは極度の謙遜であったのか。それとも、しばらくしたら自分は身を引いて、前任者を彼自身の後継者とするために場所を空けるということを早くも示唆していたのか。あるいは、これが最もありそうなことだが、クレムリンの主人たちでさえも、次に何が起こるのかをはっきりとは確信できていなかったということなのか。選挙の前もその後も、ロシア政治の不透明さをロシア人はただ推測するばかりであった。そしてそれは残りの世界も同じことであった。

大統領の椅子をめぐる争いは、現職者自身によって早々に切り上げることだってできた。だいぶ前に「統一ロシア」の活動家たちは、下院の三分の二の多数を確保しさえすれば、憲法の条文を修正して――下院の三分の二の意志があるならば、これは完璧に合法的な手続きである――彼自身に三期目、それもおそらくは長い三期目を可能にすればよいと提案していたのである。そうすれば、安定を求める万人の声に応え、すべての後継者争いを阻止し、誰もが知りたがっている問いに答えることともなったであろう。前大統領は、クレムリンの聖域を去ったあと何をするのだろうか？　クレムリンを去らない、というのがその答えとなろう。

二〇〇七年の間、誰がプーチンの跡を継いで大統領になるのかという憶測をめぐっては、二人の候補者に関心が集中していた。ドミートリー・メドヴェージェフと、セルゲイ・イワノフである。二〇〇七年の初夏〔二月〕、イワノフは国防大臣から第一副首相に昇格した。ロシアの将来の産業政策を立案することが、その任務であった。具体的には、ナノテクノロジー産業の構想力の翼を羽ばたかせ、大量の資金をそこに注ぎ込むこと、ナショナル・チャンピオン企業を育成し、外国直接投資とノウハウをそこに呼び込みつつも、産業力の中核には外国人を寄せつけないようにする、ということである。

メドヴェージェフは法律家の出で、かつてサンクト・ペテルブルグ時代にプーチンが、不透明な不動産取引で取り調べの対象となったときに、熱心に彼を守ったのであった。気さくで柔らかな語り口、エレガントな身なり――『ボストン・グローブ』紙は彼を最もおしゃれな政治家に選んだ――、それに気品もあるメドヴェージェフは、世界経済にも精通し、ロシアのそのなかでの役割についても理解しているように見える。二〇〇七年二月のダヴォス世界経済フォーラムで彼は、自由主義的な信条のあらゆる項目を並べたてたのであった。メドヴェージェフはまた、自分は何ら但し書きのつかない民主主義を信じていると述べて、プーチンとも距離を置いた。これはプーチンのいうロシア流の「主権民主主義」とは違うということであった。それに彼は、国家官僚の叡智よりも、究極的には市場の調整力のほうを信じているとも述べた。これを何か反乱の火遊びのようにとる必要はないのであり、ここに示されているのはメドヴェージェフが、単にご主人の声を繰り返すだけの人物とは限らないのだということであった。彼は国中の人々の切迫した要望に対処するという経験をもっているから、モスクワとサンクト・ペテルブルグの輝きに目を奪われることなしに、国の実情を理解しているに違いない。ダヴォスで彼は、経済を多様化し、荒廃したインフラを建て直し、人的資本をつちかわねばならないと述べた。これが、いうは易し行なうは難しであって、西側との真剣な協力なしには無理であるということは、彼にもよく分かっている。彼は、ロシアがただエネルギー生産とエネルギー価格だけに依存している現状は危険であるとも述べた。汚職という災厄に対しては、彼はプーチンと同じくらい歯に衣着せなかったし、プーチンと同じくらい頭を抱えてもいた。このすべてにおいて、彼の一番の悩みの種となるのは、ロシアの人口減と、それにどう対処するかであろう。

たしかにメドヴェージェフは、ユーラシアの教条主義者ではなく、西側流のビジネスマンとして振舞ったのであった。もしダヴォス会議に集まっていた人々が、クレムリンの人事政策に発言権をもっていたならば、まさに彼こそが、自分と同じ言葉やビジネス志向の哲学を共有し、ドイツ製のエレガントなスーツとイギリス製のシャツを身につけ、口調も柔らかで知的であり、振舞いも心地よくヘヴィメタルを愛す、ポスト・ソ連のロシアのもつ文明化された、ヨーロッパ的な相貌を代表する人物に相違なかった。もしダヴォスで人選が行なわれていたならば、メドヴェージェフは楽勝したに違いない。

だが、ダヴォスで勝利を収めたものは、ロシア語に翻訳されねばならなかった。メドヴェージェフはそれを、大統領に選ばれるはずの日の二週間前に行なった。場所はクラスノヤルスク――シベリアの中心部にある豊かな都市で、ノヴォシビルスクからそう離れてはいない。そこで彼は、西側であれば選挙公約とでも呼ぶべきものの概略を描いた。彼は明確に言質を与えることは避けたものの、国際エネルギー市場が今後もロシアの経済的な奇跡を支え続けるだろうと仮定した上で、ロシアの進むべき基本的な路線を指し示したのである。彼は「四つのI」について語った。インフラストラクチャー Infrastructure、イノヴェーション Innovation、投資 Investment、制度 Institutions である。メドヴェージェフは、自分のプログラムの概略を説明するのに四五分しかかけなかったが、プーチンは全国生中継のテレビ放送で四時間にわたってプレス・コンフェレンスを行ない――これは大統領としては最後のものである、いまのところ――注目を独占した。メドヴェージェフはさぞ面白くなかったことであろう。

メドヴェージェフが語ったのは、社会の富を個人の福祉に還元していくということであった。年金を二倍に引き上げなければならない。私有財産を守らねばならない――「われわれは自由企業を支援するだろう」――、そして環境の保全を憲法に明記しなければならない。彼のプログラムは、社会的市場経済と呼ぶのが最も適切であろう。「すべての国民に繁栄を」――ルートヴィヒ・エアハルトのこの有名かつ印象的な定式は、長い月日をかけて、ロシアにも反響を見出したのである。すべての人に繁栄を、そして母なる自然に敬意を。

メドヴェージェフはプラグマティストとして振舞っている。大きな理念に疲れきった国民を前にして、彼はイデオロギーに時間を空費したりはしない。彼の生まれ育った環境は、自由主義的な傾向をもった技術エリートの中流家庭であった。彼はテクノクラートとして振舞い、党や政略からは超然としようとしている。国のかたちについての構想は？　プーチン以上にその内容は曖昧である。「それぞれの国の内部には、多様な考えや目標があって然るべきだ。そうしたもののもとで人々は、同じ国家、同じ国に暮らしつつ、一つに束ねられているのである」。彼は、多様な思想、多様な社会的構想の共存を受け入れる姿勢を示している。「何か重要なものをあらためてつくりだす必要などない。基本的な諸価値はずっと前から宣言されているのである。大事なことはそれらをロシアの現状と未来に適用させることだ」。諜報機関と警察の役割を減らすだけの勇気と権力をもち、なおかつロシアを自由主義的な市場の力に開け放つことが彼にはできるだろうか。一九九〇年代に行なわれた私有化は、多数の貧者と少数の富者を生み出すことで、その評判を地に堕とした。二十一世紀の最初の数年には、それへの反作用として、国有企業、ナショナル・チャンピオン企業、政府系ファンドへの動きが生じている。メドヴェージェフは、過去二〇年間の敗者だけではなく、勝者とも正面から向きあわなければならなくなるであろう。石油と天然ガスのたなぼた式の収益を、未来の中産階級社会の基盤へと注ぎ込むこと、理論ばかりでなく実践においてそれを行なうために、国内外の両方で同盟者を見つけること、これが彼の挑むべき課題となる。

## 大統領になる方法

プーチンがドレスデンの任地を離れてサンクト・ペテルブルグに戻ってきたのが一九八九年のこと。そのとき以来ずっと、十歳以上年下のこの「ジーマ」〔ドミートリーの愛称〕メドヴェージェフは忠実な補佐役、相談相手であり続けてきた。一九九〇年代半ばにはプーチンに連れられてモスクワ、そしてクレムリンへと移ってきた。病めるエリツィンがプーチンを未来の大統領に指名したとき、一九九九〜二〇〇〇年の危うい選挙戦を何とか仕切り、そして勝利をもたらしたのは、メドヴェージェフであった。

近年では、社会福祉という重要部門とガスプロムの最高監督とを兼任することで、彼はプーチンのプログラムにおける中心人物となった。プーチンの選んだ後継者であるとはいえ、彼はクレムリンの絶対的な主人にはなれそうもない。クレムリンの行政機構はスパイ支配制を敷いており、メドヴェージェフは名目上の主人ではあるけれども、別の種族の出身だからである。これまでのところ彼の役割は、プーチンの太陽に対する月というところであろう。プーチンが彼のことを魅力的な後継者候補だと考えた理由は、すなわち彼の最大の弱点なのでもあった。彼は治安部門の省庁（内務、非常事態、国防、外務）とのつながりをもたないのである。

メドヴェージェフの任期は、プーチンの政策の継続ということになろう。どのような姿で現われるにせよ、なお当分はプーチンこそが、究極の権威であり続けるであろう。首相の仕事場であるモスクワのホワイトハウスに、プーチンは巨大な人気と影響力もいっしょに持っていくであろうし、一、二年はそれはもつだろう。その期間中にプーチンは、どういった未来を自分のために描くかを、最終的に決断しなければならない。クレムリンにいようがいまいが、プーチンはさして困難もなく、自分の好みのままに政府機構を再編することができるし、権力の梃子の大半も保持することができる。

「統一ロシア」はプーチンが決意さえすれば、下院にどのような指図だってできる。プーチンがどこまで徹底的に権力構造の見直しを望むのかは、二〇一二年の——あるいはそれ以前のどこかでの——大統領選への再出馬を彼が考えているのかどうかにかかっている。それでも疑問は残る。プーチンは次位の立場で安全なのか。またその地位に甘んじていられるのか。モスクワで権力を行使している人々は二重指導部に満足していられるのか。それにロシア国民はどうか。彼らは最高権力の居場所として、クレムリンの聖なる広間以外の場所を思い描くことができるのか。

プーチンはおそらく、高等政治や国際問題、それに時折生じる西側との衝突においては、ロシアの声であり続けるし、今後とも国内の権力構造を構築するための手段として、外交を使い続けるのであろう。メドヴェージェフのほうは、信頼性を体現して、大規模ビジネスのパートナーとなるのだろう。彼がプーチンの後継者に指名されたとき、ロシアの株価指数は跳ね上がったのである。しかし彼はまた、毅然として難局に立ち向かい、ロシアが抱える新旧の病気に真剣に取り組むことも求められることになるだろう。

## ドミートリー・メドヴェージェフの意味するもの

では、結局のところ、ドミートリー・メドヴェージェフの外交は、どのようなものになるのだろうか。短く答えるならば、これまでとほぼ同じである。だが、その声はもっと柔らかいものになるであろう。長く答えるならば、まずはロシア国内から考察を始め、その巨大な力、そして同じように巨大な弱さ、それに権力上層部の構造を考慮に入れなければならない。メドヴェージェフとプーチンはお互いを必要とし続けるであろう。メドヴェージェフにプーチンが必要なのは、さもなくば狼のなかで孤立し、国をもたない国王になってしまい、権力の梃子を動かしてもさして効果を得られず、恐れられぬがゆえに従われぬということになってしまうからである。まさにそのためメドヴェージェフは、二〇〇七年十二月半ばにプーチンの指名を受けたとき、ほとんど反射的に、これからも先生としてプーチンが必要である、頼むから首相になってほしいと答えたのだった。

だが、プーチンもまた、何ら脅威とはならず、逆に安心感を与えてくれるような、忠誠心を保証済みの後継者を必要としているのである。それは単に形式上の問題なのではない。クレムリンの在職者はみな、遅かれ早かれ、ロシア中枢の魔法の力を体得し、皇帝のマントを着こなすことになるであろう。問題はむしろ政治の現実にある。サンクト・ペテルブルグ出身の大統領がこれまでに出し抜き、解任し、あるいは冷遇してきたすべての人々の恨みから、また昨日までの権力者に一矢報いたいと願っている多くの有力者の恨みから、プーチンを守ることが必要なのである。はたしてプーチンは、ロシアの権力階梯におけるナンバー・ツーの役割に甘んじることができるのであろうか。それとも彼は、クレムリンの金塗りの広間、権力、威信への復帰をほのめかし、後継者の足元をすくうことになるのだろうか。ホワイトハウスにメドヴェージェフの肖像をかけるのかと問われたプーチンは、謎めいた答えを返している。「自分はジーマのことをもう何年も知っているから、彼の肖像は要らないよ」。たとえこれが冗談だったとしても、それは非常に意味深な冗談であった。

かくして、われわれは次のように問わねばならない。「ドミートリー・メドヴェージェフはひとり立ちすることができるのか。そして、もし彼が、プーチンという強力な存在から、あるいはクレムリンのスパイ支配制から自由になることができたならば、彼はどのような政策を追求することになるのか」。すべてのことはいまなお流動的であり、世界がロシア人の一番望んでいないことを目にすることだってありうるのだ。つまり、不安定な権力闘争である。人々の心のなかではそれは、新しい動乱時代と結びついている。そして、貴賤貧富を問わずすべてのロシア人が切望するにいたったものはただ一つ、安定、安定、安定なのである。過去一〇〇年間に彼らはあまりに多くの困難を経験してきた。そして、この本の執筆時からわずか九年前のことであるあの経済的な内破、石油価格が一〇ドルにまで下落し、ロシア経済が完全にノックアウトされたあのときのことは、いまでも万人の心のなかに新鮮な記憶として残っているのである。ソ連の崩壊をワイマール共和国の経済崩壊、ハイパーインフレと比べてみれば、数年前にどれだけの危機が迫っていたのか、いったいどのようなことが起こりえたのか――そして実際には、幸いにも起こらなかったのか――ということがよく分かるであろう。メドヴェージェフが政権を引き継いだとき、ロシアの国庫には五〇〇〇億に上るオイルダラーが貯め込まれていた。これが事態の上向きの側であり、ひとはモスクワやサンクト・ペテルブルグの中心部で、さらには西シベリアの石油都市ハンティ・マンシースクでさえも、目を射るばかりのまばゆさと臆面のない輝きを目にすることができる。あたかもパリ、ミュンヘン、ロンドン、カンヌ、バーデンバーデン――自家用ジェットで世界中を飛び回る、有閑階層の豊かさと美しさが交錯するどこにおいてもそうであるように。

だが、下向きの側もまた存在するし、それは十分に深刻である。ロシアの経済は石油と天然ガスの高騰のみに依拠する、一辺倒の巨人である。天然資源と無骨な兵器を除けば、ロシアが国際市場に提供できるものはわずかしかない。国内では新鮮な果実からコンピューターにいたるまで、すべてを輸入に頼っている。外国企業はいまだ汚職や朝令暮改の税制、それにゆすりを警戒して、ロシアへの進出を恐る恐る始めているにすぎない。

さらに、たとえここ数年の石油収入の増加が絶好の機会を提供したのだとしても、クレムリンはそれを最も有効に活用して、徹底的に国を刷新する機会を逃したのである。ロシアにはその名に見合うだけの司法制度は存在しない。メドヴェージェフ自身も、「法ニヒリズム」が国をとらえていると述べた。これは、インド、さらには中国とさえも決定的に異なる点の一つである。汚職は過去何世紀にもわたりロシアをむしばんできた病理であるが、現在の状況はこれまでで最悪である。プーチンでさえも、彼ならびに大統領府がその抑制に失敗したことを認めざるをえなかった。大半のインフラは老朽化しており、その中には資金のないままに放置された古いパイプラインも含まれている。列車はともかくも走らせねばならないので、ただのろのろと運行している。広大なロシアを一つに結ぶ国内便の大半は、イリューシン爆撃機に座席を据えつけただけの代物である。飛行機の多くはパイロットよりも年長だ。一〇の村落のうち四つは、プーチンによれば、水道も電気もない。貧困は広範である。たしかに給料と年金はようやく支払われるようになり、その額も上がっている。だが、インフレと社会不安が――二〇〇五年のように――天然資源に依存する経済に暗い影を落としている。科学に基づく未来の経済は、まだまだ遠い先の話である。だが、それこそがまさにメドヴェージェフが、かつてプーチンがそうであったのと同じく、たどりつくことを望んでいる約束の地なのだ。そのためには西側が必要とされる。ノウハウの面でも、外国直接投資の面でも。

## ロシアの国益

予期される外交はどのようなものか。そして世界のなかでのロシアの役割は。これはひとりメドヴェージェフばかりにかかわる問題ではない。むしろそれは、ロシアの支配層全体――ロシア正教会を含む――により多くかかわっているのである。さらにいえば、これはロシアの地政学的な課題と希求とにかかわる問題でもある。だが、皇帝は皇帝であるのだから、この問題はメドヴェージェフがどのような長期的な構想を打ち出すのかにかかっているといっても間違いではない。では、世界のなかでのロシアの役割はいかなるものになるのか。ロシアは現状維持にこだわるのか。それとも、もはや戦車とミサイルではなく、石油、天然ガス、LNG、それにパイプラインを使って、いまはなき帝国――だが多くのロシア人の心のなかに、いまだ大きな影となって残っている帝国――の、挫折を帳消しにすることを図るのか。ソ連の崩壊は二十世紀最大の災難の一つであった、というしばしば引用されるプーチンの見解を、メドヴェージェフも引き継いでいるのか。

メドヴェージェフは哲学的にこう述べている。帝国は盛衰を繰り返すが、大事なことは変わらぬ国益である。彼が念頭に置いているのはロシアであり、ソ連の影ではない。彼はこれまでよりもずっと多くの注意を、独立国家共同体諸国に割かねばならなくなるであろう。ウクライナはEU、さらにはNATOにさえもいっそう接近することを望んでいるし、石油と天然ガスを蔵する中央アジア諸国も、かつてのソ連への従属を振り捨てたあとで、今度はガスプロムとロスネフチへのあらたな従属を回避しようと試みている。クレムリンはまた、その態度と身なりの両方において、ビジネス志向をより強めて、帝国志向はより弱めなければならなくなるであろう。さらにはクレムリンにも他の誰にも統御不能である南オセチア、アブハジア、ナゴルノ・カラバフ、沿ドニエストルの「凍結された紛争」にも、注意を向けねばならない。国内と国外とを問わず誰であれ、メドヴェージェフを簡単にいなせると思ったら大間違いとなろう。二〇〇七年の国際婦人デーにドイツ首相メルケルと会談したプーチンは、メドヴェージェフを甘く見てはいけないと西側に警告した。「自分の自由主義的な信条については、彼はいまさら証を立てるまでもないでしょう。でもいっておきますけど、彼はよい意味でのロシア愛国主義者ですよ、私と同じくらいに。私たちのパートナーは、彼が相手だからといってより楽になるということはないでしょう。彼は国際舞台で大変熱心にロシア連邦の利害を追求してくれるはずです」。メドヴェージェフは、彼の前任者がもてあそんだ「一匹狼」ロシアのイメージを改善することには努めるであろう。だが、本質的なことは彼は何一つ譲れないだろうし、実際譲りはしないだろう。

要するに、国際社会は大した変化を期待すべきではない。Uターンもまた、起こらないだろう。ただ、次のことは念頭に置いておいたほうがよい。チャーチルは、ロシアのことを「この難題は、神秘のベールに包まれており、謎のなかにあるのです」と述べたあとで、こう結論したのだった。「唯一の鍵は国益です」。かくして、結局のところロシアの国益とは何なのだろうか。それは、何よりもまず、世界規模の影響力をもった大国となることであり、新しいロシアの国境線の近くで、あるいはまたその他の世界のどこにおいても、ロシアの意に反して重要な問題が決められたり解決されたりすることがないようにする、ということである。二〇〇八年初頭のコソボの一方的な独立宣言は、その好例である。クレムリンはあれを簡単には許しも忘れもしないだろう。ロシアの「偉大さ」が口にされるとき、それは他の諸国がロシアに遠慮して少し距離を置くべきだ、ということをも意味している。近い将来ウクライナに加盟アクション・プランを準備し、グルジアにも同じことをしようと考えているNATO理事会は、このことを警告として心に留めるべきである。もしヨーロッパ人が深刻な衝突を望まないのであれば、彼らは再考すべきであろう。アメリカ人とて、それが値段に見合うのかどうか、いま一度熟慮しなければならない。気候変動や、大量破壊兵器や、テロリズムや、組織犯罪や、失敗国家や、それにおそらくはサイバー戦争といった様々な悩みを抱えている世界においては、イランの核の野心を抑え込むとか、北朝鮮を封じ込めるとかいった、より力を傾注すべき重要な仕事があるはずではないか。ロシアにしても、一九六八年の核兵器不拡散条約を維持し、みずからの核の優位を保ち、世界の大国の間での己れの地歩を確保したいと思うであろう。中国とロシアは宇宙空間の非武装化条約の締結を、ワシントンに呼びかけている。これまでのところ賛同者はないのであるが。

長い目で見れば、ロシアの国益のためには、ヨーロッパ人、それにワシントンの新政権との関係改善が、どうしても必要となってくるであろう。気候変動、テロリズム、イスラムの聖戦、サイバー空間、麻薬、組織犯罪——こうしたすべてのことから、ロシアは、NATO諸国との協調を余儀なくされるだろう。逆もまた然りである。だが、長期的で持続的な関係を築くためには、ヨーロッパ人とアメリカ人が、クレムリンの気を引くために牽制しあうといった状況を緩和することが必要である。最も大事なことは、相互の憎しみという自己実現する予言に終止符を打つことである。この予言に拘泥することはあまりに危険であって、悲惨な結末を迎えかねない。

ドミートリー・メドヴェージェフは、これらのすべてにおいて、ただ単にプーチンの後継者として、混乱に満ちたロシアの過去を引き継いだばかりではない。彼はまた、偉大な改革者として歴史に名を残すことをも望んでいるのである。二月十四日、大統領選挙に向けたクラスノヤルスクでの演説において、彼はエカテリーナ大帝を引くところから始めた。「自由は万物の魂である。そなたなしではすべては骸である。私は万人が法の前に頭を垂れることを求める。だがそれが奴隷の法であってはならない」。メドヴェージェフは、こう言い切ることのできる男である。自由は奴隷制に勝る、民主主義は生産的な力である、現代社会は自由と法の支配を結合することを必要とする、そして最後に最も大事なこととして、ロシアと西側の根本的な利害は相互に共存が可能であり、事実、たいていの場合は相互に補いあっている、と。残りはすべて、若干の智恵を働かせて適宜いざこざをかたづけるだけのことである。

# 後　記

戦争はそれまで曖昧であったものを一瞬にして白日のもとにさらす。カフカース山脈南部の丘陵における五日間の戦争も、その例外ではない。ロシアは、小さな隣国ばかりかヨーロッパ人や海の向こうの帝国的大国に対しても、尊重されるべき臨界線をはっきりと示したのである。ロシアは古くからのルールにのっとって行動している。グルジアとロシアの間で長く紛争の種となってきた小さな境界地域の併合は、必ずしもそこで賭けられているものではない。最重要の目的は、可能であれば境界線の両側に自分の兵士を置くべきである。自分の辺境部は自分で守らなければならないし、NATOとアメリカを遠ざけることなのである。そして、もし他のところで何かを失ったならば（たとえばバルカン半島で）、代償を要求すべきである（たとえばカフカースで）。ここでは政治はゼロサムゲームと見られており、気の弱い人のものではない。軍の派遣は、政治上の取引の他の手段での延長なのである。西側は憤慨するよりも前に、南オセチアにいたる道がどのようなものであったのかを想起すべきであろう。

「近い外国」におけるロシアの強情さは前触れにすぎないのであって、疑いなくさらに多くのものがこの先に控えている。グルジア指導部が自制心を失って戦車を投入してからは、西側は実際の戦闘に足を踏み込まぬように気をつけたし、ロシアもまた計算可能な範囲以上のリスクは犯さないだろう。だが、ロシアとその近辺では、少なくとも数件の「凍結された紛争」が宙に浮いたままとなっている。最も顕著な事例は、いまではウクライナの一部となったクリミア半島である。そこでの紛争はいつ解凍されてもおかしくないのである。ユーゴスラビア継承問題がいまだにユーラシア大陸を震撼させているように、ソ連継承問題もまた、これまでのところ信頼醸成につながるような枠組を見出せていない。合法性と正統性は多くの場所で齟齬をきたしている。だが、ロシアは今後、今日のロシアの国境線を遥かに越えて、ソ連継承問題について決定的な発言権を要求することになるであろう。このことが意味するものは、争いと危機、そしておそらくは軍事衝突でさえもある。プーチンのロシアは西側に警告を発したのである。

二〇〇八年八月の危機は、多くのものを意味している。だが、いまここで誰が勝者であり誰が敗者であるのかを問うても、早すぎるということにはならないであろう。敗者の側ですぐ目につくのはグルジア大統領である。彼は、グルジアがソ連から引き継いだ、アブハジアと南オセチアという離反地域の問題を解決することに失敗したのだ。そしてまた彼は、おそらくは今後長いこと、グルジアが最も重要な二つの西側クラブ、EUとNATOの準会員になるチャンスをも損なったのである。仮にアメリカが東ヨーロッパ諸国の加勢のもとで、グルジアを会員にするよう迫ったとしても、そのときはワシントンは、NATO内部での深刻な危機を覚悟しなければならなくなるであろう。ドイツとフランスは、ロシアと仲違いしてエネルギー供給を危険にさらしたくはないし、貿易上の有利な立場をも損ないたくはないであろうから。

アメリカ大統領選挙戦のさなかにいるバラク・オバマもまた、みずからの立場を不利にした側の一人である。選挙戦の力学は共和党の先頭走者、ジョン・マケインに有利に動いた。ことロシアに関する限り、彼は筋金入りの強硬派として鳴らしてきたからである。

EUもまた、敗者の側にいる。今回もまた、クレムリンは伝統的な「分割して統治せよ」の戦略を追求したのだった。戦略的危機管理に関する限り、ヨーロッパは本来、経済的な影響力を政治的な交渉力に変えることなどできないのである。危機が勃発したとき、欧州理事会の議長がフランス大統領ニコラ・サルコジの順番に当たっていたことは、好都合な偶然ではあった。フランスとEU、両方の力を合わせて交渉の席に臨むことができるからである。だが、概してEUは大した影響力を振るうことができなかった。グルジアを経由するEUの「ナブッコ」計画は、ヨーロッパ消費者向けの天然ガス供給を事実上独占しているガスプロムのパイプラインに対抗して、南方からロシアを迂回する代替案であったのだが、その信頼性は大きく低下してしまった。物理的なリスクが明らかとなったいまでは、その実現可能性自体が危うくなった。

アメリカもまた、勝者の側に数えることはできない。国務省は、コンドリーザ・ライス国務長官によれば、グルジアの指導者が軍事介入というまずい決断に走るのを止めることができなかった。ロシア人もまた、自分たちが遠隔地の動向を統御するのには限界があることを、アメリカに示したのだった。それにもかかわらず、今後もアメリカがグルジアとウクライナのNATO入りを求めるならば、NATOの空洞化と過度の膨張か、復活を遂げ自信に満ちたロシアとの深刻かつ根本的な対立か、あるいはその両方というリスクを招くことになろう。もしアメリカが、グルジアかウクライナ、あるいはその両方のために加盟アクション・プランを追求するならば、両国にとってもそれは危険な賭けとなろう。その場合ウクライナは――いかなる基準から見ても不安定な政治的存在であるのだが――厳しい緊張にさらされ、解体することだってありうる。そうなれば、統制不可能な反響が、ヨーロッパとそのさらに向こうに広がることになるであろう。

さらに、イランの「封じ込め」から麻薬・兵器売買の取締り、それに気候変動から人口の大量流出にいたる、ロシアと懸念を共有するようなすべての重要問題において、今後は協議を進めることがずっと難しくなるであろうし、まして満足のいく結論に達することは困難になるであろう。より広範な地政学の文脈で見るならば、ロシアの中国志向、さらにはイラン志向さえもが強まるであろう。それに対して二〇〇八年七月初頭、メドヴェージェフがベルリンなどで行なった提言は、ヨーロッパ志向と環大西洋志向を示していたし、将来の安全保障制度に関するその内容も、バンクーバーからウラジオストックまでというもので、北京まではなかったのだが。

見た目とは裏腹に、ロシアもまた敗者である。南オセチアに戦車が進軍したとの凶報がモスクワに伝えられたとき、全ロシア株価指数は急落し、数十億ドルが一気に失われた。天然ガス、石油、パイプラインに依存するロシアの経済は、西側の輸入品、投資、ノウハウを切実に必要としている。今後しばらくは、それらの獲得はより緩慢なものとならざるをえない。政治的リスクが高まったことで、投資家は誰でも投資の安全性や、全般的な投資環境の信頼性を問題にするようになった。西側諸国、とくにイタリア、フランス、ドイツは、輸出と投資を続けるであろうが、その姿勢はこれまでよりも遥かに慎重なものとなるであろう。

カフカース山脈のドラマは、国際情勢だけに影響を与えることにはならないであろう。一九九三年のクーデタ〔エリツィン大統領による超法規的な議会解散〕や二〇〇三年のユコス解体のように、それは国内情勢にとっても決定的な局面となるであろう。ロシア側について見れば、ドミートリー・メドヴェージェフは明らかに勝者である。だが、彼はまた敗者でもある。たしかに彼の人気は急上昇した。八年前にプーチンも、チェチェン戦争のなかで人気を急上昇させたのだった。あのとき彼は、愛国的な感情とイスラムへの恐怖を喚起し、人々のフラストレーションを解消することで、政治情勢をみずからに有利なものとしたのである。メドヴェージェフは、国内的な威信と国外的な影響力を増やすこととなった。だが、ミスター・ナイスガイはどうなっただろうか。ロシアの現代化を目指す改革者、偉大な国民的計画の遂行者としてのメドヴェージェフは、その輝きを失い、信頼の大半をも喪失した。他方プーチンは、世界に向かって、ロシアが弱かった時代は終わった、ロシアには尊重されるべき臨界線があるのだということを見せつけた。そして、西側がバルカンの騒乱のなかで巧みに創出したコソボ小国家に対して、ロシアは代償を求めることができるのだ、ということも。国際法と政治的な正統性を基準にして、コソボ、南オセチア、アブハジアを比較することにどれだけのメリットがあるにせよ、クレムリンの支配者たちは、以前からの警告に内実を伴わせることができたわけである。もしコソボがさらに先に進むというのであれば、南オセチアとアブハジアもそれに続くであろう、ただし反対側の方向に。これが彼らの警告であった。おそらくは同様の筋書きに沿って、さらなる事例も起こるであろう。

だが、ロシアは慎重にダメージを測らなければならない。そこには、みずからの国益に対するダメージも含まれているのである。中央アジアの友人は、すぐにはロシアを支持しなかった。中国もまた、公然たる不同意のしるしを送った。ロシア国内にあって、民族自決を夢見るすべての人々への影響もまた、想像するにかたくないであろう。アジア全体におよぶより広範な反響は、時がたつにつれて明らかになろう。

冷戦の再演を予期する必要はない。せいぜいのところ、相手側に対する健全な敬意、つまり、相手方の本能や必要、それに体面への配慮といったことも含む敬意、そうしたものが回復されるだけのことであるし、またそれは回復されて然るべきなのだ。そうした態度は、核兵器によって喚起されたものであったが、結果的には荘厳かつ複雑な兵器管理の大伽藍を生み出したばかりでなく、世界的な責任感をも醸成することとなった。くわえて、一九五八年から一九六二年にかけてのベルリンとキューバの二重危機——あれは瀬戸際外交の実践以外の何物でもなかった——以来、二つの超大国はともに、非公式ではあるが大変有効な戦争回避カルテルに統一されているのである。そこに入るということは、安全保障のために然るべき距離を置き、互いの勢力圏に配慮するということをも意味するのだ。

今日の世界では、新しいグレートゲームが始まりつつある。だが、新しいルールはまだ決まってはいない。新しい参加者は経験に乏しい。そして彼らは、あの大対立の時代にあれほど苦労して習得されたルールを、みずからと万人とを犠牲にしつつ無視しているのである。いわゆる「ポスト冷戦」期は終わった。それは限定的な対立の新時代が始まったのである。対立と競争、しかしまた協力もが不確かに混じりあう。それがあらたな時代の課題一覧である。アメリカの新「封じ込め」政策は、ロシアの帝国的な本能と、その不確かさとにぶつかった。アメリカ民主主義の伝道はどこに限界を見出すのか。それにロシアの「近い外国」はどこで終わるのか。答えはおそらく国境の哨所ということになるのであろう。あるいはロシア人が住んでいるところまで。そして、哨所の向こう側にも多くのロシア人が住んでいるのである。不安定な二つの巨人が不確かな方向に歩んでいる。彼らは、相手側がまたいではならない臨界線をどこに引くべきかについては、はっきりと分かっている。だが、自制心については、そしてまた、冷戦時代、権力の座にあるものが核兵器によって課されていた過酷な規律については、十分に分かっていない。

危機の高まりを前にして、ようやくヨーロッパ人は一致団結して、みずからの経済力を国際的な影響力に変えていくことになるのであろうか。そのようなことは信じがたい。つい先日、カフカース山脈の紛糾に直面したとき、ヨーロッパ人が経験したものは何だっただろうか。東ヨーロッパ人は一貫してアメリカを支持し、ドイツを含む西ヨーロッパ人は必死になって新冷戦を回避しようとしたのである。全体としてヨーロッパ人は、包括的なエネルギー戦略や、復活したロシアにどう対処するかという構想をもたなかったために、これまで颯爽としたところを見せられないできた。今日は萌芽的なものにすぎない相違も、いずれは真剣な決裂に発展しかねないのだ。NATO拡大が将来どんなに進展したとしても。

冷戦時代、二つの超大国の間でバランスをとりながら、ヨーロッパ人は厳しい教訓を学んだ。調停せよ、さもなくば破滅。カフカース山脈のドラマもまた、いくつかの教訓を与えてくれる。だが、それに関与した人々が、そこで賭けられているものの大きさを理解したがっているのかといえば、これまでのところそれは疑わしい。

# 訳者解説

プーチン首相が病めるエリツィンによって突然に大統領代行に任命されたのは、一九九九年の大晦日のことであった。その日の晩に新年の挨拶に臨んだプーチンは、ロシア国民に向かって次のように呼びかけた。「新年の祝日には、よく知られているように、夢がかなうものです。このような特別な新年であれば、なおさらのことです。皆さんが心に描かれたよきこと、素晴らしきことは、必ずや全て本当になるでしょう」。あれから一〇年。この国の常で、ロシアは多くのことをめまぐるしく経験した。未曾有の繁栄、テロ、戦争、そして経済危機。この間、プーチンは変わることなく国家の先頭に立ち、国民の期待を一身に背負い続けた。たとえこの先何が起ころうとも、この一〇年にわれわれが目にしてきたものは、まぎれもなく「プーチンのロシア」であった。

「プーチンのロシア」は、エリツィン時代と比べて、外に対してはより閉鎖的・強硬的であり、内に対してはより抑圧的であると、日本や欧米社会の目には映った。そのイメージは、実態にそう照応していないわけではなかった。だが、だからといってプーチンの政治スタイルを糾弾し、自由で開放的なエリツィン時代を懐かしめば、それでロシアが理解できるというものでもない。実際、「エリツィンのロシア」とは、何か民主主義社会なるものを一貫して構築しているわけではなく、ソ連末期に生じた社会秩序の流動状態を、弥縫に弥縫を重ねることで何とか一定の輪郭のなかに抑え込もうとしているだけの、すぐれて過渡的な時代だったのである。そうであれば、「プーチンのロシア」を理解するためには、その背後にある歴史的な文脈を踏まえ、時代の内在的な論理に耳を傾けることが、どうしても必要になってくる。読者が手にしているのは、まさにそうした課題に取り組んだ本なのであり、しかも非常に個性的な観点から、それを行なった本なのである。

本書の著者ミヒャエル・シュテュルマーは、一九三八年生まれのドイツの歴史家である。一九七三年から二〇〇三年まで、エアランゲン・ニュルンベルク大学の教授であった。専門は第二帝政期のドイツ史であり、『落ち着かぬ帝国――ドイツ一八六六‐一九一八』（一九九〇年刊行）ほか、多くの著書・編書がある。シュテュルマーは政治の場でも精力的に活動し、保守派としての旗幟を鮮明にしている。一九八〇年代にはコール政権のブレーンとして政策立案にかかわり、国際政治・安全保障問題研究所の所長を務めた。現在は保守系の『ヴェルト』紙のチーフ・コレスポンデントである。政治活動における彼の立場は、歴史家としての彼の姿勢とも密接不可分である。すなわち、シュテュルマーによれば、ドイツ社会にアイデンティティのよりどころを示し、国民統合に資することこそが、歴史研究の大きな課題なのであった。そのためシュテュルマーは、コール政権時代にドイツ歴史博物館の設立に深くかかわった。また、地政学的な観点を重視することも、シュテュルマーのドイツ史理解の大きな特徴である。

だが、ナチズムの破産、とりわけユダヤ人の大量虐殺にいたった近現代ドイツ史の展開を、批判的・自省的な観点から把握することを大前提とするリベラル左派――一九七〇年代の西ドイツ論壇の主流――から見れば、歴史のなかに国民的なアイデンティティのよりどころを探そうとするシュテュルマーの立場は、激しい批判の対象とならざるをえなかった。ドイツ史におけるナチズムの位置づけをめぐって、一九八八年には「ドイツ歴史家論争」が始まる。その口火を切ったリベラル左派の哲学者ハーバーマスが、「ドイツにおける現代史記述の弁護論的傾向」の代表的人物の一人として批判したのが、ほかならぬシュテュルマーなのであった（「ドイツ歴史家論争」とそのなかでのシュテュルマーの発言については、J・ハーバーマス、E・ノルテ他『過ぎ去ろうとしない過去――ナチズムとドイツ歴史家論争』（三島憲一他訳）、人文書院、一九九五年、によって知ることができる。さらに、三島憲一編・訳『戦後ドイツを生きて――知識人は語る』、岩波書店、一九九四年、に収められているシュテュルマーのインタビューも、彼の歴史観・政治観を知る上で大変有益である）。

本書は、そうした保守派のドイツ史家が書いた現代ロシア論なのである。叙述の端々から窺えるとおり、ロシア政治とシュテュルマーのかかわりは長期にわたる。そして、シュテュルマーの現代ロシア論には、保守派のドイツ史家としての観点が、直接間接に投影されている。先に本書の観点が非常に個性的であると書いたのは、このためである。以下、本書の特長を四点列挙してみよう。

第一に、分析の対象が多岐にわたることである。一方には、プーチン個人に焦点をあてた章がある。そこでは、プーチンの経歴や世界観、さらには高い支持率の理由や、メドヴェージェフへの権力継承の背景などが、手際よく論じられている。他方には、ロシア社会の個別の分野に焦点をあてた章がある。そこでは、政府要人の横顔、ソ連崩壊の理由、軍の窮状、イスラムの伸張と人口問題、エネルギー政策の展望、ビジネスの光と影、外交政策の背景といった、広範なテーマが扱われている。一冊の本で、これだけ包括的に現代ロシアの諸相を取り上げたものは稀であろう。

第二に、著者シュテュルマーがプーチンと再三邂逅していることである。「プーチン氏に会う」と題された第三章では、サプチャークの秘書時代に始まり、大統領になってからのヴァルダイ・クラブにいたるまで、プーチンと同席した思い出や、彼との対話の記録が、存分に生かされている。他方でプーチンのほうでも、シュテュルマーの文章を演説のなかで引用するなどして、その知見を高く評価している。そうした特別の関係があるために、本書の叙述はときにプーチンの思考の襞に分け入るようなものとなっている。くわえてプーチンの姿も生き生きと描き出されている。読者はソフトでスマートで話し好き、それでいてきわめて冷徹なプーチンの姿を、見出すことができるであろう。また、著者がコール政権のブレーンとして、ドイツやEU、それに欧米各国の政治・軍事・経済界に豊かな人脈をもつことも、本書の叙述に独特の厚みとリアリティをくわえているといえる。

第三に、徹頭徹尾、現実主義に立脚した冷静なロシア分析がなされていることである。そのことはとくに、外交政策についてあてはまる。プーチンの外交が欧米諸国の目に強硬に映るからといって、シュテュルマーはけっして短絡的にロシア脅威論を唱えたりはしない。いかに逆説的に見えようとも、NATOの団結を重視するシュテュルマーが唱えることは、ロシア脅威論の逆、つまり、ロシアを国際社会から排除してはならないということである。ここには、ロシアと地続きのヨーロッパの歴史家であるシュテュルマーの現実主義的なセンスが、よく示されている。

シュテュルマーの論拠は、まず、ロシアと「西側」の間には多くの共通の利害が存在するということだ。とりわけ核不拡散体制の維持をめぐっては、アメリカとロシアの利害は無条件に一致している。また、エネルギー供給をめぐって対立しているかに見えるロシアとEUも、実は供給者と消費者としてお互いを必要としている。

もう一つの論拠は、ロシアの外交政策に、欧米の目から見ても不当とばかりはいえない相応の動機があることだ。そのモデルは十九世紀の大国間外交であり、ゼロサムゲームの様相を呈している。たしかにグルジア紛争においてロシアは行き過ぎたが、先にコソボ独立で同じことをしたのは欧米であった。つまるところ、ロシアの外交を理解する鍵はロシアの国益にある。そして、国際テロリズムなど二十一世紀のあらたな危機を前にして、国際社会の相互依存は深まるばかりなのだから、「西側」はロシアをみずからの側につなぎとめるために努力を惜しんではならない。こうした本書の主張は、説得的でもあれば理性的でもある。とりわけ日本の報道においては、グルジア紛争の際にロシアの侵略ばかりが非難されたように、ロシア脅威論がいたずらに強まっている。それだけに本書の冷静なまなざしは、貴重な意義をもっているといえる。

第四に、今日のロシア社会の状況が、長期の歴史的な文脈のなかで捉えられていることである。たとえば「石油の呪い」の指摘がある。二〇〇八年秋に始まった世界的な経済危機、それに伴う石油価格の大幅下落は、本書の原著が執筆された時点ではまだ生じていなかった。だが著者は、石油価格の変動がかつてソ連社会に与えた影響を論じ、プーチンがいかにこの問題に備えてきたかを論じている。そのため本書の分析は、二〇〇八年秋以降の新しい国際情勢のもとでも、何らアクチュアリティを失っていない。

さらに、民主主義の問題にもふれておきたい。たしかに欧米の基準から見れば、プーチンのロシアには民主主義の要素が不足している。だがシュテュルマーは、ロシア史の長期的な文脈に立つことで、プーチンの支配にもそれ相応の正当性があることを明らかにしている。鍵概念となるのは「啓蒙絶対主義」である。近代ドイツの哲学者ヘーゲルを参照することで、シュテュルマーは現代ロシアの支配秩序をけっして特異なものとはみなさず、ロシア史、さらにはヨーロッパ史の文脈のなかにそれを位置づけている。

ここで訳者なりに、ロシア史におけるこの概念の意義を説明しておきたい。近世のドイツならびにロシアでは、強力な専制権力による上からの紀律化こそが、社会の近代化を主導してきたのであった。この啓蒙絶対主義、ないし啓蒙専制は、ソ連の統治秩序にも部分的に引き継がれたといえる。何故なら、強力な権力を是とする民衆の権力観が、革命後にも変わらず残ったからだけではない。多様な民族からなり、全体として発展の遅れた広大な国土を、限られた人員で統治しなければならないという条件もまた、皇帝から共産党に引き継がれたからである。そのような条件のもとでは、イデオロギーの相違にかかわらず、統治者の選択肢は狭い範囲に限定される。最も選ばれる可能性が高いのは、普遍性を標榜する理念に基づく行政的な管理である。そして、シュテュルマーが示唆するように、プーチンが権力の座についたときのロシアも依然、啓蒙専制的な統治を必要としていた。すなわち、国家の統一性の再確立、国際的な地位の回復、社会秩序の安定化が、政治の最優先課題となっていたのである。このような観点から本書は、「ロシア史のなかのプーチン」という問題を明らかにすることに成功している。

以上のように本書の特長を確認したうえで、最後に国民の歴史という観点から、一言記しておきたい。シュテュルマーは、国民統合の軸としての歴史の叙述に強力に関与している人であるから、現代ロシアにおける同様の問題についても少なからぬ注意を払っている（とくに第九章）。そこでは、ソ連時代、とくにスターリン時代の記憶について、人々が正面からそれに向き合うことを避けているとの指摘がなされている。この指摘自体は適切である。だが、現代ロシアにおける国民史の問題は、ただ単に、見つめ直すことの難しい外傷が、ソ連時代にロシア国民に与えられた、というだけにはとどまらぬ、より深刻な問題を含んでいるのではないだろうか。つまり、ソ連時代の経験は、共産党という他者による暴力的な支配によって、ロシア国民の歴史に外側から傷を与えただけではなく、そもそも現代のロシア国民のあり方にとって、本源的な要素となったのではないだろうか。

訳者は、二十世紀のロシア・ソ連史は、ある種の国民形成の枠組で理解できるのではないかと考えている（ここでいっているのは、個々の民族についてではなく、ソ連、ついでロシア連邦という国家に暮らす全ての人々の共通のアイデンティティのことである。そうした共通のアイデンティティの涵養こそが、国民形成であろう）。問題は、共産党体制という独特な体制のもとで国民形成が進んだことで、その過程も独特の質を帯びざるをえなかったのではないか、ということである。具体的にいえば、すぐれて集団主義的な人間像が、ソ連国民の本質的な特徴となり、部分的には現代のロシア国民にも引き継がれた、というのが訳者の見解である（詳しくは拙著『革命ロシアの共和国とネイション』、山川出版社、二〇〇七年、を見てほしい）。本書で描かれたような、現代ロシアにおける「権力と人民」の関係も、こうした集団主義的な人間像と無縁ではなかろう。ソ連時代のこうした影響は、時間の経過とともに消滅するようなものではないし、それどころか過去の外傷と向き合うことによってさえも、消滅するものではない。結局のところ、現代のロシア国民は、そうしたソ連時代の刻印をみずからのものとして生きる以外にはないように思われるのである。では、そのためには、どのような作業が必要となるのであろうか。換言すれば、現代ロシア国民は、いかなる国民史をもてばよいのであろうか。

いま「国民史をもつ」といったが、もちろん現実の歴史は、あるいは学問としての歴史学が扱う歴史は、決して国民の形成に向かって一方向的に進むようなものではない。とはいえ、歴史学からは相対的に独立した次元で、ある国家にともに暮らす人々が、方向感覚を見出すために国民史を求めること自体は、むしろ自然なことであろう。しかし、ある国民が、歴史のなかでのみずからの位置を見定め、前へ向かってさらに進むための手がかりを得るためには、国民史を否定的に捉えるにせよ、肯定的に捉えるにせよ、過去をある角度から照らし出すだけでは不十分である。そうではなく、いわば明るいことも暗いことも全て含めて、過去の総体をみずからに引き受けなければならないのではないか。そのとき初めて、ある国民は、みずからの国民史をもてたということになる。これは、ロシアにも、ドイツにも、日本にも、あてはまることであろう。

かなり訳者自身のロシア史理解について書いてしまったが、ともかく本書は、現代ロシアの理解を深めるための、格好の良書である。それは、単なる現状分析にとどまらず、歴史的な観点を備え、刺激的な洞察に満ちている。また、ロシアに暮らす人々の抱える問題——大変動の時代であった二十世紀を経験してきた人々の抱える問題——を、われわれ自身の問題として考えるための、きっかけをも与えてくれる。この拙き訳書が、日本において多くの読者を得ることを、心から願っている。

二〇〇九年五月

池田嘉郎

# 索 引

## ■abc



## ■ア

## ■カ

## ■サ

## ■タ

## ■ナ



## ■ハ

## ■マ


マークル，ハンス・ルッツ（教授）（ボッシュ・グループCEO）Merkle, Hans Lutz 1913-2000　76
マクロイ，ジョン（アメリカ外交官）McCloy, John 1895-1989　145
マケイン，ジョン（アメリカ政治家）McCain, John 1936-　350
マーゲナー，ロルフ（BASF代表取締役）Magener, Rolf 1910-2000　76
マーシャル・プラン　145
マスハドフ，アスラン（チェチェン大統領）Maskhadov, Aslan Alievich 1951-2005　71
マニコ，ヴァレリー（少将）（参謀本部軍事戦略研究センター第一副所長）Man'ko, Valerii Leonidovich 176
マネーロンダリング　64, 268, 277
マルクス，カール（19世紀ドイツの革命家・思想家）Marx, Karl 1818-1883　90, 185, 194, 288, 299
マンゴールト，クラウス（博士）（ドイツ産業連盟東方委員会議長）Mangold, Dr Klaus 1943-　267
ミサイル兵器　30-34, 47, 84, 151, 152, 154, 159, 161, 167-169, 173, 175, 179, 183, 279, 302, 316, 323, 345
ミッターク，ギュンター（東ドイツの計画経済指導者）Mittag, Günter 1926-1994　49
南アフリカ　149, 151
南オセチア　96, 168, 191, 283, 302, 346, 349, 350, 352, 353
ミュンヘン安全保障会議　24, 127, 183, 184, 283, 308, 313, 326
ミレル，アレクセイ（ガスプロムCEO）Miller, Aleksei Borisovich 1962-　121, 214, 224
ミロシェヴィチ，スロボダン（ユーゴスラビア大統領）Milošević, Slobodan 1941-2006　29, 65
民主主義　20, 26, 43, 57, 65, 69, 88, 89, 106-108, 122, 127, 150, 157, 158,188, 222, 255, 259, 262-266, 280, 291, 300, 303, 304, 314, 325, 327, 333, 335, 338, 348, 354
民族浄化　29, 64, 193
民族暴動　203
ムジャヒディン（聖戦士）　35, 152
ムスリム　20, 68, 90, 176, 186, 187, 190, 193-195, 197-200, 204, 206, 210, 254, 290, 297, 309
ムルマンスク　159, 162, 184, 216
メジプロムバンク　121
メッテルニヒ，タチヤナ（公爵夫人，旧姓ヴァシリチコヴァ）（亡命ロシア貴族）Metternich, Princess Tatiana（Vasil'chikova）1914/5-2006　75, 76, 78
メドヴェージェフ，アレクサンドル（ガスプロム副会長）Medvedev, Aleksandr Ivanovich 1955-　214, 215
メドヴェージェフ，ドミートリー（大統領）Medvedev, Dmitrii Anatol'evich 1965-　119-121, 127, 208, 213, 222, 223, 230, 334-346, 348, 352, 353
メルケル，アンゲラ（ドイツ首相）Merkel, Angela 1954-　25, 33, 97, 219, 346
「もう一つのロシア」　257
モザンビーク　147, 151,
モスクワ＝ヴォルガ運河　138, 141
モルドバ　167, 168, 205, 302, 310


## ■ヤ


ヤヴリンスキー，グリゴーリー（ヤブロコ党首）Iavlinskii, Grigorii Alekseevich 1952-　61, 68, 71
野党　43, 124, 258, 262
ヤヌコーヴィチ，ヴィクトル（ウクライナ首相）Ianukovich, Viktor Fedorovich 1950-　226
ヤラドゥア，ウマル（ナイジェリア大統領）Yar'Adua, Umaru 1951-　318
ユコス　91, 115, 218, 234, 237, 270-272
ユーゴスラビア　193, 197, 350
ユーシェンコ，ヴィクトル（ウクライナ大統領）Iushchenko, Viktor Andreevich 1954-　226
ユダヤ人　99, 200
ユマシェフ，ヴァレンチン（大統領府長官）Iumashev, Valentin Borisovich 1957-　55, 58
ヨハニスベルク　75, 76, 78
ヨム・キプール戦争　153
ヨーロッパ
- ～でのロシアの場所　20, 36-38, 292, 333
- ガスプロムとの関係　23, 84, 85, 97, 98, 109, 127, 212-222, 226, 227, 229, 230, 232-238, 278, 282,

## ■ラ

## ■ワ

## 文献目録

各章のエピグラフは、Marquis de Custine: *Journey for Our Time: the Journals of the Marquis de Custine. Russia 1839*. Phoenix London 2001 (最初の版は Arthur Barker Ltd 1953).

### 単行本


Adomeit, Hannes: *Die Sowjetmacht in internationalen Krisen und Konflikten. Verhaltenmuster, Handlungsprinzipien, Bestimmungsfaktoren*. Reihe Internationale Politik und Sicherheit. Baden-Baden 1983.

Altrichter, Helmut: *Kleine Geschichte der Sowjetunion 1917-1991*. München 1993.

Aron, Leon: *Yeltsin: A Revolutionary Life*. London 2000.

Baker, Peter; Glassner, Susan: *Kremlin Rising: Vladimir Putin's Russia and the End of Revolution*. New York 2005.

Barysh, Katinka: *The EU and Russia: Strategic Partnership or Squabbling Neighbours*. London: Centre for European Reform 2006.

Beschloss, Michael R.; Talbott, Strobe: *At the Highest Levels: the Inside History of the End of the Cold War*. Boston 1993.（ストローブ・タルボット、マイケル・R・ベシュロス『最高首脳交渉──ドキュメント・冷戦終結の内幕』上下、浅野輔訳、同文書院インターナショナル、1993 年）

Brown, Archie; Shevtsova, Lilia: *Gorbachev, Yeltsin, and Putin: Political Leadership in Russia's Transition*. Brookings Institution 2001.

Conze, Eckart; Schlie, Ulrich; Seubert, Harald (Hg.): *Geschichte zwischen Wissenschaft und Politik*. Festschrift für Michael Stürmer zum 65. Geburtstag. SWP, Baden-Baden 2003.

Erffa, Wolfgang von: *Das vermächtnis des Eisernen Emirs: Afghanistans Schicksal*. Böblingen 1989.

Finon, Dominique: *Russia and the 'Gas OPEC': Real or Perceived Threat?* Ifri, Electronic Collection Russia. Nei. Visions. 2007.

Friedman, Thomas: *The World is Flat: a Brief History of the Globalized World in the 21st Century*. London 2005.（トーマス・フリードマン『フラット化する世界』〔増補改訂版〕上下、伏見威蕃訳、日本経済新聞出版社、2008 年）

Goldfarb, Alex; Litvinenko, Marina: *Death of a Dissident: the Poisoning of Alexander Litvinenko and the Return of the KGB*. New York 2007.（アレックス・ゴールドファーブ、マリーナ・リトビネンコ『リトビネンコ暗殺』、加賀山卓朗訳、早川書房、

2007年）
Gratchev, Andrei: *L'Histoire Vraie de la Fin de l'URSS: Le Naufrage de Gorbachev*. Editions du Rocher 1992.
Grotzky, Johannes: *Herausforderung Sowjetunion: Eine Weltmacht sucht ihren Weg*. München 1991.
Hoffman, David E.: *The Oligarchs: Wealth and Power in the New Russia*. New York 2002.
Horvath, Robert: *The Legacy of Soviet Dissent*. London 2005.
Jack, Andrew: *Inside Putin's Russia*. London 2004.
Kennedy, Paul: *The Rise and Fall of the Great Powers: Economic Change and Military Conflict from 1500 to 2000*. New York 1987.（ポール・ケネディ『決定版　大国の興亡――1500年から2000年までの経済の変遷と軍事闘争』上下、鈴木主税訳、草思社、1993年）
Kissinger, Henry: *Diplomacy*. New York 1994.（ヘンリー・A・キッシンジャー『外交』上下、岡崎久彦監訳、日本経済新聞社、1996年）
Korinman, Michel; Laughland, John (Eds.): *Russia: a New Cold War?* Vallentin Mitchell Publishers 2008.
Kotkin, Stephen: *Russia under Putin: Democracy or Dictatorship?* Washington DC 2007.
Leffler, Melvyn P.: *For the Soul of Mankind: the United States, the Soviet Union, and the Cold War*. New York 2007.
Levgold, Robert (Ed.): *Russia's Foreign Policy in the Twentieth Century and the Shadow of the Past*. New York 2007.
Luks, Leonid: *Zwei Gesichter des Totalitarismus: Bolschewismus und Nationalsozialismus im Vergleich*. Köln 2007.
Lyne, Roderic; Talbott, Strobe; Watanabe, Koji: *Task Force Report to the Trilateral Commission: Engaging with Russia: The Next Phase*. Trilateral Commission. June 30, 2006.（ロデリック・ライン、ストローブ・タルボット、渡邊幸治『プーチンのロシア――21世紀を左右する地政学リスク』、長縄忠訳、日本経済新聞社、2006年）
*The Military Balance 2007*. IISS London 2007.
Nerlich, Uwe (Ed.): *Die Einhegung sowjetischer Macht. Kontrolliertes militärisches Gleichgewicht als Bedingung europäischer Sicherheit.* SWP, Reihe Internationale Politik und Sicherheit. Baden-Baden 1982.
Nerlich, Uwe; Thomson, James A. (Eds.).: *Das Verhältnis zur Sowjetunion: Zur politischen Strategie der Vereinigten Staaten und der Bundesrepublik Deutschland*. Reihe Internationale Politik und Sicherheit. Baden-Baden 1986.

Politkovskaya, Anna: *Putin's Russia: Life in a Falling Democracy*. London 2007.（アンナ・ポリトコフスカヤ『プーチニズム―報道されないロシアの現実』、鍛原多惠子訳、日本放送出版協会、2007 年）

Pravda, Alex (Ed.): *Leading Russia: Putin in Perspective*. Oxford 2005.

Rahr, Alexander: *Wladimir Putin: Der 'Deutsche' im Kreml*. München 2000.

—: *Russland gibt Gas*. München 2008.

*Russia in Global Affairs,* Vol.3, No.3. July-September 2005.

Sakwa, Richard: *Putin: Russia's Choice*. London 2003.

Scholl-Latour, Peter: *Russland im Zangengriff: Putins Imperium zwischen NATO, China und Islam*. München 2006.

Segbers, Klaus; De Spiegeleire, Stephan (Eds.): *Post-Soviet Puzzles: Mapping the Political Economy of the Former Soviet Union. Vol.I: Against the Background of the Former Soviet Union.* SWP, Aktuelle Materialien zur Internationalen Politik. Baden-Baden 1995.

— (Eds.): *Post-Soviet Puzzles: Mapping the Political Economy of the Former Soviet Union. Vol.II: Emerging Geopolitical and Territorial Units: Theories, Methods and Case Studies.* SWP, Aktuelle Materialien zur Internationalen Politik. Baden-Baden 1995.

— (Eds.): *Post-Soviet Puzzles: Mapping the Political Economy of the Former Soviet Union. Vol.III: Emerging Societal Actors – Economic, Social and Political Interests: Theories, Methods and Case Studies.* SWP, Aktuelle Materialien zur Internationalen Politik. Baden-Baden 1995.

— (Eds.): *Post-Soviet Puzzles: Mapping the Political Economy of the Former Soviet Union. Vol.IV: The Emancipation of Society as a Reaction to Systemic Change: Survival, Adoption to New Rules and Ethnopolitical Conflicts.* SWP, Aktuelle Materialien zur Internationalen Politik. Baden-Baden 1995.

Shevtsova, Lilia: *Putin's Russia*. Washington DC 2003.

—: *Russia – Lost in Transition: The Yeltsin and Putin Legacies*. Washington DC 2007.

Smith, Kathleen E.: *Mythmaking in the New Russia: Politics and Memory during the Yeltsin Era*. Ithaca, London 2002.

Stern, Jonathan: *The Future of Russian Gas and Gazprom*. Oxford 2005.

Stürmer, Michael: *Die Kunst des Gleichgewichts: Europa in einer Welt ohne Mitte*. Berlin, München 2001.

—: *Welt ohne Weltordnung: Wer wird die Erde erben?* 2te Auflage, Hamburg 2007.

Talbott, Strobe: *The Russia Hand*. New York 2002.

Trenin, Dmitri: *Getting Russia Right*. Washington DC 2007.

—: *The End of Eurasia*. Washington DC 2002.
Trenin, Dmitri; Miller, Steven (Eds.): *The Russian Military: Power and Policy*. The MIT Press 2004.
Volkogonov, Dmitri: *Autopsy of an Empire: the Seven Leaders who Built the Soviet Regime*. New York [u.a.] 1998.（ドミートリー・ヴォルコゴーノフ『七人の首領―― レーニンからゴルバチョフまで』上下、生田真司訳、1997 年）
Yergin, Daniel: *The Prize: the Epic Quest for Oil, Money and Power*. New York 1991.（ダニエル・ヤーギン『石油の世紀―― 支配者たちの興亡』上下、日高義樹、持田直武訳、日本放送出版協会、1991 年）

**論文**

Baran, Zeyno: 'EU Energy Security: Time to End Russian Leverage'. *The Washington Quarterly* (Autumn 2007).
Blackwill, Robert D.: 'The Three Rs: Rivalry, Russia, Ran'. *The National Interest* (Jan. – Feb. 2008).
Bremmer, Ian; Charap, Samuel: 'The Siloviki in Putin's Russia: Who They Are and What They Want'. *The Washington Quarterly* (Winter 2007).
Interview with Vladimir Putin in *Time*: // Kremlin.ru (19 December 2007).
Karaganov, Sergei: 'Imperialism of the Fittest'. *The National Interest*, no.80 (Summer 2005).
Mankoff, Jeffrey: 'Russia and the West: Taking the Longer View'. *The Washington Quarterly* (Spring 2007).
McFaul, Michael; Stoner-Weiss, Kathryn: 'The Myth of the Authoritarian Model: How Putin's Crackdown Holds Russia Back', *Foreign Affairs* (January/February 2008).（マイケル・マクフォール、キャサリン・S ＝ウェイス「独裁体制と経済成長に因果関係はあるのか ―― ロシア権威主義経済モデルの虚構」、『フォーリン・アフェアーズ日本語版』2008 年 3 月号）
'Pipedreams'. *Economist* (24 January 2008).
Primakov, Yevgeny: 'Turning Back over the Atlantic'. *International Affairs: A Russian Journal of World Politics, Diplomacy and International Relations*, no.6 (2002).
Rahr, Alexander: 'Germany and Russia: a Special Relationship'. *The Washington Quarterly* (Spring 2007).
Riley, Alan; Umbach, Frank: 'Out of Gas'. *Internationale Politik* (Spring 2007).
Trenin, Dmitri: 'Russia Redefines Itself and Its Relations with the West'. *The Washington Quarterly* (Spring 2007).

Wallander, Celeste A.: 'Russian Transimperialism and its Implications'. *The Washington Quarterly* (Spring 2007).

## ペーパー

Adomeit, Hannes: 'Putins Westpolitik: ein Schritt vorwärts, zwei Schritte zurück'. SWP-Studie. Berlin 2005.
Allin, Dana H. et al: 'Repairing the Damage: Possibilities and Limits of Transatlantic Consensus'. ADELPHI Paper 389. IISS London 2007.
Aslund, Anders: 'Russia's Challenges as Chair of the G8: Policy Briefs in International Economics' (March 2006).
Association of European Businesses in the Russian Federation. Position Paper, Autumn 2007. Moscow 2007.
Cohen, Ariel: 'The Coming US – Russian Train Wreck: Is Israel Caught in the Middle?', Jerusalem Issue Brief, Institute for Contemporary Affairs founded jointly at the Jerusalem Center for Public Affairs with the Wechsler Family Foundation, Vol.7, No.18 (October 2007).
Council on Foreign and Defence Policy (Moscow): 'A Strategy for Russia – Agenda for the President' (2000).
Dannreuther, Roland: 'Creating New States in Central Asia'. ADELPHI Paper 288. IISS London (March 1994).
Das Schwarze Meer zwischen der EU und Russland: 'Sicherheit, Energie, Demokratie'. Bergedorfer Gesprächskreis / Odessa. 134. Bergedorfer Protokoll. Hamburg 2007.
De Nevers, Renee: 'The Soviet Union and Eastern Europe: the End of an Era'. ADELPHI Papers. IISS London (March 1990).
Energy Information Administration, Department of Energy: 'Russia'. Washington (April 2007).
European Council on Foreign Relations: 'A Power Audit of EU – Russia Relations'. Policy Paper. ECFR November 2007.
European Round Table of Industrialists: 'Seizing the Opportunity: Taking the EU – Russia Relationship to the Next Level' (May 2006).
EU, RELEX Briefing for meeting with members of the House of Lords (22 November 2007).
'Europäische Politik in Zentralasien'. Bergedorfer Gesprächskreis / Astana. 137. Bergedorfer Protokoll. Hamburg 2007.
Gelb, Bernard A.: 'Russian Oil and Gas Challenges'. CRS Report for Congress

2006.
Lambeth, Benjamin S.: 'Is Soviet Defense Policy Becoming Civilianized?' RAND, National Defense Research Institute. August 1990. Santa Monica 1990.
Lynch, Dov: 'Russia faces Europe'. Chaillot Papers 60. (May 2003).
—: 'What Russia sees?' Chaillot Paper 74. (January 2005).
Mirtimer, Edward: 'European Security after the Cold War'. ADELPHI Paper 271. IISS London (Summer 1992).
Müller, Freidemann; Ott, Susanne (Eds.): 'Energy and the Environment in Central and Eastern Europe: a Cliff-Hanger with Differences'. SWP-S414. Ebenhausen 1996.
Nerlich, Uwe: 'Das atlantische Bündnis am Scheideweg: mögliche politische und militärische Funktionen in einem sich verändernden Europa'. SWP, Ebenhausen. (July 1990).
—: 'Nukleare Waffen und ihre Kontrolle nach dem Ende des Kalten Krieges'. SWP-S399 (June 1995).
OECD: 'Regulatory Reform in Russia'. 2005.
Ost-Ausschuss der Deutschen Wirtschaft: 'Deutschland und Russland: Strategische Partner mit Zukunft: Positionspapier zu den deutsch-russischen Wirtschaftsbeziehungen' (September 2007).
—: 'Gute Noten für russisches Geschäftsklima 2008: Investitionen in Höhe von über 1 Milliarde Euro von deutschen Firmen in Russland geplant'. Pressemitteilung des Ost-Ausschusses. Berlin (20 December 2007).
Rumer, Eugene B.: 'Russian Foreign Policy beyond Putin'. ADELPHI Paper 390 (October 2007).
'Russian Intelligence'. International Edition. (22 November 2007).
'Russian Military Policy and Strategy', ed. by Forsström, Pentti, Mikkola, Erko. National Defence College Helsinki 2004.
'Russland und der Westen: Chancen für eine neue Partnerschaft'. Bergedorfer Gesprächskreis / Potsdam / Berlin. 131. Bergedorfer Protokoll. Hamburg 2005.
Schwabecher, Heinrich: 'Die Situation der russischen Streitkräfte: Analysen & Argumente'. Konrad-Adenauer-Stiftung September 2007.
'Strategic Survey 2004-2005: an evaluation and forecast of world affairs'. IISS 2005.
Vektor Russlands. 'Erwägungen über den Weg der Entwicklung Russlands'. Centre of Social-Conservative Policy. St Petersburg 2007.

Voas, Jeanette: 'Soviet Attitudes towards Ballistic Missile Defence and the ABM Treaty'. ADELPHI Papers 255. IISS London (Winter 1990).

Weitz, Richard: 'Revitalizing US – Russian Security Cooperation'. ADELPHI Paper 377. IISS 2005.

'Wirtschaftspartner in Europa: Deutschland – Russland'. Daten, Fakten, Information. 7th edition 2007.

World Bank, Moscow Office: Russian Economic Report No.12 (April 2006).

## ロシアの出生数と死亡数 [1960-2004]

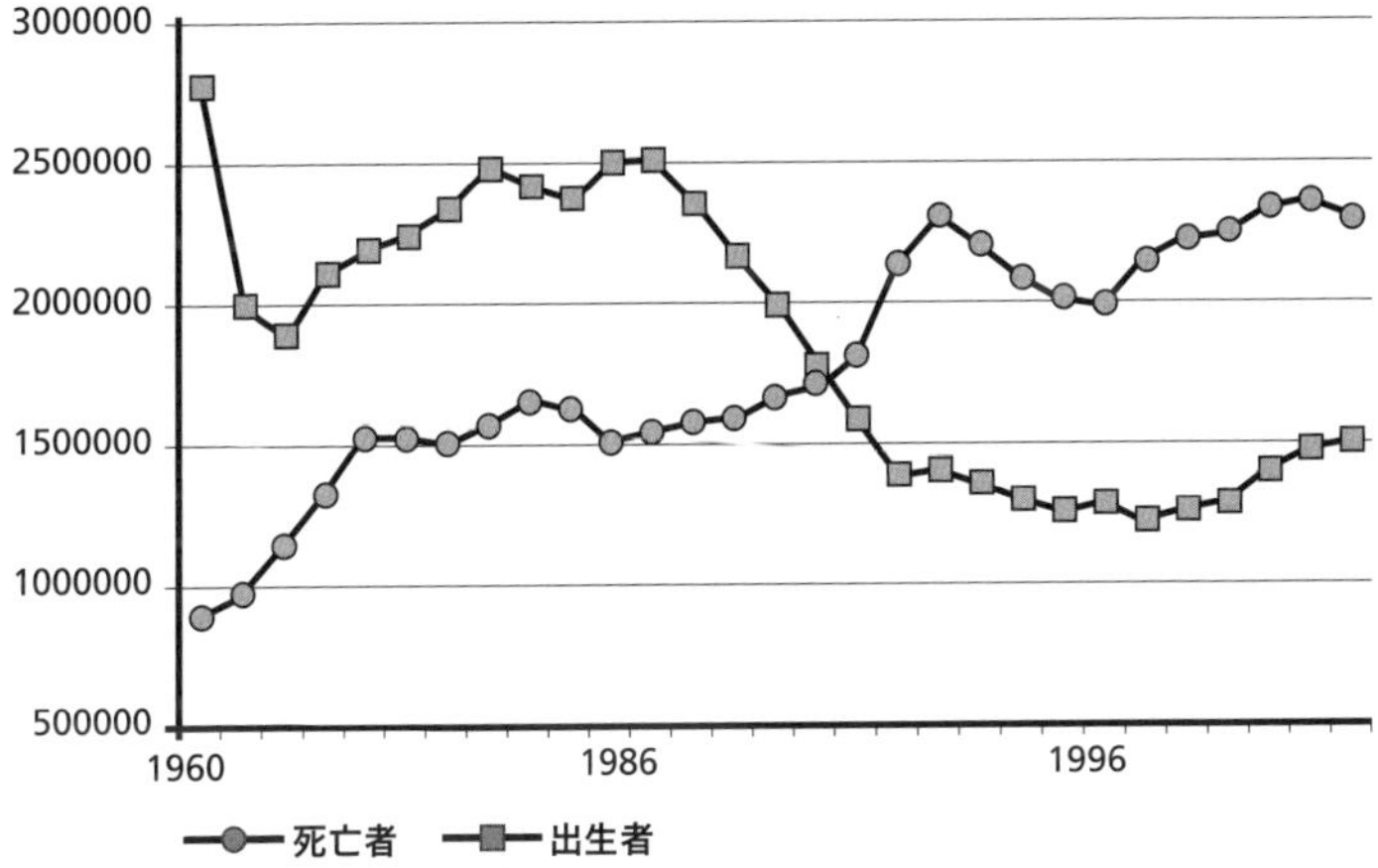


## ロシアの民族構成 [2002]

| 民族名 [総人口に占めるパーセンテージ] | | | |
|---|---|---|---|
| ロシア人 | 79% | アゼルバイジャン人 | 0.4% |
| タタール人 | 3% | マリ人 | 0.4% |
| ウクライナ人 | 2% | ドイツ人 | 0.4% |
| バシキール人 | 1% | カバルダ人 | 0.3% |
| チュヴァシ人 | 1% | オセチア人 | 0.3% |
| チェチェン人 | 0.9% | ダルギン人 | 0.3% |
| アルメニア人 | 0.7% | ブリヤート人 | 0.3% |
| モルドヴィン人 | 0.5% | ヤクート人 | 0.3% |
| アヴァール人 | 0.5% | クムイク人 | 0.3% |
| ベラルーシ人 | 0.5% | イングーシ人 | 0.3% |
| カザフ人 | 0.4% | レズギン人 | 0.2% |
| ウドムルト人 | 0.4% | | |

## ロシア連邦における移民［2006］

| | 総数 | 人口１万人あたりの比率 |
|---|---|---|
| 流入 | 2,118,068 | 148,7 |
| 流出 | 1,989,752 | 139,7 |
| 増減 | +128,316 | +9,0 |

## CIS諸国からロシア連邦への移民

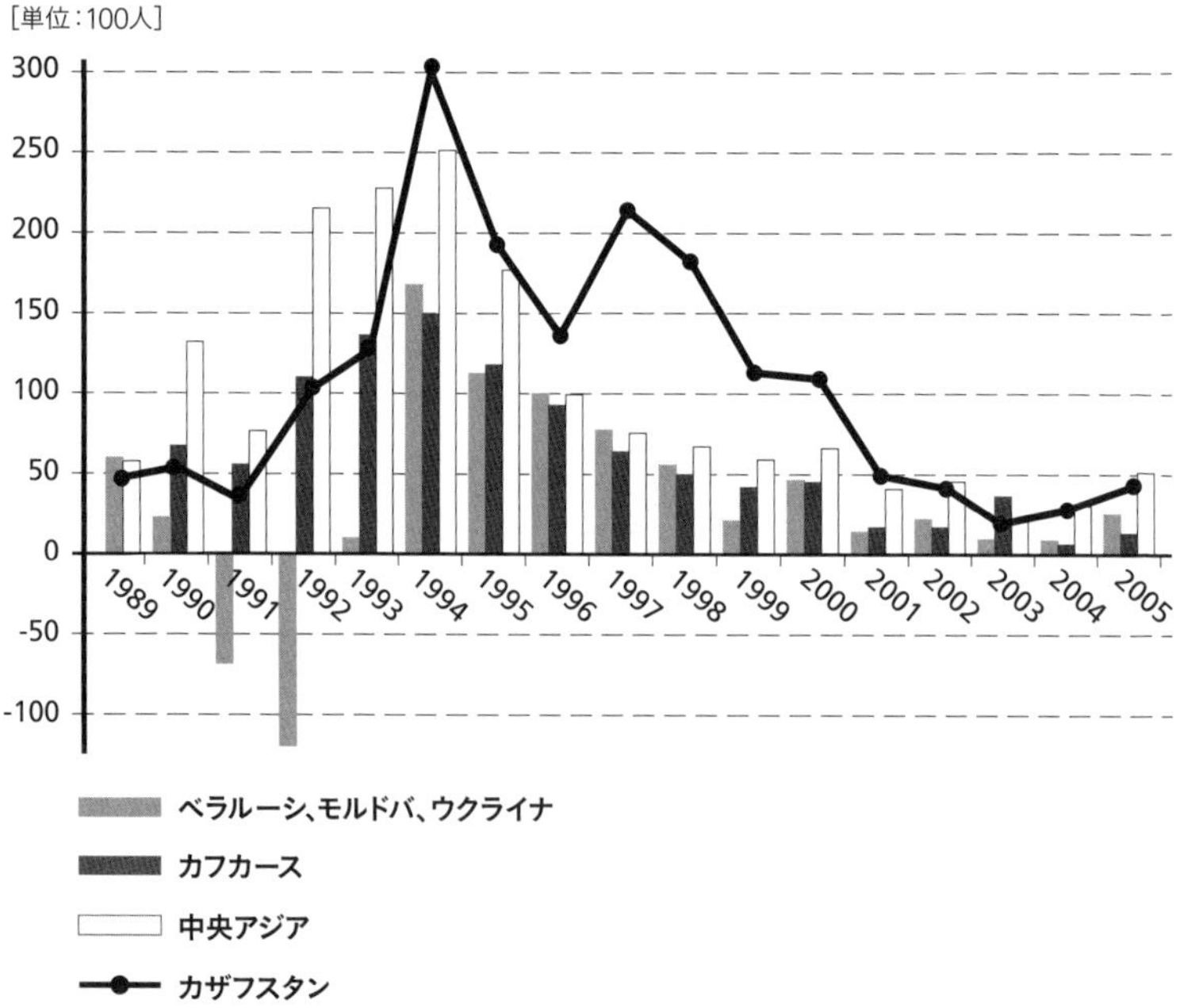

## ロシアの人口

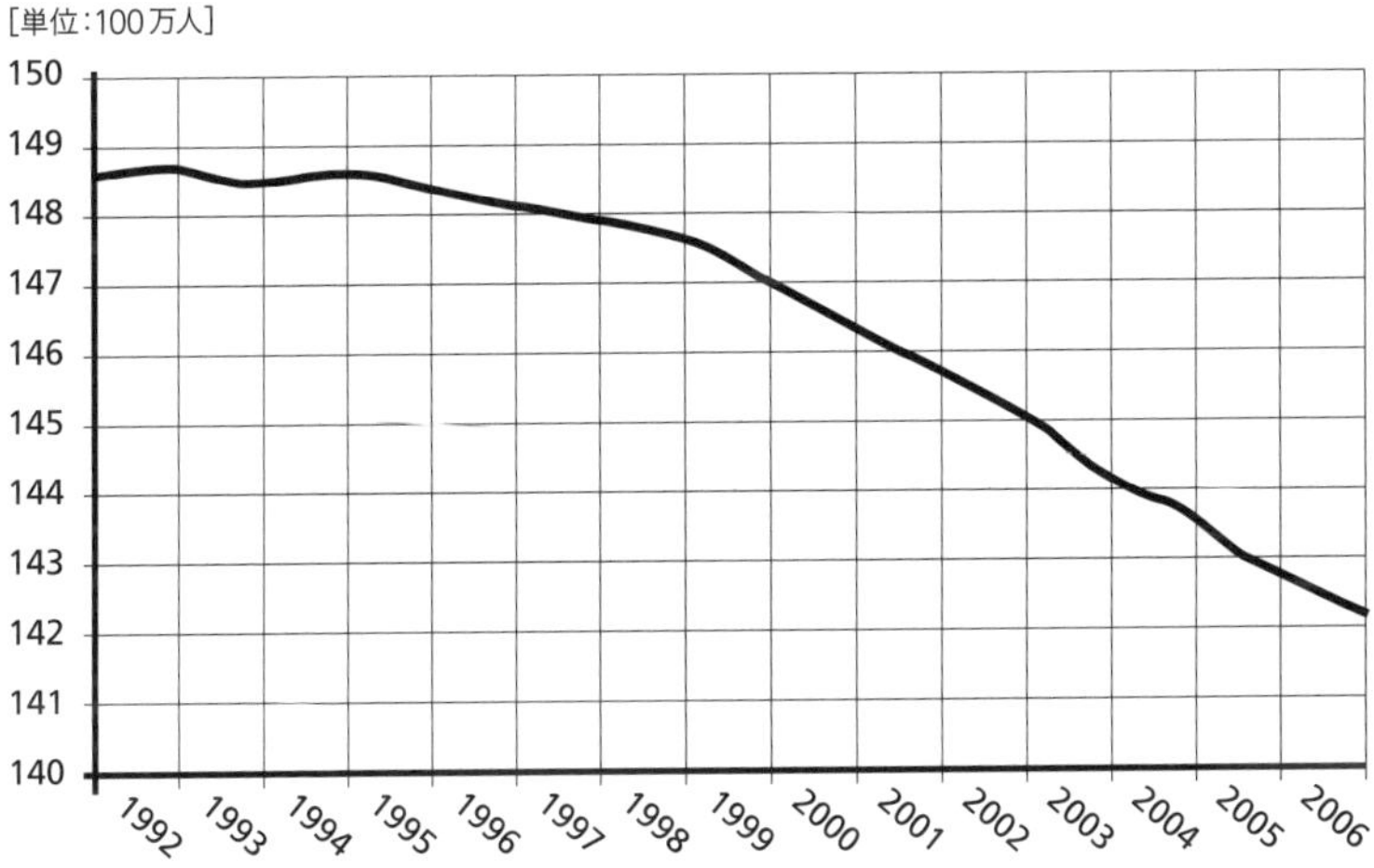


## 石油価格 [1994–2008,3]

訳者略歴
池田嘉郎（いけだ・よしろう）
一九七一年秋田生まれ
東京大学大学院人文社会系研究科博士課程修了、
博士（文学）
西洋史学
現在、新潟国際情報大学情報文化学部講師
主要業績
『革命ロシアの共和国とネイション』（山川出版社）

# プーチンと甦るロシア

二〇〇九年八月二〇日　印刷
二〇〇九年九月一〇日　発行

著　者　ミヒャエル・シュテュルマー
訳　者 © 池　田　嘉　郎
発行者　川　村　雅　之
印刷所　株式会社　精興社
発行所　株式会社　白水社
東京都千代田区神田小川町三の二四
電話　営業部〇三（三二九一）七八一一
　　　編集部〇三（三二九一）七八二一
振替　〇〇一九〇-五-三三二二八
郵便番号　一〇一-〇〇五二
http://www.hakusuisha.co.jp
乱丁・落丁本は、送料小社負担にてお取り替えいたします。

松岳社 株式会社 青木製本所

ISBN978-4-560-08021-4

Printed in Japan

Ⓡ〈日本複写権センター委託出版物〉
本書の全部または一部を無断で複写複製（コピー）することは、著作権法上での例外を除き、禁じられています。本書からの複写を希望される場合は、日本複写権センター（03-3401-2382）にご連絡ください。

ロドリク・ブレースウェート　川上 洸 訳

## モスクワ攻防 1941
### 戦時下の都市と住民

酸鼻を極めた戦局の推移を軸に、スターリン、ジューコフ、第一線将兵の動向から、市民生活、文化、芸能の流行まで、「時代の空気」と種々多様な人びとの姿を活写する。沼野充義氏推薦！

アントニー・ビーヴァー／
リューバ・ヴィノグラードヴァ 編　川上 洸 訳

## 赤軍記者グロースマン
### 独ソ戦取材ノート 1941-45

「20 世紀ロシア文学の最高峰」ヴァシーリイ・グロースマン。スタリングラート攻防からクールスク会戦、トレブリーンカ収容所、ベルリン攻略まで、《戦争の非情な真実》を記す。佐藤優氏推薦！

アン・アプルボーム　川上 洸 訳

## グラーグ
### ソ連集中収容所の歴史

**【ピュリツァー賞受賞】**

『収容所群島』以来の衝撃！　グラーグの始まりから終焉までの全歴史を、公開された秘密文書を駆使して明快に叙述。まさに「二十世紀史」の見直しを迫る大作。